생사학연구총서 3

노년의 모습

- 삶과 죽음 -

한림대학교 고령사회연구소 엮음

박문사

이 저서는 2012년 정부(교육부)의 재원으로 한국연구재단의 지원을 받아
수행된 연구임(NRF-2012S1A6A3A01033504)

●●●●

　인구 고령화가 급속하게 진행됨에 따라 우리나라에서도 노인을 대상으로 하는 조사가 다수 진행되어 왔다. 정부에서 지원하는 고령자연구패널이나 노인실태조사는 전국의 노인을 대상으로 한 대표적인 조사이다. 노인이 직면하고 있는 삶의 현실을 파악하고 분석하여 적절한 대응책을 개발하기 위해서는 노인을 대상으로 한 전국조사가 필요하다는 점에서 이는 매우 바람직한 일이다.

　하지만 전국 단위 노인 조사는 특정 지역 거주 노인의 삶을 파악하거나 새롭게 부각되는 이슈에 대한 이해 자료로서는 매우 제한적인 유용성을 갖는다. 특히 노인들이 많이 거주하는 농촌이나 중소도시의 경우 노인의 삶을 파악하는 것은 해당 지역의 다양한 정책을 마련하는 데 도움이 될 수 있다. 따라서 본 총서의 1부에서는 2016년에 조사된 춘천노인생활실태조사를 바탕으로 춘천지역 거주 노인의 삶과 죽음에 대해 살펴보고, 2부에서는 노인 조사 자료를 바탕으로 설명되는 노년기 정신건강에 대해 살펴보고자 한다.

머리말

●●●●

우선 1부의 2016년 춘천노인생활실태조사 개요에서는 춘천 지역 노인의 일반적인 특징을 삶과 죽음, 인구·사회학적 특성, 건강상태, 가족관계, 사회관계, 심리적 특성으로 나누어 파악하였다. 김영범의 글에서는 춘천노인의 우울 수준을 알아보고, 이와 관련이 있는 요인들은 무엇인지 분석하였다. 임연옥의 글에서는 춘천노인의 죽음불안 수준 및 관련요인을, 유지영의 글에서는 춘천노인의 정신적 웰빙 수준 및 관련요인에 대해 살펴보았다. 이상의 글을 통해 춘천 노인의 삶과 죽음에 관련된 요인들을 파악함으로써 춘천 지역 노인을 위한 정책 수립에 필요한 기초자료를 제공할 수 있을 것이다.

2부에 수록된 노년기 정신건강과 관련된 글들은 노인 조사 자료들을 바탕으로 기술되었다. 우선 김영범의 글에서는 사회활동을 몇 가지 유형으로 분류한 후 연령 집단에 따라 우울과의 관계에 차이가 있는지를 살펴보았다. 남일성의 글에서는 배우자 사별 노인의 복잡성비애에 미치는 위험요인을 탐색하여 적합한 개입방안의 근거를 제공하려 하였다. 임연옥, 허남재의 글에서는 노년기 죽음불안이 삶의 질과 밀접한 관련이 있음에 주목하고, 스트레스 상황에서 유용한 심리적 대처자원으로 다루어져 온 영성과 낙관성이 죽음불안과 어떠한 관계를 맺고 있는지 살펴보았다. 윤현숙, 임연옥, 고윤순, 범경아의 글에서는 노년기 죽음불안과 영성, 사회적지지, 우울 간의 관

••••

계를 이론 모형으로 제시하고, 검증된 이론 모형을 바탕으로 노년기 죽음불안을 경감시키기 위한 개입 방안을 제안하였다. 이정은, 유지영의 글에서는 정신적 웰빙의 하위요인에 따른 노인의 자살위험을 규명함으로써 노인의 자살생각에 정신적 웰빙의 어떠한 영역이 보호역할을 하는지 살펴보고, 이를 토대로 한 개입 프로그램의 활용을 제안하였다.

이와 같이 본 연구총서에서는 춘천 지역 노인의 삶과 죽음 및 노년기 정신건강에 대해 살펴봄으로써 지역 사회에 거주하는 노인들에 대한 전반적인 이해를 돕고자 하였다. 본 총서에 실린 글들 중 일부는 학술지에 실린 글들의 재수록을 확인받아 엮은 것임을 밝혀둔다.

2018년 4월
한림대학교 고령사회연구소

<h1 align="center">목 차</h1>

머리말 / 5

제1부

춘천노인의 삶과 죽음

제1부

춘천노인의
삶과 죽음

노년의 모습
—삶과 죽음—

제1장

2016년
춘천노인생활실태조사 개요

김영범(한림대학교)
유지영(한림대학교)
임연옥(한림대학교)

●●●●

I. 조사목적

인구 고령화가 급속하게 진행됨에 따라 우리나라에서도 노인을 대상으로 하는 조사가 다수 진행되어 왔다. 정부에서 지원하는 고령자연구패널이나 노인실태조사는 전국의 노인을 대상으로 한 대표적인 조사이다. 노인이 직면하고 있는 삶의 현실을 파악하고 분석하여 적절한 대응책을 개발하기 위해서는 노인을 대상으로 한 조사가 필요하다는 점에서 이는 매우 바람직한 일이다.

전국 단위의 조사가 다수 진행되고 있음에도 불구하고 이들 조사나 연구가 갖는 한계가 없는 것은 아니다. 지역의 노인을 연구하는 입장에서 전국 단위 조사가 갖는 한계는 몇 가지로 요약할 수 있다.

　첫째, 고령자연구패널이나 노인실태조사의 경우 조사표본이 1만 명 수준인데, 표본 수 전체로는 매우 많은 숫자이지만 인구가 많지 않은 지역의 경우 분석에 필요한 만큼 표본이 충분하지 못하다. 예를 들면 고령자연구패널의 경우 1차 조사가 진행된 2006년 총 표본은 10,254명인데 이중 강원도에 배분된 표본은 391명이며, 도시지역의 표본은 227명에 불과하다.

　강원도의 표본 수가 적기 때문에 전국 조사를 활용해 강원도 지역 노인의 삶이 갖는 다양성을 파악하는 것은 매우 제한적일 수밖에 없다. 강원도는 농업과 어업, 제조업, 서비스업 등 다양한 산업이 공존할 뿐만 아니라, 평야지대, 산악지형, 해안지역 등 지리적으로도 매우 다양한 특성이 공존한다. 지역 별로 상이한 특성은 노인들의 일상생활에도 상이한 영향을 주는 바 이를 파악하기 위해서는 보다 많은 지역의 표본이 필요하다.

　둘째, 전국 단위의 조사는 노인의 삶을 파악하기 위한 기본적인 항목만을 조사한다. 노인실태조사의 경우 노인의 일반적인 특징을 파악하는데 주력하고 있으며, 고령자연구패널의 경우는 이외에 근로에 대한 항목을 좀 더 세분화하여 조사하고 있다. 이들 조사는 우리나라 노인의 일반적인 특징을 파악하는 데는 도움이 되지만 새롭게 관심의 대상이 되는 영역에 대한 인식이나 실태를 파악하는 데는 한계를 갖는다.

　전국 단위 노인 조사는 특정 지역 거주 노인의 삶을 파악하거나 새롭게 부각되는 이슈에 대한 이해 자료로서는 매우 제한적인 유용성을 갖는다. 본 조사는 전국 단위 조사가 갖는 한계에 주목하여 지역 노인의 삶을 이해하기 위한 목적으로 춘천 지역 거주 65세 이상 노인을 대상으로 노인의 일반적인 특성과 더불어 노인의 심리적 특성 및 자살관련 요인을 파악하기 위해 실시되었다.

본 조사의 주요 목적은 다음과 같다.

첫째, 춘천 지역은 도시 지역과 농촌 지역이 혼합되어 있는 복합 지역이며, 도청소재지로 상대적으로 고학력의 노인들이 다수 분포한다는 특징을 보인다. 춘천 지역 노인의 삶이 보이는 일반적인 특징을 파악하고, 이를 인구·사회적 특징이나 거주 지역에 따라 나누어 차이가 있는지 파악한다.

둘째, 노인의 삶을 개선하기 위해서는 노인의 인구·사회적 특징을 넘어서서 개인의 심리적 특징이나 문제를 파악하는 것이 중요하다. 본 조사에서는 우울, 죽음불안, 정신적 웰빙 등 심리적 특성을 파악하고 이들과 관련이 있는 인구·사회적 요인, 건강요인 등은 무엇인지 분석한다.

셋째, 2014년 이후 점차 감소하고 있지만 강원도 지역의 경우 현재까지도 노인 자살률이 전국 3위 수준으로 매우 높다는 특징을 보인다. 춘천 지역 거주 노인을 중심으로 자살가능성 수준을 측정하고 영향을 주는 요인을 파악하여 자살생각과 행동을 억제할 수 있는 방안은 무엇인지 제시한다.

Ⅱ. 조사방법

1. 조사대상자 선정

2016년 춘천노인생활실태조사는 강원도 춘천시에 거주하는 65세 이상의 노인 2,000명을 대상으로 하였다. 조사에 참여할 노인대상자를 선정하기 위해 비례할당표집방법을 활용하였다. 조사대상자 2,000명을 춘천시를 구성하고 있는 1개 읍, 9개 면, 15개 동에 거주하는 65세 이상 노인의 성과 연령 분포에 따라 할당하였다. 조사대상 노인 2,000명은 2016년 춘천 거주 65세 이상 노인 인구 41,699명의 4.8%에 해당하였다.

2. 자료수집

설문조사 방법을 통해 자료를 수집하였으며, 자료수집과 관련하여 한림대학교 연구윤리위원회로부터 승인을 받았다(HIRB-2016-10). 설문조사는 2016년 9월부터 11월까지 3개월 동안 구조화된 설문지를 이용하여 훈련을 받은 전문조사원이 일대일로 면접조사를 하는 방식으로 이루어졌다.

Ⅲ. 조사내용

1. 삶과 죽음

1) 우울

우울은 조맹제 외(1999)가 타당성을 확인한 노인우울단축형(Short form of Geriatric Depression Scale: SGDS)을 활용하여 측정하였다. 노인우울단축형 척도는 15개 문항으로 구성되어 있으며, 15개 문항 중 5개 문항은 역점수로 처리하였다. 예는 1점, 아니오는 0점으로 하여 15개 문항 점수를 합산하였으며, 총점의 범위는 0점에서 15점이었다. 그리고 주요 우울증 선별을 위한 최적 절단점은 10점이다. 15개 문항의 신뢰도 Cronbach's α는 0.897이었다.

2) 죽음불안

죽음불안은 '습득된 자살수행능력 척도(Acquired Capability for Suicide Scale)'의 하위척도 중 Ribeiro와 동료들(2014)이 타당화시킨 '죽음공포(Fearlessness about Death(ACSS-FAD))' 척도를 활용하여 측정하였다. 죽음공포는 '나는 내가 죽을 것이라는 사실에 영향 받지 않는다', '나는 죽는 과정에서 겪을 고통이 겁난다', '나는 죽는 것이 매우 두렵다', '사람들이 죽음에 대한 이야기를 할 때 나는 긴장하지 않는다' 등과 같은 7개 문항으로 구성되어 있다. 7개 문항은 0점에서 4점까지의 리커트 척도로 측정하였고, 네 개 문항을 역점수로 처리한 후 7개 문항에 대한 총점을 계산하였으며, 점수가 높을수록 죽음에 대한 공포가 큼을 의미한다. 7개 문항의 신뢰도 Cronbach's α는 0.908이었다.

3) 정신적 웰빙

정신적 웰빙은 Keyes(2006)가 개발하여 타당화한 정신적 웰빙 척도(Mental Health Continuum Short Form: MHC-SF)를 임영진, 고영건, 신희천, 조용래(2012)가 번역하고 다시 역으로 번역하는 절차를 거쳐 제작한 한국형 MHC-SF를 활용하였다. 정신적 웰빙 척도는 3개의 하위영역에 대해 총 14개 문항으로 구성되어 있다. 3개의 하위영역은 행복감, 삶에 대한 흥미, 만족감을 통해 자신의 삶에 대한 긍정적인 느낌을 평가하는 정서적 웰빙(문항 1-3번); 사회적 공헌, 사회적 통합, 사회적 실현, 사회적 수용 및 사회적 일치를 통해 자신이 속한 사회와 그 사회의 구성원으로서 개인 자신의 기능을 평가하는 사회적 웰빙(문항 4-8번); 자기 수용, 환경적 숙달감, 긍정적 대인관계, 개인적 성장, 자율성과 삶의 목적의식을 통해 사적인 영역에서의 자신의 기능을 평가하는 심리적 웰빙(문항 9-14번)으로 구성되어 있다. 각 문항에 대해 자신의 삶에 해당하는 정도를 6점(0-5점) 리커트 척도 상에 답하도록 하였다. 14개 문항의 총점(0-70점)이 높을수록 응답자의 정신적 웰빙 수준이 높은 것으로 해석할 수 있다. 14개 문항의 신뢰도 Cronbach's α는 0.959이었다.

2. 인구사회학적 특성

조사대상자의 인구사회학적 특성을 파악하기 위해, 성, 연령, 학

력, 종교를 조사하였다. 그리고 경제상태를 파악하기 위해 주관적인
경제상태, 취업여부, 기초생활보호대상자 여부와 기초연금 수급여
부를 조사하였다.

연령은 출생년도를 조사하여 만 나이로 환산하였으며, 이를 다시
70세 이하, 71~75세, 76~80세, 80세 이상으로 구분하였다. 학력은
교육을 받은 총 햇수를 조사한 후 무학, 초등학교 중퇴/졸업, 중학교
중퇴/졸업, 고등학교 중퇴/졸업, 대학교 중퇴 이상으로 다시 구분하
였다. 종교는 불교, 개신교, 천주교, 기타, 종교 없음으로 구분하였다.

주관적 경제상태는 응답하는 노인이 인지하고 있는 본인의 사회
적 계층을 '상층' 1점에서 '하층' 5점으로 측정하였고, 점수가 높을
수록 본인이 인지하는 사회적 계층이 낮음을 의미한다. 취업여부는
현재 일하고 있는지 여부를 조사한 것으로 취업 중, 질병으로 인한
휴가 중, 은퇴, 실업상태, 일한 적 없음으로 답하도록 하였으며, 필요
에 따라 취업 중, 일하지 않음, 일한 적 없음으로 재 구분하였다.

3. 건강상태

조사에 참여한 노인의 건강상태를 알아보기 위해 주관적인 건강
상태, 통증수준, 현재 앓고 있는 질환 수를 조사하였다. 현재의 전반
적인 건강상태에 대한 인식을 조사하는 주관적 건강상태는 '매우 건
강하다'를 1점, '매우 건강하지 못하다'를 5점으로 하는 5점 척도로
조사하였다.

통증은 신체적 통증수준을 측정하는 것으로 평소 신체적으로 통

증을 어느 정도 느끼는지를 전혀 통증을 느끼지 않는 상태를 0점, 극심한 통증을 느끼는 상태를 10점으로 하는 11점 등간척도로 조사하였다. 그리고 통증의 수준을 없음, 경도(1~4점), 중등도(5~6점), 중증(7~10점)으로 재 구분하였다.

조사대상 노인의 건강상태를 알아보기 위해 병의원에서 의사로부터 진단받은 질병을 조사하였다. 관절염, 고혈압, 뇌졸중, 당뇨병, 심장병, 간경변증 및 간염, 위궤양과 십이지장궤양, 천식과 만성기관지염, 골절, 백내장과 녹내장, 암, 우울증, 파킨슨병, 요통과 신경통, 골다공증, 전립선비대증, 요실금, 기타의 12개 질환에 대해 진단받은 적이 없음, 진단받았지만 완치됨, 진단받아 치료 중, 진단받았지만 치료받지 않음, 진단받아 치료받던 중 중단함, 진단받았는지 모름으로 답하도록 하였다. 그리고 진단받아 현재 치료 중, 진단받았지만 치료받지 않음, 진단받아 치료받던 중 중단함을 '현재 앓고 있는 질환'으로 정의한 후, 12개 질환 항목을 모두 합산하여 현재 앓고 있는 질환 수를 계산하였다.

4. 가족관계

가족관계를 파악하기 위해 결혼상태, 자녀수, 동거가족 수와 같은 객관적인 정보와 조사대상 노인이 주관적으로 평가하는 배우자와의 관계만족도와 자녀와의 관계만족도를 조사하였다.

결혼상태는 배우자와 동거, 사별, 이혼, 별거, 미혼으로 조사한 후 필요에 따라 배우자와 동거, 배우자 없음/별거/미혼, 배우자와 사별로 재 구분하였다.

배우자와의 관계만족도는 결혼생활에 대해 얼마나 만족하는지, 배우자로서 상대방에게 얼마나 만족하는지, 그리고 배우자와의 관계에 얼마나 만족하는지를 묻는 3개 문항에 대해 매우 불만족한다를 1점, 매우 만족한다를 5점으로 하는 5점 리커트 척도로 측정하였으며, 3개 문항에 대한 평균을 계산하였다.

자녀수는 생존하고 있는 아들과 딸의 숫자를 조사하였고, 1시간 이내의 거리에 사는 자녀수도 조사하였다. 그리고 동거가족 수는 자신을 제외하고 함께 사는 배우자와 자녀 및 손자녀의 수를 조사하였다.

자녀와의 관계만족도는 부모로서 자신에 대해 얼마나 만족하는지, 아들/딸에게 얼마나 만족하는지, 그리고 자녀들과의 관계에 얼마나 만족하는지를 묻는 3개 문항에 대해 매우 불만족한다를 1점, 매우 만족한다를 5점으로 하는 5점 리커트 척도로 측정하였으며, 3개 문항에 대한 평균을 계산하였다.

5. 사회관계

사회적 지지를 기능적 측면, 구조적 측면, 그리고 양적 측면을 모두 포괄하여 파악하고자 하였다. 먼저, 사회적 지지를 기능적인 측면에서 노년기 빈곤, 건강 악화, 사회적 고립과 같은 열악한 상황에서 요구되는 경제적 지지, 간병, 정서적 지지로 구분하였다. 구조적인 측면에서는 사회적 지지의 제공자를 배우자, 자녀, 친구/친지/이웃으로 구분하였으며, 양적인 측면에서 '전혀 도와주지 않음' 또는 '전혀 들어주지 않음'부터 '항상 도와줌' 또는 '항상 들어줌'까지 구분하였다.

경제적 지지는 지난 1년간 금전적으로 도움이 필요할 때 배우자, 자녀, 친구/친지/이웃이 각각 얼마나 도움을 주었는지, 간병은 지난 1년간 몸이 아플 때 배우자, 자녀, 친구/친지/이웃이 각각 어느 정도 도움을 주었는지를 '전혀 도와주지 않음'을 1점, '항상 도와줌'을 5점으로 하는 등간척도로 측정하였다. 정서적 지지는 지난 1년간 걱정이나 고민거리가 있을 때, 배우자, 자녀, 친구/친지/이웃이 각각 얼마나 잘 들어주었는지를 '전혀 들어주지 않음'을 1점, '항상 들어줌'을 5점으로 하는 등간척도로 측정하였다.

사회활동 참여정도를 파악하기 위해 사회활동을 활동목적에 따라 종교활동, 연고활동, 표현적 활동, 도구적 사회활동으로 구분하고, ① 종교활동은 종교모임 ② 연고활동은 동창회, 향우회, 종친회 ③ 표현적 활동은 경로당, 노인복지관, 스포츠단체 ④ 도구적 사회활동은 자원봉사, 시민단체, 이익옹호단체를 포함시켜, 각각의 단체활동에 참여하고 있는지 여부를 조사하였다. 그리고 각 유형의 단체활동에 참여하고 있는 경우를 1점으로, 그렇지 않은 경우를 0점으로 하여 총점을 계산하였다.

6. 심리적 특성

영성은 한국판 세계보건기구 삶의 질 척도(민성길, 김광일, 박일호, 2002)인 WHOQOL 중 영성을 측정하는 4문항을 활용하였다. 영성 4개 문항의 내용은 '개인적 신앙(신념)이 어르신의 삶에 의미를 주고 있습니까?', '자신의 삶이 어느 정도 의미 있다고 느끼십니까?', '개인적 신앙(신념)은 어르신이 어려움에 맞설 수 있는 힘을 어느 정도 주고 있습니까?', '개인적 신앙(신념)은 삶에서 생기는 어려움을 이해하는 데 어느 정도 도움이 됩니까?'이었고, '전혀 그렇지 않다'를 1점, '매우 그렇다'를 5점으로 하는 리커트 척도로 측정하였으며, 4개 문항의 총점을 계산하였다. 4개 문항의 신뢰도 Cronbach's α는 0.936이었다.

낙관성은 Scheier, Carver와 Bridges(2002)의 Life Orientation Test-Revised 척도를 5점 리커트 척도로 측정하였다. 본 연구에서 활용한 낙관성 3개 문항의 내용은 '불안한 상황에서도 나는 보통 결과가 좋을 것이라고 기대한다', '나는 항상 내 미래에 대해 낙관적이다', '전반적으로 볼 때 나에게 나쁜 일보다는 좋은 일이 일어날 것이라고 예측한다'이었고, '전혀 그렇지 않다'를 1점, '매우 그렇다'를 5점으로 하는 리커트 척도로 측정하였으며, 3개 문항의 총점을 계산하였다. 낙관성 3개 문항의 신뢰도 Cronbach's α는 0.842이었다.

Ⅳ. 조사대상자의 특성

1. 삶과 죽음

조사대상 노인의 우울 15문항의 총점은 최저 0점에서 최고 15점이었고, 평균 2.44점으로 낮은 편으로 나타났다. 죽음불안 7문항의 총점은 최저 0점에서 최고 28점이었고, 평균 8.63점으로 낮은 편으로 나타났다. 그리고 정신적 웰빙 14문항의 총점은 최저 1점에서 최고 70점이었으며, 평균 26.95점으로 중간보다 조금 낮은 수준이었다.

〈표 1〉 조사대상 노인의 삶과 죽음관련 특성 분포

변인		통계치
우울	평균(SD)	2.44(±3.49)
	최저/최고	0~15
죽음불안	평균(SD)	8.63(±6.33)
	최저/최고	0~28
정신적 웰빙	평균(SD)	26.95(±13.85)
	최저/최고	1~70

2. 인구사회학적 특성

2016년 춘천노인생활실태조사에 참여한 노인 2,000명 중 남성은 39.2%(784명)이었고, 여성은 60.8%(1,216명)이었다. 연령은 최저 65세 부터 최고 95세까지 분포하였고, 평균 75.2세이었으며, 70세 이하가 27.1%(541명), 71~75세가 26.8%(535명), 76~80세가 26.4%(528명), 그리 고 81세 이상이 19.8%(396명)이었다.

조사대상자의 학력은 평균 7년 정도이었으며, 초등학교 중퇴 또 는 졸업을 한 사람이 31.4%(627명)로 가장 많았고, 중학교 중퇴/졸업 자가 22.7%(454명), 고등학교 중퇴/졸업이 20.2%(403명), 그리고 무학 인 사람이 17.3%(347명)이었다. 종교는 종교를 가지고 있지 않은 사 람이 절반에 약간 못 미치는 42.4%(847명)로 가장 많았고, 개신교와 불교가 각각 23.2%(463명), 22.3%(446명)로 비슷한 분포이었으며, 천주교가 10.7%(213명)이었다.

조사에 참여한 노인들이 스스로 평가하는 주관적인 경제상태를 살펴보면 중하층이 34.3%(686명), 하층이 29.0%(581명)로 약 63.3%가 경제적 상태가 열악하다고 인식하고 있었으며, 중상층과 상층은 모두 107명으로 5.4%밖에 되지 않았다. 전국의 노인을 대상으로 실시한 2014년 노인실태조사에서 생활수준이 매우 낮다(11.8%)와 낮은 편이다(37.9%)라고 응답한 비율이 49.7%인 것과 비교해보면, 2016년 춘천노인생활실태조사에 참여한 노인의 경우 더 많은 노인들이 자신들의 생활수준이 낮은 것으로 평가하고 있었다.

2,000명명 노인 중에서 약 1/3에 해당하는 678명(33.9%)이 취업 중인 상태이었고, 퇴직을 하였거나 실직 등으로 일을 하지 않고 있는 사람이 48.6%(971명)이었으며, 전업주부이거나 몸이 불편하여 평생 동안 취업 경험이 없는 사람도 17.5%(351명)나 되었다. 2014년 노인실태조사에서 28.9%가 일을 하고 있고, 60.4%가 과거에는 일을 하였으나 현재는 하지 않고 있으며, 10.7%는 평생 일을 한 적이 없었던 것으로 조사된 것과 비교하면, 춘천노인 중 수입을 목적으로 일을 하는 사람과 평생 취업 경험이 없는 사람의 비율이 더 높은 것으로 나타났다.

조사대상자 중 기초생활보호대상자로 빈곤층에 해당하는 노인은 9.3%(186명)이었는데, 이것 역시 2014년 노인실태조사에서 기초생활보호대상자가 5.6%인 것에 비해 더 높은 수치였다. 그리고 65세 이상 전체 노인 중 소득과 재산이 적은 하위 70%를 선정하여 일정 금액을 지급하는 기초연금을 수령하고 있는 비율은 62.2%(1,243명)에 해당하였는데, 수령자 비율이 본래 취지에서 목표로 하고 있는 70%

에 조금 못 미쳤다. 이는 객관적인 소득과 자산을 기준으로 할 때, 여유가 있는 노인들이 본 조사에 많이 참여하고 있을 수도 있고, 신청을 해야만 수령할 수 있는 제도이므로 미처 신청을 하지 못한 노인이 상당수 있을 수 있는 것으로 해석된다.

〈표 2〉 조사대상 노인의 인구사회학적 특성 분포

변인		명(%)
성	남성	784(39.2%)
	여성	1216(60.8%)
연령	평균(SD)	75.2년(±6.22)
	70세 이하	541(27.1%)
	71~75세	535(26.8%)
	76~80세	528(26.4%)
	81세 이상	396(19.8%)
교육수준	평균(SD)	7.0년(±4.68)
	무학	347(17.3%)
	초 중퇴/졸업	627(31.4%)
	중 중퇴/졸업	454(22.7%)
	고 중퇴/졸업	403(20.2%)
	대 중퇴/졸업 이상	169(8.5%)
종교	불교	446(22.3%)
	기독교	463(23.2%)
	천주교	213(10.7%)
	기타	31(1.6%)
	종교 없음	847(42.4%)
주관적 경제상태	평균(SD)	3.88점(±0.90)
	상층	6(0.3%)
	중상층	101(5.1%)
	중층	602(30.1%)
	중하층	686(34.3%)
	하층	581(29.0%)
	모르겠음	24(1.2%)

변인		명(%)
취업상태	일하고 있음	678(33.9%)
	일하지 않음	971(48.6%)
	일해 본 적 없음	351(17.5%)
기초생활보호대상자 여부	예	186(9.3%)
	아니오	1814(90.7%)
기초연금 수급여부	예	1243(62.2%)
	아니오	757(37.9%)

3. 건강상태

조사에 참여한 노인들이 평가하는 자신의 건강상태는 매우 건강한 상태를 5점으로 할 때, 평균 2.95점으로 보통 수준이었다. 자신의 건강상태를 매우 건강하다고 답한 사람이 10.0%, 건강하다고 답한 사람이 28.3%로 자신의 건강상태를 좋은 편이라고 평가하고 있는 노인의 비율이 약 38.3%이었다. 반면, 건강하지 못하다고 답한 사람이 26.4%, 매우 건강하지 못하다고 답한 사람이 8.6%로 자신의 건강상태를 나쁜 편이라고 평가하는 노인이 35.0%이었다. 전국 노인을 대상으로 한 2014년 노인실태조사에서는 자신의 건강을 좋게 평가한 노인의 비율이 32.4%인 반면, 43.7%가 건강이 나쁜 것으로 평가하고 있는데, 이러한 결과와 비교하여 보면, 2016년 춘천노인생활실태조사에 참여한 노인들의 건강상태가 더 양호함을 알 수 있다.

건강상태를 보여주는 신체 통증 수준은 10점 기준 평균 4.13점으로 경도 수준이었다. 그리고 통증이 전혀 없는 노인이 6.5%(130명)이었으며, 절반에 가까운 44.8%(896명)가 경도의 통증을, 그리고 21.1%(421명)가 중증의 통증을 겪고 있었다.

의사로부터 진단을 받은 질환수를 조사한 결과, 노인 1인당 평균 1.90개로 약 2개 정도의 질환을 가지고 있었다. 아무런 질환도 가지지 않고 있는 노인이 16.2%(291명)이었고, 1개 질환 28.0%, 2개 질환 27.5%, 3개 질환 15.1%, 4개 이상의 질환을 지닌 사람이 13.2%이었다. 즉, 조사에 참여한 노인 중 83.8%가 만성질환을 앓고 있으며, 질환을 2개 이상 지니고 있는 복합이환자의 비율은 55.8%이었다. 2014년 노인실태조사에서는 만성질환이 1개 있다고 응답한 노인이 18.2%, 2개 22.8%, 3개 이상 49.4% 등으로 전체 노인의 90.4%가 만성질환을 갖고 있으며, 만성질환을 2개 이상 지니고 있는 복합이환자가 72.2%로 나타났다. 두 조사결과를 비교하여 보면, 춘천노인 생활실태조사에 참여한 노인들의 만성질환 유병률이 더 낮은 것을 알 수 있다.

<표 3> 조사대상 노인의 건강상태 분포

변인		명(%)
주관적 건강상태	평균(SD)	2.95점(±1.14)
	매우 건강하다	199(10.0%)
	건강하다	567(28.3%)
	보통이다	535(26.8%)
	건강하지 못하다	527(26.4%)
	매우 건강하지 못하다	172(8.6%)
통증	평균(SD)	4.13점(±2.58)
	없음	130(6.5%)
	경도(1~4점)	896(44.8%)
	중등도(5~6점)	553(27.7%)
	중증(7~10점)	421(21.1%)

변인		명(%)
질환 수	평균(SD)	1.90개(±1.46)
	없음	291(16.2%)
	1개	503(28.0%)
	2개	494(27.5%)
	3개	270(15.1%)
	4개 이상	236(13.2%)

4. 가족관계

조사에 참여한 노인 중 배우자와 함께 살고 있는 사람이 절반을 넘는 51.9%(1,038명)이었으며, 사별한 사람이 43.3%(866명)이었다. 배우자와 함께 살고 있는 1,038명을 대상으로 배우자와의 관계 만족도를 조사한 결과, 매우 만족한다를 5점으로 할 때 평균 4.02점으로 대체로 만족하는 수준이었다. 매우 불만족과 대체로 불만족하는 사람은 3.3%에 불과하였고, 대체로 만족하거나 매우 만족하는 사람이 77.6%로 전체의 3/4을 넘었다. 2014년 노인실태조사에서 직접적으로 비교할 수 있는 문항은 없었지만, 73.0%가 배우자와의 대화가 충분하다고 답하고 있고, 94.3%가 배우자를 신뢰하고 있으며, 83.2%가 지난 1개월간 배우자와 갈등을 경험한 적이 없다고 응답한 것에 비추어 보면, 춘천노인 중 약 3/4이 배우자와의 관계에 대해 만족하는 것은 일반적인 노인의 특성을 반영하는 것으로 이해된다.

본인을 제외한 동거가족의 수를 살펴보면, 평균 1.13명이었으며, 혼자 사는 사람이 30.8%(615명)로 조사에 참여한 3명 중 1명 정도가 독거노인이었다. 함께 사는 사람이 1명인 경우가 48.7%(973명)로 그 비율이 가장 높았는데, 이는 노인부부 가구가 많음을 반영하는 것이며, 2명 이상과 함께 사는 사람의 비율은 20.7%로 1/5 수준에 머물렀다. 노인독거 가구가 23.0%, 노인부부 가구가 44.5%이었던 2014년 노인실태조사와 비교하여 보면 2016년 춘천노인생활실태조사에서 독거노인의 비율이 조금 더 높은 것으로 나타났다.

조사에 참여한 노인 중 자녀가 없는 사람은 2.5%(49명), 자녀가 있는 사람은 97.5%이었다. 자녀가 있는 경우, 평균 자녀수는 3.31명이었으며, 가장 많은 자녀수는 9명이었다. 3명의 자녀를 둔 노인이 30.4%(608명)로 가장 많았고, 그 다음이 4명의 자녀 22.5%(449명)와 2명의 자녀 22.1%(442명)로 비슷하였다. 2014년 노인실태조사에서도 노인의 대부분인 97.7%가 자녀를 두고 있으며, 평균 자녀수는 3.4명으로 제시되고 있어 춘천노인이 비슷한 분포를 보이고 있음을 확인하였다.

자녀가 있는 1,951명을 대상으로 1시간 이내에 거주하는 자녀의 수를 조사한 결과 1명인 경우가 33.8%(660명)로 가장 많았으며, 전혀 없는 경우도 33.1%(646명)로 그 다음을 차지하였다. 자녀를 둔 1,951명을 대상으로 자녀와의 관계에 대한 만족도를 조사한 결과, 매우 만족을 5점으로 할 때 평균 4.08점으로 대체로 만족하는 수준이었다. 대체로 만족이 54.1%(1,055명), 매우 만족이 28.2%(551명)로 조사에 참여한 노인의 82% 이상이 자녀와의 관계에 대해 만족하고 있었다.

<표 4> 조사대상 노인의 가족관계 분포

변인		명(%)
혼인상태	배우자와 동거	1038(51.9%)
	배우자 없음/별거/미혼	96(4.8%)
	배우자와 사별	866(43.3%)
배우자와의 관계	평균(SD)	4.02(±0.79)
	매우 불만족한다	5(0.5%)
	대체로 불만족한다	29(2.8%)
	그저 그렇다	198(19.1%)
	대체로 만족한다	510(49.1%)
	매우 만족한다	296(28.5%)
동거가족 수 (본인 제외)	평균(SD)	1.13명(±1.24)
	0명(독거)	615(30.8%)
	1명	973(48.7%)
	2명	183(9.2%)
	3명	79(4.0%)
	4명 이상	150(7.5%)
자녀수	평균(SD)	3.31명(±1.38)
	자녀 없음	49(2.5%)
	1명	129(6.5%)
	2명	442(22.1%)
	3명	608(30.4%)
	4명	449(22.5%)
	5명 이상	323(16.2%)
1시간 이내 거주 자녀수	평균(SD)	1.22명(±1.21)
	없음	646(33.1%)
	1명	660(33.8%)
	2명	355(18.2%)
	3명	194(9.9%)
	4명 이상	96(4.9%)
자녀와의 관계	평균(SD)	4.08점(±0.73)
	매우 불만족한다	5(0.3%)
	대체로 불만족한다	36(1.8%)
	그저 그렇다	304(15.6%)
	대체로 만족한다	1055(54.1%)
	매우 만족한다	551(28.2%)

5. 사회관계

조사에 참여한 노인 2,000명이 4가지 유형의 사회활동 중 몇 가지 유형의 활동에 참여하고 있는지 조사하였다. 노인 1인당 평균 2.03 개 유형의 사회활동에 참여하고 있는 것으로 나타났다. 조사에 참여한 노인 중 6.8%에 해당하는 135명은 어떠한 유형의 사회활동에도 참여하지 않았고, 2개 유형의 사회활동에 참여하는 경우가 33.6% (671명)로 가장 많았다. 또한, 28.2%(563명)가 1개 유형의 사회활동에 참여하고 있는 것으로 나타나 노인들이 다양한 유형의 사회활동에 참여하고 있지 않음을 알 수 있었다.

지난 1년간 걱정이나 고민거리가 있을 때 '전혀 들어주지 않음'을 1점, '항상 들어줌'을 5점으로 평가하면 배우자는 평균 4.01점, 자녀는 평균 3.70점, 친구/친지/이웃은 평균 3.40점 정도로 이야기를 들어준 것으로 나타났다. 대부분 또는 항상 이야기를 들어준 경우는 배우자가 73.7%이었던 반면, 자녀는 58.4%, 친구/친지/이웃은 41.3%로 나타났다.

그리고 지난 1년간 몸이 아플 때 '전혀 도와주지 않음'을 1점, '항상 도와줌'을 5점으로 평가하면 배우자는 평균 4.42점, 자녀는 평균 3.80점, 친구/친지/이웃은 평균 2.75점 정도로 간병을 해 준 것으로 나타났다. 또한 배우자의 87.2%, 자녀의 61.7%, 친구/친지/이웃의 16.5%가 항상 또는 대체로 도움을 주었다.

마지막으로 지난 1년간 금전적으로 도움이 필요할 때 '전혀 도와주지 않음'을 1점, '항상 도와줌'을 5점으로 평가하면 배우자는 평균

4.15점, 자녀는 평균 3.35점, 친구/친지/이웃은 평균 2.54점 정도로 도움을 준 것으로 나타났다. 또한 배우자의 80.5%, 자녀의 42.0%, 그리고 친구/친지/이웃의 13.4%가 항상 또는 대체로 경제적 지지를 해 준 것으로 나타났다.

<표 5> 조사대상 노인의 사회활동 및 사회관계 분포

변인		명(%)
사회활동참여 단체 유형수	평균(SD)	2.03개(±1.13)
	없음	135(6.8%)
	1개	563(28.2%)
	2개	671(33.6%)
	3개	360(18.0%)
	4개 이상	271(13.6%)
정서적 지지	배우자	평균(SD)	4.01(±0.90)
		전혀 들어주지 않음	6(0.6%)
		들어주지 않음	58(5.6%)
		가끔 들어줌	209(20.1%)
		대부분 들어줌	415(40.0%)
		항상 들어줌	350(33.7%)
	자녀	평균(SD)	3.70(±0.91)
		전혀 들어주지 않음	40(2.1%)
		들어주지 않음	91(4.7%)
		가끔 들어줌	680(34.9%)
		대부분 들어줌	746(38.2%)
		항상 들어줌	394(20.2%)
	친구/ 친지/ 이웃	평균(SD)	3.40(±0.91)
		전혀 들어주지 않음	64(3.2%)
		들어주지 않음	146(7.3%)
		가끔 들어줌	963(48.2%)
		대부분 들어줌	578(28.9%)
		항상 들어줌	248(12.4%)

변인			명(%)
간병	배우자	평균(SD)	4.42(±0.82)
		전혀 도와주지 않음	6(0.6%)
		도와주지 않음	28(2.7%)
		가끔 도와줌	99(9.5%)
		대부분 도와줌	297(28.6%)
		항상 도와줌	608(58.6%)
	자녀	평균(SD)	3.80(±0.89)
		전혀 도와주지 않음	28(1.4%)
		도와주지 않음	55(2.8%)
		가끔 도와줌	664(34.0%)
		대부분 도와줌	728(37.3%)
		항상 도와줌	476(24.4%)
	친구/친지/이웃	평균(SD)	2.75(±0.93)
		전혀 도와주지 않음	224(11.2%)
		도와주지 않음	439(22.0%)
		가끔 도와줌	1008(50.4%)
		대부분 도와줌	261(13.1%)
		항상 도와줌	67(3.4%)
경제적 지지	배우자	평균(SD)	4.15(±0.94)
		전혀 도와주지 않음	9(0.9%)
		도와주지 않음	74(7.1%)
		가끔 도와줌	119(11.5%)
		대부분 도와줌	384(37.0%)
		항상 도와줌	452(43.5%)
	자녀	평균(SD)	3.35(±1.03)
		전혀 도와주지 않음	87(4.5%)
		도와주지 않음	251(12.9%)
		가끔 도와줌	794(40.7%)
		대부분 도와줌	528(27.1%)
		항상 도와줌	291(14.9%)
	친구/친지/이웃	평균(SD)	2.54(±0.96)
		전혀 도와주지 않음	358(17.9%)
		도와주지 않음	499(25.0%)
		가끔 도와줌	875(43.8%)
		대부분 도와줌	241(12.1%)
		항상 도와줌	26(1.3%)

6. 심리적 특성

조사대상 노인의 영성 4문항 총점은 최저 4점에서 최고 20점이었으며, 평균 11.12점으로 중간 수준이었다. 그리고 낙관성 3문항의 총점은 최저 3점에서 최고 15점이었고, 평균 10.66점으로 중상 정도 수준이었다.

〈표 6〉 조사대상 노인의 심리적 특성 분포

변인		통계치
영성	평균(SD)	11.12(±4.42)
	최저/최고	4~20
낙관성	평균(SD)	10.66(±2.07)
	최저/최고	3~15

참고문헌

민성길, 김광일, 박일호(2002). 한국판 세계보건기구 삶의 질 척도 지침서. 하나의학사.

임영진, 고영건, 신희천, 조용래(2010). 정신적 웰빙 척도(MHC-SF)의 한국어판 타당화 연구. 한국심리학회지: 일반, 31(2):369-386.

조맹제, 배재남, 서국희, 함봉진, 김장규, 이동우, 강민희(1999). DSM-III-R 주요우울증에 대한 한국어판 Geriatric Depression Scale(GDS)의 진단적 타당성 연구. 신경정신의학, 38(1):48-63.

Keyes, CLM(2006), The subjective well-being of America's youth: Toward a comprehensive assessment. Adolescent & Family Health, 4: 3-11.

Ribeiro, JD et al(2014), Fearlessness about Death: The psychometric properties and construct validity of the revision to the Acquired Capability for Suicided Scale. Psychological Assessment, 26(1): 115-126.

Scheier, MF et al(2002), Optimism, pessimism and psychological well-being. In E. C. Chang(ED), Optimism & pessimism: Implication for theory, research and practice(pp.189-217). Washington, DC: American Psychological Association.

제2장

춘천노인의 우울

김영범(한림대학교)

● ● ● ●

Ⅰ. 들어가면서

우울이란 '우울한 기분, 흥미나 즐거움의 상실, 활력수준 저하, 죄책감, 자존감 저하, 수면장애, 식욕상실, 주의집중력 저하 등을 동반하는 증상으로 2주 이상 일상생활에 지장을 줄 정도면 치료가 필요한 질병으로 파악한다(김윤아, 2012). 흔히 일시적으로 죽고 싶다거나 삶이 재미가 없다고 느낄 수는 있지만 먹고 싶은 것을 먹거나 혹은 취미활동을 하면 대부분의 경우 좋아진다. 이것은 단기적인 기분변화이지 우울은 아니다. 우울은 삶의 활력을 떨어뜨릴 뿐만 아니라 심한 경우 일상생활을 어렵게 만든다는 점에서 그 자체로도 문제지만 자살생각이나 자살충동과 연결될 수 있다는 점에서 매우 심각한 질병이 아닐 수 없다.

　　그렇다면 사람들은 왜 우울해지는가? 현재까지 우울 증상에 영향을 주는 인구, 사회적 요인은 많이 밝혀져 있지만 우울한 사람과 그렇지 않은 사람들 사이에 나타나는 생리적 차이나 우울 증상을 낳는 신체의 메커니즘에 대해서는 명확한 답을 제시하지는 못하고 있다. 우리는 알츠하이머 치매가 어떻게 발병하는지 대체로 이해하고 있다. 뇌에 β-아밀로이드라는 단백질이 쌓이게 되면 뇌 세포 사이의 신경전달 통로가 단절되어 뇌세포가 죽게 되는데, 이로 인해 알츠하이머 치매가 발병한다. 우울의 경우는 발병하게 되는 신체의 변화 과정에 대해 아직까지 명확한 해답을 제시하지 못하고 있다. 다만 우리는 어떤 인구 사회적 혹은 심리적 특징을 갖고 있는 사람들이 우울 가능성이 큰지 경험 연구를 통해 확인하고 있을 뿐이다.

　　우울에 영향을 미치는 요인을 살펴보면 크게 신체적 요인, 심리적 요인, 인구·사회적 요인 등으로 나누어 살펴볼 수 있다.

　　건강상태와 우울이 관련이 있을 수 있다는 점은 쉽게 이해할 수 있다. 밥 먹기, 세수 하기, 대중교통 이용하기 등 일상생활에 필요한 활동을 잘 할 수 없는 경우 사람들은 우울에 빠질 수 있다. 일상생활에 필요한 신체적, 정신적 능력은 질병에 걸린 경우 하락하는데 심장병, 류머티즘, 고혈압, 천식 등 질병에 걸리는 경우 활동능력에 제한이 나타나게 되고, 이로 인해 스트레스를 받게 되면 우울에 빠질 수 있다. 특히 치매는 우울과 매우 상관관계가 높은 질병으로 우울에 빠지면 치매가 발병할 가능성이 높고, 치매가 발병하면 우울에 빠질 가능성이 높다(Kim(et al.), 2005).

　　우울이 왜 발생하는가에 대해 심리적인 설명은 자기 효능감(self

-efficiency)이 하락하는 경우 발생하는 것으로 이해하고 있다. 자기 효능감이란 '자신이 중요하다고 생각하는 일이나 역할을 잘할 수 있다고 믿는 것'을 의미한다. 누구나 사람들은 다양한 역할을 갖고 있고, 달성하고 싶은 목표가 있다. 다양한 역할과 목표 중 자신이 중요하다고 생각하는 것을 잘 할 수 있다고 생각하는 정도는 사람에 따라 다르다. 자기 효능감의 상실을 강조하는 입장은 자신이 중요하다고 생각하는 역할이나 목표를 잘 할 수 없다고 생각하면 사람들은 우울에 빠진다는 것이다. 나이가 들어감에 따라 나타나는 여러 가지 변화들로 인해 사람들은 기존의 역할이나 활동을 하지 못하게 되는데, 이로 인해 자기 효능감의 상실을 체험하게 된다. 자기 효능감의 상실로 인해 사람들은 슬픔(sadness)과 외로움을 체험하고 되고 이것들이 지속되면 우울에 빠지게 된다는 것이다(Blazer, 2002).

우울에 영향을 주는 인구·사회학적 요인을 살펴보면, 먼저 성별 차이를 생각해 볼 수 있다. 주변에 있는 남성과 여성을 살펴보면 우울한 여성은 많이 발견할 수 있는 반면, 우울한 남성은 쉽게 발견할 수 없다. 이는 경험적인 자료를 통해서도 확인되고 있는데, 우리나라 사람들의 건강상태를 조사한 국민건강영양조사 결과에 의하면 만 19세 이상 성인남성 중 4.1%만이 우울장애인 반면 여자는 7.0%로 나타난 바 있다. 그렇다면 왜 성별 차이가 나타나는가? 사회과학에서는 이를 역할 규범에 대한 성별 차이로 이해한다. 남성의 경우는 음주나 폭력 등 일탈행동에 대한 사회적 용인 정도가 큰 반면, 여성은 일탈행동에 대한 사회적 용인 정도가 낮다. 따라서 스트레스를 받는 상황에 직면하게 되면 남성은 폭음을 하거나 또는 주변 사람에게 폭력을 행사하는 일탈행동을 통해 이를 해소할 가능성이 크다. 여성의 경우는 스트레스를 받는 상황에 직면해도 사회적 규제로 인해 일탈행동을 할 여지가 적기 때문에 내적으로 이를 극복해야 하는데, 그 과정에서 우울에 빠질 가능성이 크다(Hopcroft (et al.), 2007). 남성은 여성에 비해 우울장애의 비율은 낮지만 알콜중독이나 폭력행동에 따른 처벌 비율은 높다.

이외에 우울은 혼인상태에 따라서도 차이를 보이는데, 배우자와 사별한 경우 우울에 빠질 가능성이 높다. 배우자와 함께 지내는지, 혹은 사별했는지에 따른 차이는 남성과 여성에 따라 상이한 것으로 나타나고 있는데, 남성의 경우는 배우자가 있을 때에 비해 사별했을 때 우울 수준이 증가하는 반면, 여성의 경우는 배우자 유무에 따른 차이가 크지 않은 것으로 나타나고 있다. 남자나 여자 모두 배우자와 사별하게 되면, 일정 기간 슬픔에 빠지게 된다. 그러나 이른바 애도의 기간이 지나게 되면 성별로 배우자 사별의 영향은 차이를 보이는 것으로 알려져 있는데, 남성의 경우 배우자와 사별하게 되면 일상생활에 필요한 다양한 활동을 직접 담당해야 하기 때문에 일상생활의 어려움이 증가하는 반면, 여성의 경우는 배우자를 돌보는 일에서 해방되어 더 많은 자유 시간을 얻을 수 있다. 아마도 배우자 사별과 우울 사이의 관계에서 나타나는 성별 차이는 이러한 측면에서 이해될 수 있을 것이다.

우울의 발병률은 나이에 따라 차이를 보이는데, 일반적으로 U자형 모습을 보이는 것으로 알려져 있다(Mirowsky and Ross, 1992). 청년기 동안은 우울의 발병률이 높지만 장년층이 되면 청년기에 비해 감소하는 것으로 나타난다. 이후 노년기가 되면 나이가 증가할수록 발병률이 증가한다. 우울과 나이와의 관계는 그러나 나이에 따른 효과라기보다는 나이에 따라 변화하는 삶의 기회에 따른 결과일 가능성이 크다. 즉 젊은 시절 느끼는 경제적 어려움, 혹은 심리적 미성숙, 불안한 사회관계 등은 나이가 들어감에 따라 경제활동을 통해, 그리고 심리적으로 성숙됨에 따라, 가정을 꾸리면서 완화된다. 노년기에 접어들면 다시 은퇴, 배우자의 사망, 신체 기능의 하락 등을 경험하게 되는데, 이러한 어려움은 우울을 증가시키는 요인이 된다.

아래에서는 노인을 중심으로 우울 증상이 어느 정도인지 살펴보고, 우울 증상에 영향을 주는 요인은 무엇인지 살펴볼 것이다.

Ⅱ. 노인들이 느끼는 우울 수준은 어느 정도일까?

본 조사에서는 춘천 지역 노인의 우울 수준을 노인 우울 척도-단축형(Short Form of Geriatric Depression Scale : SGDS)을 활용해 측정하였다. 이 척도는 15개 문항에 대해 0과 1로 측정하여 최소 0점, 최대 15점의 범위를 갖는다. 춘천 지역 거주 노인의 우울 증상 점수를 살펴보면 평균 2.44점(표준편차 3.49)로 나타났다. 이 척도는 점수가 10점 이상이면 우울 증상이 있다고 볼 수 있는데, 본 조사의 경우 143명(7.15%)이 10점 이상으로 나타났다. 각 문항에 대해 그렇다고 응답한 비율은 아래 표와 같다.

〈표 1〉 한국형 노인 우울척도 단축형의 질문

	질문사항	그렇다 비율
1	현재의 생활에 대체적으로 만족하십니까?	80.4
2	요즈음 들어 활동량이나 의욕이 많이 떨어지셨습니까?	25.4
3	자신이 헛되이 살고 있다고 느끼십니까?	8.6
4	생활이 지루하게 느껴질 때가 많습니까?	18.1
5	평소에 기분은 상쾌한 편이십니까?	76.0
6	자신에게 불길한 일이 닥칠 것 같아 불안하십니까?	7.7
7	대체로 마음이 즐거운 편이십니까?	77.3
8	절망적이라는 느낌이 자주 드십니까?	11.2
9	바깥에 나가기가 싫고 집에만 있고 싶습니까?	3.5
10	비슷한 나이의 다른 노인들보다 기억력이 더 나쁘다고 느끼십니까?	16.5
11	현재 살아있다는 것이 즐겁게 생각되십니까?	81.1
12	지금의 내 자신이 아무 쓸모 없는 사람이라고 느끼십니까?	10.1
13	기력이 좋으신 편이십니까?	74.1
14	지금 자신의 처지가 아무런 희망도 없다고 느끼십니까?	13.8
15	자신이 다른 사람들의 처지보다 더 못하다고 느끼십니까?	17.8

참고로 노인에 대한 가장 포괄적인 전국 조사인 전국노인실태조사 2014년 자료의 경우 노인우울척도- 단축형(SGDS)를 통해 우울을 측정하고 있는데, 이 경우 우울 증상은 33.1%로 나타난 바 있다. 이 조사에서 질병으로 의사로부터 진단을 받은 질환 우울증의 경우는 65세 노인 대비 2.8%로 나타났는데, 남성 1.4%, 여성 3.8%로 여성이 남성에 비해 배 이상 높은 것으로 나타난 바 있다.

국민의 건강상태를 파악한 가장 큰 조사인 국민건강실태조사 2016년의 경우 우울증선별도구(Patient Health Questionnaire-9, PHQ-9)를 통해 우울 증상을 조사하고 있는데, 총점 27점 중 10점 이상인 우울 증상 노인은 8.7%로 나타났다.

　국제적인 자료와 비교해 보면 우리나라의 우울증 유병률은 일본이나 미국에 비해 높은 편인데, 세계보건기구(WHO)의 자료에 의하면 2016년 70세 이상 노인 우울증 발병 비율은 한국이 4.67%, 일본이 2.72%, 미국이 2.00%로 한국이 발병 비율이 더 높은 것으로 나타난 바 있다. 우리나라 노인이 왜 외국 노인에 비해 우울증 유병률이 높은가에 대해서는 몇 가지 이유를 살펴볼 수 있는데, 우선 선진 국가의 노인에 비해 빈곤하다는 점을 들 수 있다. 빈곤한 노인은 필요한 만큼 일상생활에 필요한 물건이나 서비스를 구입하지 못한다. 이들은 또한 의료 서비스를 필요한 만큼 이용할 수 없고 다양한 사회활동에도 참여지 못한다. 이런 점들은 모두 우울을 증가시키는 요인이 될 수 있다.

　이외에 가족으로부터의 도움을 당연하게 생각하는 효 문화도 한 요인이 될 수 있는데, 도와 줄 가족이 없거나 가족으로부터 도움을 받을 수 없는 노인의 경우 우울수준이 증가할 수 있다.

Ⅲ. 어떤 사람이 우울을 더 느낄까?

　이제 인구 사회적 특징을 중심으로 누가 더 우울할 가능성이 높은 사람인지 살펴보자. 본 조사에서 나타난 결과는 <표 2>와 같다. 우선 성별로는 남성에 비해 여성이 우울 점수가 더 높은 것을 확인할 수 있다. 이는 남성과 여성의 일탈행동에 대한 사회적 용인 정도의 차이에 따른 것으로 볼 수 있다. 남성의 경우 술, 담배, 폭력 등 일탈행동에 대해 사회적으로 더 용인하는 것이 일반적이다. 따라서 남성

들은 스트레스 받는 상황인 경우 다양한 일탈행동을 통해 이를 해소
한다. 직장상사와의 마찰, 시험의 실패, 애인과의 이별 등 스트레스
상황에서 남성들은 담배, 폭음, 심지어 주변 사람과의 싸움 등을 통
해 이를 해소한다. 여성의 경우는 그러나 일탈행동에 대한 사회적
용인 수준이 낮기 때문에 약한 일탈에도 사회적 비난의 대상이 될
수 있다. 동일한 수준으로 술에 취한 경우 남성과 여성에 대한 주변
사람들의 시각을 비교해 보면 이는 쉽게 이해할 수 있다. 여성은 결
국 스트레스를 다양한 방법을 통해 발산하지 못하고 해소해야 하는
데, 그 결과 우울 수준이 남성에 비해 높게 나타난다.

연령은 높은 집단에서 우울 수준도 높게 나타나고 있는데, 이는
노인의 경우 나이가 들수록 상실을 경험하기 때문으로 이해할 수 있
다. 즉 나이가 들수록 신체적, 정신적 능력의 상실, 아니라 배우자,
친구의 사망, 자녀와의 별거 등 역할의 상실을 경험한다. 노년기에
경험하는 상실은 자기 효능감을 감소시키고 슬픔, 외로움을 증가시
켜 우울 증상을 초래할 수 있다.

학력도 높을수록 우울 수준이 감소하는 것으로 나타나고 있는데 이
는 많이 배울수록 우울하지 않다는 것을 의미하는 것은 아니다. 노인들
은 학력에 따라 인구·사회적 특징이 차이를 보인다. 노인의 경우 학력
이 높은 사람은 남성이며, 건강하고, 경제적으로도 빈곤하지 않은 가능
성이 높다. 이들은 또한 나이도 상대적으로 젊을 가능성이 높다[1]. 학력

---

1 일본 제국주의로부터 해방된 이후 우리 사회는 급속한 사회변동을 경험하였는데,
  이로 인해 10년 정도의 차이에도 건강수준, 교육수준, 경제수준은 상당한 차이를
  보인다. 아래 세대는 윗세대에 비해 교육수준도 높고, 경제적으로도 양호하며, 영
  양이나 건강 상태도 더 좋다.

과 우울 사이에 나타난 관계는 학력이 높은 사람들이 보이는 인구·사회
적 특징 때문이지, 학력 그 자체의 영향은 아닌 것으로 볼 수 있다.

〈표 2〉 인구사회학적 특성에 따른 우울 비교

특성	항목	N	평균(SD)	t/F
성	남성	748	1.95(3.17)	-5.07***
	여성	1216	2.75(3.64)	
연령	70세 이하	541	1.55(2.81)	44.65***
	71~75세	535	2.16(3.50)	
	76~80세	528	2.40(3.31)	
	81세 이상	396	4.07(3.96)	
학력	무학	347	4.07(4.18)	30.22***
	초 중퇴/졸업	627	2.42(3.42)	
	중 중퇴/졸업	454	2.31(3.42)	
	고 중퇴/졸업	403	1.70(2.85)	
	대 중퇴/졸업 이상	169	1.25(2.43)	
종교	불교	446	2.42(3.39)	1.34
	기독교	463	2.33(3.44)	
	천주교	213	2.20(3.24)	
	기타	31	1.55(2.78)	
	무교	847	2.60(3.63)	
경제적 수준	상층	6	.17(.40)	67.52***
	중상층	101	1.47(2.68)	
	중층	602	1.32(2.40)	
	중하층	686	2.01(3.03)	
	하층	581	4.24(4.28)	
취업상태	일하고있음	678	1.66(3.07)	27.64***
	일하지않음	971	2.93(3.66)	
	일해본적없음	351	2.59(3.50)	
기초생활보장 및 공적연금 수급	기초생활보장	186	4.48(4.33)	77.93***
	기초연금	1,076	2.81(3.61)	
	둘 다 아님	738	1.38(2.61)	

* p<.05, ** p<.01, *** p<.001

　종교와 우울의 관계는 종교별로 우울 수준 점수가 약간 차이를 보이지만 유의미한 차이가 있는 것은 아니다. 종교가 있는 사람과 없는 사람을 비교한 경우도 유의미한 차이를 보이지는 않았다. 해외 연구의 경우 특정 종교를 믿는 경우, 혹은 종교가 있는 경우 우울 수준이 낮다는 연구 결과도 제시되고 있지만, 이것이 종교 그 자체의 영향인지, 종교를 믿는 사람과 그렇지 않은 사람 사이의 심리적 특징에 따른 차이인지 명확하게 연구된 바는 없다. 최근에는 종교를 믿는 경우 우울 수준이 높다는 연구 결과도 제시된 바 있다. 정신건강이 좋지 않은 사람일수록 자신의 삶에 대한 의미를 찾고자 한다. 따라서 이들은 종교나 영성에 더욱 몰입하는 경향을 보이는데, 이로 인해 정신건강이 안 좋은 사람일수록 종교를 가질 가능성이 높게 나타난다.

　경제수준과 우울과의 관계를 살펴보면 소득이 낮을수록, 그리고 기초생활보장 수급자가 다른 집단에 비해 우울수준이 높게 나타나고 있다. 경제적으로 어려운 사람이 어렵지 않은 사람에 비해 우울 수준이 낮다는 점은 상식적으로 생각해도 이해될 수 있다. 경제적으로 어려운 사람들은 일상생활에 필요한 상품이나 서비스를 충분하게 구입하지 못하며, 항상 필요한 돈을 어떻게 마련해야 하는지에 대해 고민을 해야 한다. 빈곤한 사람들은 또한 의료 서비스도 필요한 만큼 받을 수 없을 뿐만 아니라 하고 싶은 취미활동이나 친구와의 사교 모임에도 참석하기 어렵다. 빈곤으로 인해 발생하는 모든 문제들은 스트레스 수준을 증가시키게 될 뿐만 아니라 다른 스트레스 요인을 악화시키는 결과를 낳는데 이로 인해 우울 수준 역시 증가하게 된다.

Ⅳ. 건강할수록 우울이 낮아질까?

이제 건강과 우울과의 관계를 살펴보자. 건강상태를 보여주는 세 가지 지표, 즉 스스로 얼마나 건강한가에 대해 평가한 주관적 건강상태, 스스로 느끼는 통증정도에 대한 평가, 그리고 질병의 수 모두 우울 수준과 유의미한 관계를 보이고 있다. 즉 주관적 건강상태가 안 좋을수록, 통증 수준이 높을수록, 그리고 지환 수가 많은 경우 그렇지 않은 경우에 비해 우울 수준 점수가 높은 것으로 나타나고 있다.

건강상태가 열악할수록 우울수준도 높다는 연구 결과는 상식적으로도 이해할 수 있다. 누구나 건강상태가 나쁘면 일상생활에 필요한 여러 활동을 하기 어렵다. 몸이 불편하면 아이의 준비물을 제대로 챙겨주기 어렵고, 경제활동도 하기 어렵다. 또 몸이 아프면 새로운 활동을 할 의욕도 그만큼 줄어든다. 건강하지 않기 때문에 활동이 제약되면 스스로에 대한 믿음을 약화시켜 사람들을 우울에게 만들 수 있다.

<표 3> 건강상태에 따른 우울 비교

특성	항목	N	평균(SD)	t/F
주관적 건강상태	매우 건강하다	199	.75(1.77)	87.14***
	건강하다	567	1.30(2.65)	
	보통이다	535	2.06(3.07)	
	건강하지 못하다	527	3.79(3.89)	
	매우 건강하지 못하다	172	5.16(5.26)	
통증	없음	130	.93(1.80)	95.75***
	경도(1~4점)	896	1.62(2.82)	
	중등도(5~6점)	553	2.39(3.36)	
	중증(7~10점)	421	4.70(4.21)	
질환수	없음	291	1.10(2.42)	32.54***
	1개	503	1.71(3.03)	
	2개	494	2.21(3.23)	
	3개	270	3.38(3.97)	
	4개 이상	236	3.76(3.95)	

* $p<.05$, ** $p<.01$, *** $p<.001$

V. 가족과의 삶은 우울과 관련이 있을까?

가족은 일상생활을 살아가는데 필요한 가장 중요한 자원이다. 가족과의 상호작용을 통해 필요한 도움을 받을 수 있을 뿐만 아니라 즐거움, 슬픔 등 정서적 유대를 공유할 수 있다. 가족관계는 혈연으로 맺어진 관계이며 사회적 규범의 지배를 받는 관계이다. 친구 역시 유사한 기능을 하지만 친구관계를 자발적인 관계라는 점에서 혈연과 사회적 규범으로 이어진 가족관계에 비해서는 그 응집력이 약하다는 한계를 갖는다.

〈표 4〉 가족관계에 따른 우울 비교

특성	항목	N	평균(SD)	t/F
배우자 유무	없다	962	3.41(3.93)	12.18***
	있다	1038	1.53(2.73)	
자녀 유무	없다	49	5.90(4.33)	7.12***
	있다	1951	2.35(3.42)	

* p<.05, ** p<.01, *** p<.001

　그렇다면 가족과 우울과 어떤 관련성을 보이는가? 우선 가족 유무에 따라 우울 수준에 차이가 있는지 살펴보면, 배우자가 있는 경우, 그리고 자녀가 있는 경우 우울 수준이 낮다는 점을 확인할 수 있다. 가족과의 관계가 얼마나 만족스러운가 역시 우울과 관련성이 있는 것으로 나타나고 있는데, 부부만족도나 자녀만족도가 높을수록 우울 수준이 낮은 것으로 나타나고 있다. 가족은 개인이 직면한 어려움을 공유하고 해결하는데 도움을 주는데, 가족이 있는 경우 우울 수준이 상대적으로 낮은 것은 이 때문으로 볼 수 있다. 다른 한편으로 가족이 직접적인 도움을 주지 않는 경우라도 가족이 있으면 가족이 없는 경우에 비해 어려움을 크게 느끼지 않는다. 이는 이른바 가족의 스트레스 완충 효과라는 것으로, 도움을 받을 수 있다는 믿음 때문에 어려움을 심각하게 받아들이지 않는다는 것이다.

<표 5> 가족관계만족도와 우울의 관련성

	우울점수	부부 만족도	자녀 만족도
우울 점수	1		
부부 만족도	-.26***	1	
자녀 만족도	-.31***	.45***	1

* p<.05, ** p<.01, *** p<.001

VI. 사회관계가 좋으면 우울이 낮아질까?

1. 사회적 지지

누군가로부터 도움을 받고 도움을 주는 행위는 소속감을 강화할 뿐만 아니라 생애 주기에서 직면하게 되는 다양한 위험을 극복하는데 도움을 줄 수 있다. 한 예로 일자리를 잃었을 때 도와줄 수 있는 사람이 있다면 실업에 따른 정신적 부담은 감소될 수 있다. 배우자가 사망하는 경우 자녀가 도와줄 수 있는 경우는 그렇지 않는 경우에 비해 사별에 따른 정신적 부담이 줄어들 것이다. 이처럼 사회적 지지는 생애 과정에서 직면하는 다양한 위기를 극복하는데 도움을 주는데, 이로 인해 우울과 같은 정신적 문제를 완화하는데도 기여할 수 있다.

사회적 지지란 무엇인가? 사회적 지지란 배우자, 자녀, 친척이나 이웃, 친구 등과 같은 비공식 사회관계와 다양한 도움을 주고 받는 것을 의미한다. 사회적 지지는 금전적 지원이나 도구적 지원과 같은 물질적인 것만을 포함하지 않는다, 자녀나 친구가 직면한 어려움을 듣고 조언을 하는 것, 배우자 사망에 대한 위로 등도 사회적 지지에 포함될 수 있다.

사회적 지지는 대상과 지지의 내용을 중심으로 구분할 수 있는데, 대상이란 지지를 주고 받는 대상을 의미하는 것으로 배우자, 자녀와 같은 가족, 친구·이웃 등이 포함된다. 도움의 내용은 조언이나 위로 등을 포함하는 정서적 지원, 병원가기나 아이 돌보기 등과 같은 도구적 지원, 그리고 경제적 자원을 지원하는 금전적 지원으로 구분할 수 있다. 이외에 도움을 주는 것과 받는 것 두 가지로 나누어 살펴볼 수 있다. 이 글에서는 사회적 지지와 우울과의 관계를 크게 세 가지 측면에서 살펴보고자 한다.

첫째, 도움을 받는 것과 도움을 주는 것 중 무엇이 더 우울과 관련성이 있는가?

둘째, 누구와 도움을 주고 받는 것이 우울에 영향을 주는가?

셋째, 어떤 도움을 주고 받는 것이이 우울과 관련이 있는가?

1) 사회적 지지: 도움 주기와 도움 받기

도움을 주고 받는 정도에 따라 우울 수준에 유의미한 차이가 있는지 살펴본 결과에 의하면 도움을 많이 주고 받는다고 생각할수록 우울 수준은 감소하는 것으로 나타났다. 도움 받기와 주기로 구분해 살펴본 바 역시 도움을 많이 준다고 생각할수록, 그리고 도움을 많이 받는다고 생각할수록 우울 수준은 낮아지는 것으로 나타났다.

〈표 6〉 도움 교환 수준과 우울의 관련성

	우울 총점	도움 주기 받기 합	도움 받기	도움 주기
우울 총점	1.00			
도움 주기 받기 합	-.39***	1.00		
도움 받기	-.39***	.98***	1.00	
도움 주기	-.38***	.98***	.91***	1.00

* p<.05, ** p<.01, *** p<.001

〈표 7〉 우울정도에 따른 도움 교환 수준

특성	비우울		우울위험		t/F
	사례수	평균(S.D)	사례수	평균(S.D)	
도움 주기 받기 합	1,857	50.31(15.67)	143	36.60(14.74)	10.12***
도움 받기	1,857	26.29(7.76)	143	19.52(7.27)	10.10***
도움 주기	1,857	24.02(8.28)	143	17.08(7.94)	9.68***

* p<.05, ** p<.01, *** p<.001

우울 위험집단과 우울 위험이 없는 집단 사이의 도움 교환 수준을 비교한 결과 역시 비우울 집단에서 도움을 더 많이 주고, 더 많이 받는 것으로 나타났다. 노인이 되어 나이가 들어갈수록 신체 능력이 약화되고 수입도 줄어드는 등 스스로 일상생활을 꾸려나갈 수 있는 능력은 감소한다. 이로 인해 가까운 주변 사람들로부터 도움을 받아야 하는 필요가 커지는데 가족, 친구, 이웃과의 지원교환은 자신에게 필요한 자원을 얻는다는 측면에서 매우 중요하다. 다른 한편으로 도움을 주는 활동을 통해 자신이 아직 사회적으로 유용한 존재라는 점을 확인하고 자신의 삶에 대한 의미를 부여할 수 있다는 점에서 정신 건강에 기여할 수 있다.

한 가지 특기할 점은 서구의 경우 도움을 많이 받는 경우는 독립적인 삶을 살아갈 수 있는 능력이 약화되었음을 보여주는 것으로 해석되어 정신건강에 부정적인 영향을 주는 것으로 알려진 반면, 우리나라의 경우는 도움을 많이 받는 경우가 정신건강에 긍정적이라는 점이다. 아마도 이는 우리 사회의 경우 자녀와 부모가 도움을 주고 받는 것을 당연한 것으로 받아들이는 문화적 특성 때문으로 보인다.

2) 사회적 지지: 도움을 주고, 받는 대상

그렇다면 누구와 도움을 주고 받는 것이 더 정신건강에 도움을 줄 수 있는가? 배우자, 자녀, 친척 및 이웃으로 구분한 대상 모두 지원교환 수준이 높을수록 정신건강에 긍정적인 영향을 주는 것으로 나타났다. 우울위험집단과 비우울집단으로 나누어 대상자별로 지원교환 수준을 살펴본 바 역시 비우울집단에서 지원교환 수준이 더 높은 것으로 나타나고 있다.

〈표 8〉 도움 대상자별 지원 수준과 우울의 관련성

	우울 총점	배우자	자녀	친척 및 이웃
우울 총점	1.00			
배우자	-.30***	1.00		
자녀	-.30***	.20***	1.00	
친척 및 이웃	-.23***	.12***	.40***	1.00

* p<.05, ** p<.01, *** p<.001

〈표 9〉 우울정도에 따른 도움 대상자별 지원 수준

특성	비우울		우울위험		t/F
	사례수	평균(S.D)	사례수	평균(S.D)	
배우자	1,857	13.25(12.58)	143	5.70(9.94)	7.01***
자녀	1,857	19.96(5.03)	143	15.83(6.86)	9.17***
친척 및 이웃	1,857	17.10(3.82)	143	15.07(4.31)	6.06***

* p<.05, ** p<.01, *** p<.001

배우자가 도와줄 수 있는 것과, 자녀가 도와줄 수 있는 것, 그리고 친척이나 이웃이 도와줄 수 있는 것은 내용이 다르다. 간단한 연장을 빌리는 것은 이웃에게 할 수 있지만, 오랜 기간의 간병은 자녀나 배우자만이 가능하다. 도움을 요청하는 대상에 따라 도움의 내용도 달라질 수 있는데 다양한 대상과 도움을 주고 받는 것은 필요한 때 가장 잘 도와 줄 수 있는 사람에게 도움을 요청할 수 있다는 점에서 노년기 삶에 긍정적일 수 있다.

3) 사회적 지지: 주고 받는 도움의 내용

이제 어떤 도움이 우울 수준을 완화시키는데 도움이 되는지 살펴보자. 이 조사에서는 고민을 상담하는 정서적 지원, 그리고 간병이나 집안 청소 등과 같은 도구적 지원, 그리고 금전적인 도움을 주는 경제적 지원으로 나누어 살펴보았다. 분석 결과는 세 영역 모두에서 도움을 주고 받는 수준이 높은 경우일수록 우울 수준은 낮게 나타났다.

〈표 10〉 도움 종류별 지원 수준과 우울의 관련성

	우울 총점	도구적 지원	정서적 지원	경제적 지원
우울 총점	1.00			
도구적 지원	-.37***	1.00		
정서적 지원	-.37***	.86***	1.00	
경제적 지원	-.37***	.86***	.82***	1.00

* p<.05, ** p<.01, *** p<.001

〈표 11〉 우울정도에 따른 도움 종류별 지원 수준

특성	비우울		우울위험		t/F
	사례수	평균(S.D)	사례수	평균(S.D)	
도구적 지원	1,857	15.85(5.34)	143	11.55(5.09)	9.30***
정서적 지원	1,857	18.67(5.54)	143	14.21(5.19)	9.32***
경제적 지원	1,857	15.78(5.71)	143	10.84(5.30)	10.03***

* p<.05, ** p<.01, *** p<.001

우울위험 집단과 비우울 집단으로 나누어 세 영역의 도움 교환 수준을 비교한 바에 의하면 세 영역 모두에서 우울위험 집단에서 비우울 집단에 비해 지원교환 점수가 높게 나타나, 세 영역 모두 도움을 주고 받는 수준이 높을수록 정신건강에 긍정적인 영향을 주는 것으로 확인되었다.

2. 사회활동과 사회관계

사회활동이 신체 및 정신건강에 도움을 준다는 점은 이미 잘 알려진 사실이다. 사회활동이 신체 및 정신 건강에 기여할 수 있는 이유는 다음과 같다. 첫째, 사회활동을 통해 역할(role)을 갖게 되는데, 역할을 수행하는 과정에서 주변으로부터 긍정적 평가를 받게 되면 행복감이 증가할 수 있다. 역할이란 사회 내의 다양한 위치에 대해 사람들이 갖는 행동 기대로 이해할 수 있는데, 예를 들면 학생이라는 위치에 대해 우리는 바람직한 행동이 무엇인지 기대하는 바가 있다. 우리는 자녀가 부모에게 순종할 것을 기대하며 부모에게 반말을 하는 것을 올바른 태도로 보지 않는다. 우리는 학생이 수업시간에 열심히 수업에 참여할 것을 기대하지 밥을 먹거나 잠을 자는 것을 올바른 행동으로 보지 않는다. 이처럼 사회구조의 다양한 위치는 그에 맞는 행동 기대를 갖게 되는데, 우리는 사회적 위치에 대한 행동 기대를 역할로 규정한다.

둘째, 사회활동을 통해 사회관계가 확대되면 우리는 더 많은 도움과 정보를 얻을 수 있다. 내가 다양한 사람을 알고 있으면 그 만큼 더 많은 정보를 얻을 수 있는 가능성도 높다. 이와 함께 다양한 사람을 알고 있으면 그들이 갖고 있는 자원을 활용해 내가 도움을 받을 수 있는 가능성도 높다. 왜 기업체의 임원들이 공부에 대해 관심이 없으면서도 특수대학원을 들어가는가? 왜 사람들이 다양한 모임에 참여하려 하는가? 왜 자녀를 이른 바 명문 대학에 보내려고 하는가? 당연히 자원과 지식을 갖고 있는 사람을 알기 위해서이다. 다양한 사람을 알면 누군가를 안다는 점 때문에 다양한 이익을 얻을 수 있다. 사회과학에서는 누군가를 알기 때문에 얻게 되는 이익을 '사회자본'(social capital)으로 정의하는데, 정확하게는 "사회 네트워크나 사회구조 속에 가입되어 있기 때문에 자원을 확보할 수 있는 능력"(Portes & Landolt, 2000)으로 정의된다.

셋째, 아는 사람이 많으면 나의 행동이나 사고를 감시(monitoring)하는 사람도 많아지는데, 이로 인해 나는 건강에 부정적인 행동을 하기 어려워진다. 자녀나 배우자의 지속적인 잔소리는 금연을 성공적으로 이끌 가능성이 크다. 오래 만에 만난 친구들의 '몸이 불었네'라는 말에 나는 다시 다이어트를 결심한다. 이처럼 강제적인 것은 아니지만 주변에 아는 사람이 많으면 건강을 유지하는데 부정적인 행동이나 습관을 고치는데 기여할 수 있다. 건강에 유리한 행동을 독려하고 부정적인 행동을 억제하는 주변 사람이 있으면 신체 및 정신 건강 역시 좋아진다.

전 생애적 관점에서 보면 우리의 생애는 ① 태어나 성장하고 필요한 지식과 기술을 배우는 제1연령기, ② 경제활동에 참여하고 가족을 꾸리는 제2연령기 ③ 은퇴하여 비교적 시간과 여유를 갖게 되는 노년기로 구분해 볼 수 있다[2]. 노년기 이전의 각 단계는 명확하고 구체적인 역할을 제시하고 있는데, 예를 들면 제1연령기 동안 우리는 누군가의 자녀로, 학생으로, 친구로 다양한 역할을 수행한다. 제2연령기의 경우도 우리는 회사원으로 전문직으로, 또는 자영업자로 다양한 위치를 갖게 될 뿐만 아니라 누군가의 배우자, 부모로서 역할을 갖는다. 다양한 역할은 삶을 유지하는데 매우 중요한데, 역할을 통해 내가 누구인지 확인하는 정체성을 갖게 되며, 어떤 행동을 해야 할 지 알 수 있다. 학생은 학생으로서 역할이 있으며, 부모는 부모로서 역할을 갖게 된다. 만약 우리가 주어진 역할을 적절하게 수행

---

2 이외에 삶의 마지막 단계로 죽음을 앞 둔 단계인 제4연령기로 구분한다.

하지 못하게 되면 우리는 사회적 비난을 받게 되며, 심각한 경우 법적 처벌의 대상이 되기도 한다. 이는 부모가 자녀를 적절하게 돌보지 못하는 경우를 대중매체를 통해 확인하는 경우 우리가 어떤 반응을 보이는지 생각해 보면 이해할 수 있다.

노년기에 접어들게 되면 역할과 관련해 몇 가지 변화에 직면하게 된다. 우선 노년기에 접어들어 경험하게 되는 사회변화를 살펴보자. 노년기에 접어들면 우리는 세 가지 변화를 경험한다.

첫째, 신체 기능이 점점 나빠진다. 나이가 들어감에 따라 노안으로 시력이 나빠지게 되며, 청력이나 근력도 젊은 시절에 비해 떨어지게 된다. 신체 기능의 약화로 인해 몇몇 역할의 수행은 제약을 받게 되는데, 예를 들면 배우자로서 운전을 하거나 또는 무거운 물건을 나르는 등의 일은 신체 기능의 약화에 따라 점점 어려워진다.

둘째, 노년기에 접어들면서 경제활동이나 다양한 사회활동으로부터 은퇴를 경험하게 된다. 오래 다녔던 주 직장에서 퇴직 하거나 또는 새로 시작한 자영업 역시 시간이 지남에 따라 접게 되며, 취미 활동으로 참여하던 야구 동호회, 자원봉사 활동 등도 시간이 지남에 따라 참여할 수 없게 된다. 경제활동은 금전적 의미뿐만 아니라 매일 매일의 생활 속에서 다양한 의미를 갖는다. 경제활동을 통해 우리는 자신의 행동을 규율하는 규칙을 가질 수 있다. 아침에 일어나 회사에 출근하고, 즐거운 점심을 먹고 저녁에 퇴근하면서 동료와 회식을 하는 것은 직장인에게 자연스런 일인데, 이 과정에서 우리는 매 시간 무엇을 하며 보내야 하는지 고민할 필요가 없다. 경제활동은 또한 내가 누구인지 규정하는 중요한 요인 중 하나가 된다. 나는 특정 기업의 대리, 혹은 부장이며, 이를 바탕으로 나는 구체적인 상황에서 어떻게 행동해야 하는지 결정할 수 있다. 부장인 나는 부하 직원과 함께 점심을 먹으면서 내 것만 계산하지 않는다. 신입사원인 나는 부장님과 함께 점심 식사를 하면서 부장님 밥값을 내는 경우는 없다. 내 주변 가족이나 친구가 나를 대하는 태도는 내가 어떤 직장에 다니는지, 지위가 무엇인지에 영향을 받는다. 가족과 친구가 나를 대하는 태도는 내가 취업 준비생인 때와 대기업 신입 사원이 된 후 명확하게 다르다.

노년기에 접어들면서 경제활동을 마치게 되면, 그리고 사회활동에 참여하지 않게 되면 우리는 경제활동과 사회활동이 주는 다양한 장점을 상실하게 된다. 즉 경제활동이나 사회활동이 나에게 주었던 역할이 소멸되게 되며 이로 인해 언제 무엇을 어떻게 해야 하는지 결정하기 어려운 상황에 직면한다. 한 예로 대부분의 은퇴자는 은퇴 이후 첫 몇 주 동안 자유 시간의 증가를 즐거워 하지만 시간이 지남에 따라 어떻게 시간을 보낼까라는 새로운 어려움에 직면하게 된다.

셋째, 배우자의 사망, 자녀의 성장 등은 가족 내에서 내가 가졌던 역할을 축소시킨다. 결혼을 통해 누군가의 배우자가 되면서 우리는 남편, 혹은 아내로서의 역할을 갖게 되며 자녀가 출생하게 되면 부모의 역할도 갖게 된다. 배우자와 부모는 일생 동안 갖게 되는 다양한 역할 중 가장 오랫동안 유지될 뿐만 아니라, 가장 강하게 개인의 생각과 행동을 규정하는 역할이다. 자신의 일이 아무리 맘에 들지 않아도 배우자와 자녀가 있으면 쉽게 그만둘 수 없다. 혼자 있을 때는 불가능하지만 아이의 등교를 위해 부모는 일찍 일어나 식사를 준비한다. 심지어 자살률도 배우자와 자녀가 있는 경우가 독신의 경우

보다 낮다. 우리는 배우자의 사랑한다는 말에, 자녀가 받아 온 높은 시험점수에 행복해 한다. 그러나 노년기에 접어들어 자녀가 성장하게 되면 부모로서 역할 역시 점점 더 사라지게 된다. 이와 함께 배우자가 사망하게 되면 누군가의 남편, 혹은 아내로서 가졌던 역할 역시 점점 사라지게 된다.

즉 신체 능력의 약화, 경제 및 사회활동의 중단, 배우자 사망과 자녀의 성장 등 노년기에 경험하는 변화는 점점 역할을 소멸시키게 되는데, 이로 인해 우리는 언제, 무엇을 어떻게 해야 할지 선택하기 어려운 상황에 직면한다. 생애 주기적 관점에서 생애 주기의 변화는 대체로 새로운 역할을 제시한다. 성장과 학습의 시기 이후는 경제활동 참여와 가족 구성의 시기가 이어져 과거의 역할 대신 새로운 역할을 제시한다. 그러나 노년기라는 새로운 생애 주기는 명확한 역할을 제시하지 않는다. 노년기로 들어서서 나이가 들어감에 따라 우리는 기존 역할이 감소하는 대신 새로운 역할을 찾기 어려운 상황에 직면한다.

그렇다면 사회활동 참여에 따라 우울 수준은 어느 정도인가? 아래 표는 사회활동 참여와 우울의 관계을 살펴본 것이다. 여기서 사회활동은 종교활동, 동창회, 향우회와 같은 연고활동, 노인복지관과 같은 취미활동, 그리고 자원봉사와 같은 시민사회활동으로 구분하여 참여 여부를 살펴보았다.

먼저 조사한 사회활동 중 한 가지라도 참여한 경우와 한 가지도 참여하지 않은 경우로 구분하여 살펴본 바에 의하면 참여한 경우가 참여하지 않은 경우에 비해 우울 수준이 약간 낮은 것으로 나타났다. 참여활동의 수에 따라 살펴보면 많은 유형에 참여할수록 우울 수준이 낮아지는 것으로 확인되었다. 참고로 참여활동이 없다고 응답한 경우 우울 수준은 3.82인 반면 4가지 종류 이상에 참여한다고 응답한 경우는 1.17로 큰 차이를 보이고 있다.

〈표 12〉 사회활동참여에 따른 우울 비교

특성	항목		N	평균(SD)	t/F
사회활동 참여	비참여		912	2.61(3.63)	2.08*
	참여		1,088	2.29(3.36)	
참여활동 유형의 수	없음		135	3.82(4.42)	30.56***
	1가지 유형		563	3.18(3.85)	
	2가지 유형		671	2.60(3.56)	
	3가지 유형		360	1.41(2.43)	
	4가지 유형 이상		271	1.17(2.20)	
참여활동 종류	종교활동	비참여	912	2.61(3.63)	2.08*
		참여	1,088	2.29(3.36)	
	연고활동	비참여	1,322	3.05(3.80)	11.35***
		참여	678	1.24(2.36)	
	시민사회활동	비참여	1,795	2.53(3.55)	3.60***
		참여	205	1.61(2.76)	
	취미활동	비참여	481	2.73(3.83)	2.10*
		참여	1,519	2.34(3.37)	

* p<.05, ** p<.01, *** p<.001

마지막으로 참여하는 활동의 종류에 따라 우울 수준에 차이가 있는 살펴보았다. 네 가지 종류의 활동 모두에서 참여한 경우가 참여하지 않은 경우에 비해 우울 수준이 낮은 것으로 나타났는데, 특히 연고활동과 시민사회활동은 참여한 경우가 참여하지 않은 경우에 비해 우울 수준이 낮은 것으로 나타났다.

Ⅶ. 어떠한 심리적 특성이 우울을 낮출 수 있을까?

1. 영성

영성이란 삶에 의미를 주는 일련의 신념들로 정의할 수 있다(손진욱, 2008). 영성과 우울과의 관계에 대해서는 대체로 영성이 높을수록 우울 수준이 감소하는 결과를 보여주고 있다. 영성은 주로 종교활동으로 구체화되는데, 영성이 높아 종교 활동을 하는 경우 종교공동체에 소속되어 다양한 사회적 지지를 받을 수 있다. 높은 사회적 지지는 우울 수준을 완화시키는데 기여할 수 있다. 종교공동체의 경우 스트레스 완충 이론이 주장하듯 스트레스 요인의 충격을 완화시켜주는 효과를 내기도 하는데 이를 통해서도 우울 수준은 완화된 수 있다. 다만 이들 연구는 영성과 우울과의 관계가 영성 그 자체의 영향 때문인지 사회 관계나 공동체 참여에 따른 효과인지 구분하는 것이 필요하다.

대부분의 연구가 영성과 우울과의 관계를 부적인 것으로, 즉 영성이 높으면, 우울 수준이 감소하는 것으로 나타난 반면, 최근 연구에서는 영성이 강할수록 우울 수준도 높아질 수 있다고 주장하기도 한다. 이는 우울 수준이 높은 사람들이 주로 종교 활동에 참여하는 경우가 많기 때문으로 이해되는데, 우울 수준이 높을수록 자신의 삶에 대한 의미를 찾고 싶어 하는 경향이 많고 이로 인해 종교 활동에 더 많이 참여하기 때문이다(Leurent(et al.), 2012).

해외의 경우 상반된 연구 결과가 제시되고 있는 반면 우리나라 노인의 경우는 영성이 우울을 완화시키는데 기여할 수 있다는 연구 결과가 주로 제시되고 있다.(김지숙, 2008; 윤현숙·원성원, 2010). 본 자료 역시 영성은 우울과 유의미한 관계를 보이는 것으로 나타나고 있는데, 영성 수준이 높을수록 우울 수준은 낮아진다.

영성과 우울 사이의 관계는 최근 상반된 연구결과가 제시되고 있다는 점에서 좀 더 엄밀한 연구가 필요한 것으로 보인다.

2. 낙관성/비관성

심리적 기질로서 낙관성과 비관성은 우울과 연관성이 있는데, 상식적인 생각과 유사하게 낙관적인 기질을 갖고 있는 사람은 동일한 환경에서도 우울 수준이 낮은 반면, 비관적인 기질을 갖고 있는 사람은 우울 수준이 높은 것으로 나타나고 있다(Conversano (et al.), 2010). 심리적 기질이 정신건강과 관련이 있는 이유는 '코핑(Coping)'을 위한 신체적, 정신적 메커니즘 때문이다. 사람들은 위험한 상황에 직면하여 스트레스를 받게 되면 이에 적응하기 위한 정신적, 신체적 메커니즘을 작동시키게 되는데, 이것이 코핑 메커니즘이다. 코핑 메커니즘은 사람들의 심리적 기질에 따라 차이를 보이는데, 낙관적인 사람의 경우 적극적으로 문제를 해결하고 긍정적인 측면에 집중하는 경향을 보인다. 구체적으로 낙관적인 사람이 스트레스를 받는 상황에 직면하면 이를 극복하는 코핑 메커니즘이 더 활성화되는데, 예를 들면 도움을 줄 수 있는 사람을 더 열심히 찾아보거나, 상황으로 인해 얻을 수 있는 긍정적인 측면에 더 집중하는 경향을 보인다. 이들은 또한 스트레스 요인을 회피하거나 무시하는 경향을 보이지 않고 이를 관리하거나 해결하는데 더욱 집중한다. 즉 낙관적 성향을 갖고 있는 사람들은 위험 상황에서 스트레스를 덜 받을 뿐만 아니라 그 상황을 해결할 가능성이 크다. 이런 특성으로 인해 동일한 상황에서도 낙관적 특성을 가는 사람들이 비관적 특성을 갖는 사람에 비해 우울 수준이 낮아지는 결과를 낳을 수 있다. 본 자료에 대한 분석 결과 역시 낙관적인 성향이 높을수록 우울 수준은 낮은 반면, 비관적 성향이 높을수록 우울 수준은 높게 나타나 선행 연구의 결과를 다시 확인 시켜주고 있다.

VIII. 나가면서

노년기의 우울을 예방하기 위해 개인적으로, 그리고 사회적으로 다음과 같은 노력이 필요한 것으로 보인다.

첫째, 노년기는 점점 더 역할이 상실되는 시기이다. 앞서 언급하였듯 역할은 내가 누구인지 알게 하는 기준이 될 뿐만 아니라 역할 수행을 통해 행복감을 느끼고 자기 효능감을 강화할 수 있다. 이 점에서 노년기 삶에 새로운 목표를 부여하고 의미를 찾을 수 있는 활동에 참여하는 것이 필요하다. 다양한 취미나 봉사활동의 참여는 역할을 부여하고, 역할 수행을 통해 자기효능감을 제고할 수 있다는 점에서 우울을 예방하는 활동이 될 수 있다. 새로운 활동이나 역할에 노인이 참여하는 경우 부정적 편견이 작용하기 쉬운데 이를 극복하기 위해 사회적으로 노년기에 적합한 역할이나 활동을 다양하게 개발하고 이를 확산시키는 노력도 필요하다.

둘째, 배우자, 자녀와 좋은 관계를 유지하고 여러 가지 도움을 주고 받는 것도 우울을 예방하는데 기여할 수 있다. 배우자·자녀와의 관계가 원만한 노인은 가족으로부터 도움을 받을 수 있다는 믿음을 가질 수 있고 도움을 주고 받는 과정에서 자아 효능감을 높일 수 있다. 한 가지 주의할 점은 자녀와의 관계에 있어서 자신의 능력을 벗어난 수준으로까지 과도하게 도움을 주려고 하는 것은 바람직하지 못하다는 것이다. 능력을 벗어난 과도한 지원은 신체적, 정신적 부담을 가중시킬 뿐만 아니라 목표와 현실 사이의 괴리로 인해 노인의 자아 효능감을 더 떨어뜨릴 수도 있다. 가족과의 친밀한 관계는 단기간에 형성되는 것이 아니다. 노년기에 접어들기 이전부터 배우자, 자녀와 친밀한 관계를 맺을 수 있도록 의식적으로 노력하는 것이 필요하다.

셋째, 노후에 대비한 경제적 준비 역시 노년기 우울을 예방하는데 매우 중요하다. 노년기에 직면하게 되는 경제상황은 청·장년기 동안 꾸준하게 진행되어 온 삶이 응축된 결과이다. 이 점에서 노후에 대비한 경제적 준비는 일찍 준비하는 것이 바람직하다. 이와 함께 노후에도 안정적인 소득을 얻을 수 있도록 사회적인 노력도 필요하다. 노후의 안정적인 소득은 소수 자산가를 제외하면 대부분 공적 연금을 통해 확보된다. 이 점에서 노인이 되어 연금을 많이 받을 수 있도록 사회적 차원에서 여러 가지 대안을 제시하는 것이 필요하다. 부가가치가 높은 일을 할 수 있도록 사람들을 교육시키고, 이들이 오래 안정적으로 일할 수 있도록 지원하는 정책을 개발하는 것은 한

예가 될 수 있다.

인구 고령화에 따라 점점 더 우울 증상을 경험하는 노인 역시 증가하고 있다. 우울은 일상생활의 활력을 저해할 뿐만 아니라 자살의 주요 원인이라는 점에서 개인과 사회에서 적극적으로 대처하는 것이 필요하다.

참고문헌

김지숙. 2008. 노인 우울에 영향을 미치는 요인에 관한 연구 : 영성을 중심으로. 임상사회사업연구, 5(2): 5-20.
김윤아. 2012. 한국 성인의 우울 증상 경험. 주간 건강과 질병, 7(37): 819-820.
손진욱. 2008. 영성과 우울증. 정신분석, 19(2): 101-110.
윤현숙·원성원. 2010. 노인의 영성과 종교활동이 생활만족도와 우울에 미치는 영향. 한국노년학, 30(4): 1077-1093.
Blazer, D. G. 2002. Self-efficacy and depression in late life: a primary prevention proposal. Aging and Mental Health, 6(4): 315-324.
Conversano, C.(et al.). 2010. Optimism and Its impact on Mental and Physical Well-Being. Clinical Practice & Epidemiology in Mental Health, 6: 25-29.
Hopcroft, R. L.(et al.). 2007. Sex difference in Depression Across 29 Countries. Social Forces, 85(4): 1483-1507.
Kim, Jae-Min.(et al.). 2005. Physical health, depression and cognitive function as correlates of disability in an older Korean population. Geriatric Psychiatry, 20(2): 160-167.
Leurent, B.(et al.). 2012. Spiritual and Religious Beliefs as risk factors for the onset of Major Depression: International Cohort Study. Psychological Medicine, 43: 2109-2200.
Mirowsky, J., & Ross, C. E. 1992. Age and Depression. Journal of Health and Social Behavior, 33(3): 187-205.
WHO. 2017. Global Health Data Exchange-depression: Korea, U.S.A and Japan. http://ghdx.healthdata.org/gbd-results-tool

제3장

춘천노인의
죽음불안

임연옥(한림대학교)

●●●●

I. 들어가면서

메멘토 모리(Memento mori). '죽는다는 사실을 기억하라.' 로마황제
들은 전쟁에 이긴 후 잔치를 벌이면서 전사한 적들의 시체들을 잔치
가 벌어지는 마당에 늘어놓고 '메멘토 모리!'를 외치며 건배를 했다
고 한다. '지금은 이렇게 살아서 잔치를 벌이지만, 우리도 죽어서 언
제 그러한 모습이 될지도 모르므로 조심하자'라는 의미로 외쳤다고
한다. 즉, 언제나 죽음을 생각하며 살라는 뜻이다.

우리는 일상 속에서 얼마나 자주 죽음을 생각하며 살고 있을까?
우리의 평소 언어 습관을 들여다보면 '죽다'라는 표현이 들어간 말
을 무척 자주 사용한다. 예를 들어 "시계가 죽었다", "풀이 죽었다",
"소리를 죽인다", "술래가 죽었다", "그리워 죽겠다", "힘들어 죽겠

65

다", "배고파 죽겠다", "까불면 죽는다" 등과 같은 동사로 사용하고
있다. 그리고 "죽자고 덤벼들다", "죽고 못 산다", "죽었다 깨어나
도~~", "죽을 똥을 싸다", "죽을 맛이다", "죽자고 덤벼든다" 등과 같
은 관용구로 죽음과 관련된 표현을 너무나 익숙하게 사용하고 있다.

그런데 실제 누군가의 죽음에 대해서는 "돌아가셨다", "별세하셨
다", "하늘나라로 갔다", "세상을 등졌다" 또는 "세상을 떠났다", "눈
을 감았다", "밥숟갈 놓았다"와 같이 직접적으로 죽음을 언급하지 않
고 완곡하게 돌려서 표현한다. 그리고 위중한 상태에 놓여 있는 부모
님께 죽음이 얼마 남지 않았음을 이야기해야 하는 상황이나 수의를
준비하거나 유서를 비롯한 죽음준비에 대해 이야기해야하는 경우에
처하게 되면 죽음에 관한 이야기를 드러내어 놓고 이야기하는 것을
불편해하고 기피한다. 이러한 경향은 죽음을 직접적으로 다루기보다
는 터부시하는 문화에 기인한 것이기도 하며, 동시에 우리가 마음 속
깊이 근원적으로 죽음에 대한 불안과 공포를 품고 있기 때문이다.

죽음은 어느 누구도 피할 수 없는 보편적인 사건이며 생애 과정
중 마지막 단계에서 겪는 자연스러운 부분이다. 그런데 누구나 이
사실을 잘 알고 있음에도 불구하고 죽음을 예상하거나 죽음과 관련
된 생각이나 이야기를 하는 것을 두려워한다. 사람들은 언제, 어디
서, 어떻게 죽음을 맞이할지 모르는 삶 자체에 대해 두려워하며, 죽
음에 이르는 과정에 대해 알지 못해서 공포스럽고, 죽음에 이르는
과정에서 가족에게 짐이 되거나 자제력을 잃거나 또는 신체적으로
아름답지 못한 모습을 보이게 될까봐 염려하고, 또 임종이 가까워오
면서 어떻게 처신을 해야 할지 몰라서, 임종과정을 병원이나 낯선

장소에서 홀로 겪어야 하므로, 그리고 죽은 후에 어떤 일이 일어나는지 몰라서 두려워한다. 이러한 죽음과 관련되어 겪는 경험들을 학자들은 죽음불안, 죽음공포, 죽음위협, 죽음기피, 죽음부정, 죽음분노, 죽음스트레스, 죽음수용 등의 개념으로 다양하게 표현하고 있다. 생사학 분야의 저명한 학자인 Neimeyer(1997)는 이러한 죽음과 관련되어 경험하는 공포, 위협, 불편함, 회피와 같은 부정적인 감정이나 정서적 반응들을 죽음불안으로 정의하고 있다(이한나, 강은나, 김세원, 2010 재인용).

죽음불안에 대한 연구가 이루어지기 시작한 초기 학자들은 죽음불안이 하나의 차원으로 이루어져 있다고 생각하였으나 점차 죽음불안이 여러 차원으로 구성되어 있음을 밝혀나갔다. Hoelter(1979)는 '죽음과정에 대한 공포', '죽은 상태에 대한 공포', '신체손상에 대한 공포', '중요한 타자의 사망에 대한 공포', '미지세계에 대한 공포', '죽음을 의식하게 될지에 대한 공포', '사후 신체변화에 대한 공포', '시기상조의 죽음에 대한 공포' 8가지로 보았다. 그리고 Thorson과 Powell(1992)은 죽음불안을 '사물의 부재와 불확실성에 대한 공포', '죽음과 관련된 고통에 대한 공포', '신체의 처치에 대한 걱정', '무기력과 조절능력 상실에 대한 공포', '사후세계에 대한 불안', '부패에 대한 공포', '사후에 일어날 일에 대한 염려' 등의 7개 차원으로 설명하였다(박은경, 1996에서 재인용).

공포관리이론은 우리 모두가 죽을 수밖에 없다는 죽음의 불가피성을 인식하고 있고, 이러한 인식이 우리에게 실존적 두려움과 불안을 불러일으키며, 죽음에 대한 불안을 떨치기 위해 사람들이 노력하

는데 사람마다 행동을 서로 다르게 취하고 있다고 설명하고 있다
(Cicirelli, 2002). 그렇다면 죽음이 멀지 않은 노인들이 어떻게 하면 죽음
불안을 줄이고 죽음을 받아들이면서 마지막까지 잘 살 수 있을까?
이에 대한 해답으로 Erikson은 자신의 인생이 가치가 있었다고 지각
하고 자아통합을 달성해야 함을 주장하고 있다.

   Erikson의 심리사회적 이론(1997)에 따르면 노년기에 들어서면 노인
은 일생동안 노력하고 이룬 것을 평가하고 지나온 인생의 성공과 실
패를 모두 포용하며 과거-현재-미래에 대해 조화롭고 통합된 견해를
가지게 되면 자아통합을 이룬다. 즉, 자신의 인생을 돌아보고 "이만하
면 후회 없이 산 만족한 삶이었다. 이제 죽어도 여한이 없다"라고 생
각하며 현재의 삶에 대해 만족하고 자신의 인생을 의미있게 여기면서
다가올 죽음을 자연스러운 인생의 한 단계로 받아들이고 두려움 없이
편안하게 받아들이게 된다. 그러나 자신의 인생에 대한 의미를 발견
하는데 실패하고 좋지 않은 기억과 불평불만으로 가득 찬 노인은 인
생을 되돌릴 수 없음에 대해 후회하고 분노하며 깊은 절망에 빠지게
되는데, 이러한 노인은 이 과정에서 죽음불안을 경험하게 된다.

   노년기에 느끼는 죽음불안은 노인이 현재의 삶을 어떻게 살아갈
것인지, 그리고 삶의 마지막인 죽음을 어떻게 맞이할 것인지와 같은
개인의 삶에 영향을 미친다. 그리고 노인의 죽음에 대한 태도는 가
족이나 친구를 비롯하여 우리 사회의 죽음에 대한 태도에도 영향을
미친다. 그러므로 노년기 죽음불안을 정확히 파악하고 죽음불안을
경감시키기 위한 방안을 모색하는 것은 노인복지 영역에서 매우 중
요한 과제이다.

Ⅱ. 노인들이 느끼는 죽음불안 수준은 어느 정도일까?

모든 사람이 죽음불안을 경험하므로 보편적이라고 할 수 있다. 그러나 개개인은 그가 처한 문화나 사회적 상황, 그리고 개인적인 여건에 따라 죽음불안을 주관적으로 느낀다. 즉, 죽음불안을 경험함에 있어서 개인적인 차이가 존재한다. 그렇다면 한국 노인의 죽음불안은 어느 수준일까? 그리고 죽음불안을 느낌에 있어서 개인 간 차이를 가져오는 요인은 무엇일까? 그에 대한 대답을 2016년에 실시한 춘천노인생활실태조사를 통해 찾아보았다.

먼저, 노인들은 죽음불안을 얼마나 느끼고 살고 있을까? 춘천에 거주하는 노인의 죽음불안 수준을 '죽음공포(Fearlessness about Death (ACSS-FAD))' 척도를 이용하여 측정하였다. 죽음불안을 측정한 7개 문항의 총점의 범위는 가장 죽음불안이 심한 경우 28점, 죽음불안이 없는 경우 0점이었으며, 평균 8.63점이었다. 죽음불안 총점을 죽음이 전혀 두려지 않음을 0점, 죽음이 매우 두려움을 4점으로 환산하면 춘천 노인의 죽음불안은 평균 1.2점으로 '죽음이 두렵지 않다'에 근접하였다. 노인의 죽음불안수준을 측정하는 척도가 달라서 직접적으로 비교하기가 어렵지만, Wong, Recker과 Gesser(1994)의 죽음불안척도를 사용한 2014년 춘천노인생활실태조사 결과에서도 죽음불안 수준은 죽음불안이 매우 큼을 5점, 전혀 없음을 1점으로 할 경우 평균 2.67점으로 나타났다. 2014년과 2016년의 두 조사결과를 통해 노인들이 느끼는 죽음불안이 크지 않음을 알 수 있다.

2016년 춘천노인생활실태조사에서는 노인과 젊은 세대 간의 죽음불안 수준을 비교하지 않았지만, 노인이 젊은 사람에 비해 죽음불안수준이 낮다는 다수의 선행연구들(Russac, Gotliff, Reece, & Spottswood, 2007; Kastenbaum, 2000)들을 통해 노인이 젊은 사람에 비해 죽음을 덜 두려워함을 짐작할 수 있다. 이렇게 노인의 죽음불안이 낮은 것은 인생의 최종단계에 들어선 노인들이 젊은 사람들에 비해 훨씬 더 자주 죽음에 대해 생각하고, 가족을 비롯한 친지나 친구들의 죽음을 자주 경험함에 따라 죽음이 임박해왔음을 자주 인식하기 때문인 것으로 이해된다.

〈표 1〉 죽음불안 문항별 평균

문항	평균	표준편차
1. 나는 내가 죽을 것이라는 사실에 영향 받지 않는다(역)	1.2	1.12
2. 나는 죽는 과정에서 겪을 고통이 겁난다	1.4	1.29
3. 나는 죽는 것이 매우 두렵다	1.0	1.20
4. 사람들이 죽음에 대한 이야기를 할 때 나는 긴장하지 않는다(역)	1.4	1.03
5. 내 자신이 죽는 모습을 떠올리면 불안해진다	1.2	1.02
6. 나는 인생의 끝이 죽음이라는 것을 알고 있기에 이에 동요되지 않는다(역)	1.3	1.01
7. 나는 죽음이 전혀 두렵지 않다(역)	1.1	1.19
전 체	8.6	6.33

2016년 춘천노인생활실태조사에서 사용한 '죽음공포' 척도를 구성하고 있는 7개 문항을 통해 노인들이 어떠한 죽음불안을 더 크게 느끼는지 살펴보았다. 노인들은 자신의 죽음에 대한 두려움을 묻는 '나는 죽는 것이 매우 두렵다'와 '나는 죽음이 전혀 두렵지 않

다(역)' 두 문항에 대해서 1.2점과 1.1점으로 죽음 자체에 대한 두려움은 크지 않았다. 그러나 '나는 죽는 과정에서 겪을 고통이 겁이 난다'와 '사람들이 죽음에 대한 이야기를 할 때 나는 긴장하지 않는다(역)' 두 문항의 점수가 1.4점이었고, '인생의 끝이 죽음이라는 것을 알고 있기에 이에 동요되지 않는다(역)'가 1.3점으로 다른 문항들에 비해 약간 더 높았다. 2014년 춘천노인생활실태조사에서도 자신의 죽음에 대한 두려움은 2.0점으로 크지 않았지만, 죽음의 고통은 3.5점으로 임종과정에 대한 두려움이 컸다. 이것은 노인들이 자신의 죽음 자체를 두려워하지 않는다고 말하지만, 죽음이 인생의 끝이라는 것으로 인해 심적으로 동요되고, 죽음에 대해 드러내어 놓고 편하게 이야기하는 것을 어려워하고 두려워하며, 경험해보지 못한 자신의 임종 과정에 대한 막연한 공포심을 지니고 있음을 뜻한다.

III. 어떤 사람이 죽음불안을 더 느낄까?

노년기 죽음불안을 다룬 국내외 연구들 중에서 여성노인이 남성노인에 비해 죽음불안이 더 크다고 밝히는 연구들이 많다(박선애, 허준수, 2012; 조계화, 송병숙, 2012; 최외선, 2007; Madnawat & Kachhawa, 2007; Neimeyer & Fortner, 1995). 그러나 남성노인의 죽음불안이 여성노인에 비해 더 높음을 보고한 연구들도 없지 않다(서혜경, 2007; 서혜경, 윤민석, 2008). 2016년 춘천노인생활실태조사에서는 여성노인의 죽음불안 총점이 9.34점

으로 남성노인의 7.53점으로 보다 높게 나타나 다수의 선행연구들
과 동일한 결과를 보였다. 이와 같이 여성노인이 남성노인에 비해
죽음불안을 더 크게 느끼는 이유를 Stillion(1985)은 여성은 죽음을 감
정적인 것으로 받아들이는 반면, 남성은 죽음을 인지적으로 판단하
기 때문이라고 설명하고 있다. 그리고 서혜경(1987)은 여성이 남성에
비해 사회적으로 더 의존적이고 종속적으로 살아왔기 때문에 죽음
과 같은 사건에 대해 남성에 비해 대응하는 능력이 떨어지기 때문이
라고 설명하였다.

평균수명이 증가하면서 노년기 역시 장기화 되어감에 따라 노년
기가 모두 동질적이라고 단언하기 어렵다. 그래서 노년기를 70세 이
하, 71~75세, 76~80세, 81세 이상으로 구분하여 각 시기별 죽음불
안수준을 살펴보았다. 그 결과 70세 이하가 8.72점으로 가장 높았
고, 76~80세 집단이 8.36점으로 가장 낮았는데, 이러한 차이는 통계
학적으로 유의미하지 않았다. Cicirelli(2002) 연구에서는 노년기 초기
(65-74세)와 후기(85-89세)보다 노년기 중기(75-84세)에 최고점에 도달하
는 역U자형을 보였고 권영숙과 김정남(2003) 연구에서도 75-79세 연
령집단이 다른 연령대의 노인에 비해 죽음불안 수준이 높았다. 그러
나 박선애와 허준수(2012)의 연구에서는 70대가 60대와 80대 이상에
비해 죽음불안이 더 낮은 U자 형을 보였다. 김연숙과 김지미(2009),
그리고 Wu 외(2002) 연구에서는 노년 초기에 죽음불안이 가장 높았
고 고령으로 갈수록 그래서 삶의 마지막 시기에는 죽음불안정도가
안정화되는 것으로 나타났다. 한편, 김태현과 손양숙(1984)와 안황란
(1999)의 연구에서는 연령이 낮은 노인보다 연령이 높은 노인의 죽음

불안 정도가 더 높게 나타났다. 이와 같이 죽음불안에 대한 연령별 연구들이 일관된 결과를 보여주지 않는 것은 각 연구자들마다 사용한 죽음불안 측정 척도의 구성이나 조사대상자 선정방법이 서로 상이하기 때문이지 않을까 여겨진다.

노인들의 교육수준과 죽음불안 간의 관련성에 대한 대다수의 연구들은 노인의 교육수준이 높을수록 죽음불안 수준인 낮음을 보고하고 있다(2008; 박형규, 2009; 최외선, 2007; 김연숙, 김지미, 2009). 이러한 연구동향과 유사하게 춘천노인들 중 무학과 초등학교 중퇴나 졸업 학력을 지닌 노인들의 죽음불안 수준이 가장 높았으며(9.27점, 9.22점), 학력이 높아짐에 따라 죽음불안 수준이 점차 낮아져서 대학중퇴 이상의 학력을 지닌 노인들이 가장 낮았다(6.76점). 그러나 교육수준이 높아질수록 죽음불안수준이 더 높다는 박선애와 허준수(2012)의 연구결과처럼 상이한 연구결과도 존재한다. 다소 논란의 여지가 있긴 하지만 다수의 연구들이 학력이 높을수록 죽음불안이 낮음에 동의하고 있는데, 학력이 높은 노인일수록 사회경제적 지위가 비교적 높아 노년기의 과업인 자아통합을 달성하였을 가능성이 높기 때문에 죽음불안을 덜 느낄 수 있다(김연숙, 김지미, 2009).

<표 2> 인구사회학적 특성에 따른 죽음불안 비교

특성	항목	N	평균(SD)	t/F
성	남성	784	7.53(6.25)	6.310***
	여성	1216	9.34(6.28)	
연령	70세이하	541	8.72(6.43)	0.588
	71~75세	535	8.85(6.70)	
	76~80세	528	8.36(5.98)	
	81세 이상	396	8.56(6.13)	
학력	무학	347	9.27(6.50)	6.690***
	초중퇴/졸업	627	9.22(6.28)	
	중중퇴/졸업	454	8.47(6.43)	
	고중퇴/졸업	403	8.13(6.26)	
	대중퇴/졸업이상	169	6.75(5.59)	
종교	불교	446	9.03(5.93)	0.836
	기독교	463	8.38(6.34)	
	천주교	213	8.31(5.91)	
	기타	31	7.97(6.71)	
	무교	847	8.65(6.61)	
주관적 경제적 상태	상층	6	1.17(2.85)	2.445*
	중상층	101	8.37(6.53)	
	중층	602	8.54(6.31)	
	중하층	686	8.86(6.33)	
	하층	581	8.51(6.34)	
취업상태	일하고 있음	678	8.16(6.64)	4.369*
	일하지 않음	971	8.69(6.27)	
	일해본적 없음	351	9.37(5.81)	
기초노령 연금 수급	예	1243	8.93(6.38)	-2.772**
	아니오	757	8.13(6.22)	

* p<.05, ** p<.01, *** p<.001

2016년 춘천노인생활실태조사에 참여한 노인들의 죽음불안수준을 종교유형별로 비교하여 본 결과 불교인이 9.03점으로 가장 높았고, 그다음이 종교를 가지지 않은 노인들로 8.65점, 기독교인 8.38점, 천주교인 8.31점의 순이었으나 이러한 차이가 통계적으로 유의미하지는 않았다. 종교유형별로 죽음불안에 차이를 보고한 대부분의 선행연구들은 기독교인이 다른 종교를 지닌 사람들에 비해 죽음불안을 덜 느끼며 생활하고 있다고 보고하고 있다. 권영숙과 김정남(2003) 연구에서는 기독교인이 천주교, 불교, 기타, 무교인 사람에 비해 죽음불안 수준이 더 낮았고, 김연숙과 김지미(2009)의 연구에서는 기독교인의 죽음불안 수준이 가장 낮은 반면 천주교인이 가장 높았으며, 최외선(2007)의 연구에서는 기독교인이 가장 낮고, 다음으로 천주교, 불교, 무교의 순으로 나타났다. 이와 같이 종교유형 간에 죽음불안의 차이를 여러 선행연구들이 보고하고 있음에도 불구하고, 죽음불안은 종교 유형이나 종교유무보다는 종교적 관여 정도나 신앙심과 관련이 깊다는 것이 일반적인 견해이다(Berman & Hays, 1975). 따라서 2016년 춘천노인생활실태조사에 참여한 노인들의 종교유형에 따른 죽음불안수준을 비교하기 보다는 신앙심정도나 종교활동 정도와 죽음불안 간의 관계를 살펴보는 것이 더 타당할 것이다.

노인의 경제상태와 죽음불안의 관계를 밝힌 여러 선행연구들을 살펴보면 경제적으로 여유가 있다고 생각하는 노인일수록 죽음불안이 낮음을 보고한 경우도 있지만(김연숙, 김지미, 2009; 최외선, 2007; 장경은, 2010), 반대로 월 소득이 높아질수록 죽음불안이 커지고 경제적 수준이 높을수록 죽음에 대한 태도가 부정적임을 보고한 연구결과도 함께 제시되고 있다(박선애, 허준수, 2012; 김태현, 손양숙, 1984).

2016 춘천노인생활실태조사에서는 자신의 경제적 수준을 상층으로 평가한 경우 1.17점으로 중상층 8.37점, 중층 8.54점, 중하층 8.86점, 하층 8.51점에 비해 죽음불안수준이 더 낮았다. 그리고 조사 당시 취업해서 일을 하고 있는 노인의 죽음불안 수준은 8.16점으로 은퇴하여 일을 하지 않은 노인(8.69점)과 평생 취업해 본 적이 없이 가정주부로 지내온 여성노인(9.37점)에 비해 죽음불안 수준이 더 낮았다. 노인 빈곤문제를 해결하기 위해 65세 이상의 노인 중 소득하위 70%인 노인들을 대상으로 일정액을 지급하는 기초노령연금을 받는 노인의 죽음불안 수준은 8.93점으로 기초노령연금을 받지 않는 노인(8.13점)보다 더 높았다. 이와 같이 경제상태가 여유로운 노인들이 죽음불안이 낮은 것은 경제적으로 안정된 생활을 유지함에 따라 노년기 과업인 자아통합을 달성하고, 그로인해 죽음에 대해 긍정적인 태도를 지니고 있기 때문으로 해석된다.

Ⅳ. 건강할수록 죽음불안이 낮아질까?

노년기에 들어서면 점차 신체기능이 약화되고 허약해지면서 질병과 죽음에 취약한 상태가 된다. 이러한 노년기에 경험하는 건강상태의 변화는 죽음불안에 어떻게 영향을 미칠까? 2016년 춘천노인생활실태조사에서 자신의 건강상태를 매우 건강하다고 평가한 노인들의 죽음불안수준이 6.54점으로 가장 낮았으며, 건강하지 못하다고 인식하는 노인들이 9.84점으로 가장 높았다. Cicirelli(2002)

의 연구에서도 자신의 건강상태를 나쁘게 인식할수록 죽음불안이 더 컸고, 최외선(2007)을 비롯한 여러 연구에서 노인의 건강상태가 좋을수록 죽음에 대한 태도가 긍정적임을 밝히고 있다. 이는 만성 질환으로 고통을 받거나 건강이 악화된 노인들은 자신이 죽을 가능성을 더 많이 생각기 때문에 건강한 노인에 비해 죽음불안이 더 클 것으로 이해된다. 그런데 '매우 건강하지 못하다'라고 인식한 노인(8.45점)이 '건강하지 못하다'고 인식한 노인(9.84점)에 비해 죽음 불안이 더 낮았다. 이러한 현상은 건강이 아주 좋지 않은 경우 하루 라도 빨리 죽어서 신체적 고통으로부터 벗어나고 싶다는 생각을 하고 죽음을 고대하게 됨에 따라 죽음불안이 낮아지는 것으로 해석된다.

노인의 건강상태를 통증수준과 앓고 있는 질환 수를 통해 파악할 수 있는데, 실제로 이러한 변수들과 죽음불안 간의 관계는 어떠할까? 2016년 춘천노인생활실태조사에 참여한 노인들이 겪고 있는 통증수준과 죽음불안 간의 관계를 살펴보면, 통증이 전혀 없는 노인의 죽음불안 수준은 6.78점으로 가장 낮았으며 통증정도가 심해질수록 죽음불안 수준은 점차 높아져서 경도인 경우 8.29점, 중증도 8.89점, 그리고 중증 9.57점이었다.

<표 3> 건강상태에 따른 죽음불안 비교

특성	항목	N	평균(SD)	F
건강상태	매우 건강하다	199	6.54(5.53)	10.684***
	건강하다	567	8.40(6.52)	
	보통이다	535	8.50(6.15)	
	건강하지 못하다	527	9.84(6.41)	
	매우 건강하지 못하다	172	8.45(6.15)	
통증	없음	130	6.78(5.74)	8.006***
	경도(1~4점)	896	8.29(6.30)	
	중등도(5~6점)	553	8.89(6.22)	
	중증(7~10점)	421	9.57(6.57)	
질환수	없음	291	8.14(6.37)	5.823***
	1개	503	8.10(6.36)	
	2개	494	7.62(6.09)	
	3개	270	8.80(6.43)	
	4개 이상	236	9.92(6.74)	

* p<.05, ** p<.01, *** p<.001

　　그리고 현재 앓고 있는 질환의 수와 죽음불안 간의 관계를 살펴본 결과 4개 이상의 질환을 지닌 236명의 노인들의 죽음불안 수준이 9.92점으로 가장 높았으며, 그다음이 3개 질환을 앓고 있는 270명이 8.80점으로 높았다. 또한 진단받고 치료 중인 질환이 없는 경우 8.14점, 1개 질환인 경우 8.10점이었으며, 2개인 경우가 7.62점으로 가장 낮았으나 이 세 집단 간의 차이는 통계적으로 유의미하지 않았다. 따라서 진단받고 치료중인 질환이 전혀 없거나 1~2개 정도의 질환을 지닌 노인들의 죽음불안이 3개 또는 4개 이상의 질환을 지닌 노인들에 비해 더 낮았다.

　　이러한 결과는 건강상태가 악화되어 고통이 심한 경우 죽음을 고

통으로 벗어날 수 있는 계기로 생각하여 죽음을 기대하게 되어 죽음
에 대해 긍정적인 태도를 지닐 수 있지만, 오히려 질병의 증상이나
고통이 더 심해지거나 장애가 발생하게 되면 죽음에 대해 더 많이
생각하게 되면서 죽음에 이르는 과정에 대한 공포, 죽음을 맞을 때
자신의 추한 모습에 대한 공포, 자신의 신체가 손상될 것에 대한 공
포, 사후 세계에 대한 공포 등을 더 느끼게 되어 죽음불안을 더 많이
겪을 수 있기 때문으로 해석된다.

V. 가족과의 삶은 죽음불안과 관련이 있을까?

노년기에 들어서면 사회적 지지를 제공하는 폭넓은 사회관계보
다 가족관계가 훨씬 더 중요해진다. 신체적, 경제적, 사회적으로 위
축될 수밖에 없는 노인에게 배우자와 자녀는 경제적 안정과 간병을
비롯하여 심리적 안정을 제공하는 가장 좋은 대처 자원이기 때문이
다. 결국 가족관계가 좋다는 것은 가족유대감이나 가족탄력성이 강
하고 의사소통이 잘되며 가족기능이 원활하게 작용하여 가족으로
부터 충분하게 지지를 받는 등 가족과의 상호작용이 전반적으로 만
족스러움을 의미한다.

가족과 관련된 노년기 죽음불안에 관한 선행연구들을 살펴보면
가족응집력이 클수록(조계화, 성병숙, 2012), 가족기능이 원활할수록(이정
인, 김순이, 2011; 장경은, 2010), 가족지지가 클수록(장덕희, 이승민, 2007), 전반
적인 가족관계가 좋을수록(김연숙, 김지미; 2009) 죽음불안 수준이 낮았

다. 가족과 관계가 원만하다는 것은 가족 내에서 자신의 존재감이 높은 상태이기 때문에 죽음으로 인해 발생하게 되는 존재상실로 인한 죽음불안이 적다. 하지만 이러한 일반적인 인식과는 달리 가족관계가 좋을수록 가족에 대한 애착감이 커서 오히려 죽음을 회피하고자 하는 욕구가 강하여 죽음불안이 커진다는 주장도 제기되고 있다 (서혜경, 1987).

2016년 춘천노인생활실태조사에 참여한 노인들 중 배우자가 있는 노인(1,038명)의 죽음불안은 8.43점으로 사별한 노인(866명, 8.94점)에 비해 죽음불안 수준이 낮았고, 이혼이나 미혼 등의 사유로 배우자가 없는 노인(96명, 7.99점)에 비해 죽음불안 정도가 높았으나 이러한 차이들은 통계적으로 유의미하지 않았다.

배우자와 동거하고 있는 노인만을 대상으로 배우자관계 만족도와 죽음불안 간의 관련성을 살펴보았다. 그 결과 배우자와의 관계에 대해 '매우 만족'하는 노인들의 죽음불안수준은 6.80점으로 가장 낮았고, 배우자와의 관계만족도가 낮아질수록 죽음불안수준은 점차 더 높아졌다. 이러한 결과는 배우자가 있는 경우, 배우자로부터 경제적, 정서적, 도구적 지원이 제공될 뿐만 아니라 배우자와의 의사소통이 원활하여 안정적이고 건강한 가족체계를 이루게 되어 자신의 존재감이 높아 죽음으로 인한 존재상실을 덜 두려워하게 됨을 재확인 하는 것이다.

<표 4> 가족관계에 따른 죽음불안 비교

특성	항목	N	평균(SD)	F
혼인상태	배우자와 동거	1,038	8.43(6.42)	2.020
	배우자 없음/별거/미혼	96	7.99(6.19)	
	배우자와 사별	866	8.94(6.23)	
배우자와의 관계	매우 불만족한다	5	12.00(5.48)	7.754***
	대체로 불만족한다	29	10.66(6.17)	
	그저 그렇다	198	9.28(6.21)	
	대체로 만족한다	510	8.89(6.17)	
	매우 만족한다	296	6.80(6.72)	
자녀와의 관계	매우 불만족한다	5	8.80(4.09)	9.251***
	대체로 불만족한다	36	9.56(7.17)	
	그저 그렇다	309	8.89(5.92)	
	대체로 만족한다	1,055	9.22(6.25)	
	매우 만족한다	551	7.26(6.32)	

* p<.05, ** p<.01, *** p<.001

배우자 다음으로 가족지지의 중요한 자원인 자녀와의 관계가 죽음불안과 어떠한 관련을 갖고 있을까? 2016년 춘천노인생활실태조사에 참여한 2,000명 중 자녀가 없는 49명을 제외하고 1,951명을 대상으로 죽음불안수준을 살펴본 결과 자녀와의 관계에 대해 매우 만족하는 515명의 죽음불안수준이 7.26점으로 가장 낮았으며, 대체로 불만족하는 경우 9.56점, 대체로 만족하는 경우 9.22점, 보통인 경우 8.89점이었다.

VI. 사회활동이 활발할수록 죽음불안은 낮아질까?

노년기에 참여하는 다양한 사회활동, 예를 들어 종교활동, 자원봉사활동, 여가활동, 문화활동 등은 노인이 속한 사회에 지속적으로 관여할 수 있도록 하여 사회통합에 기여할 뿐만 아니라 자아통합에도 긍정적인 영향을 미친다. 다양한 사회활동에 적극적으로 참여한다면 죽음불안을 낮추는데 기여할 것으로 추정할 수 있고, 이를 입증하는 다수의 선행연구결과들이 보고되고 있다. 장경은(2010)은 사회단체활동 참여도가 높을수록 죽음불안 수준이 낮아짐을 밝혔다. 양옥남 외(2006)는 노년기에 자원봉사활동에 참여할수록 자아통합의 정도가 높아지고 이에 따라 죽음불안이 낮아짐을 보고하고 있다. 그리고 김경자(1993), 김영이(2003), 오경환(2007) 등은 종교활동을 적극적으로 하고 있는 노인이 그렇지 않은 노인보다 죽음에 대해서 긍정적인 태도를 가짐을 밝히고 있다. 또한 여가활동을 하고 있는 노인이 그렇지 않은 노인들에 비해서 죽음에 대해 보다 긍정적으로 반응하며(오경환, 2007). 여가활동의 하나로 경로당, 노인종합복지관 등에 참여하는 것이 죽음에 대한 태도에 긍정적 영향을 미친다(김현주, 2003).

2016년 춘천노인생활실태조사결과를 통해 얼마나 다양한 활동에 참여하고 있는가와 죽음불안 간의 관계를 살펴보았다. 아무런 사회활동에도 참여하지 않는 노인이 135명이었는데, 이들의 죽음불안 수준의 9.07점, 그리고 한 가지 유형의 활동에만 참여하는 노인 563명의 죽음불안 수준이 9.17점으로, 두 개 이상의 활동에 참여하는 노인들(8.14점)에 비해 죽음불안 수준이 높았다. 그리고 4가지 이상의 사회활동 유형에 참여하는 노인 271명의 죽음불안 수준은 7.81점으로 가장 낮았다. 따라서 다양한 유형의 활동에 참여할수록 죽음불안 수준이 낮아짐을 확인하였다. 이러한 결과를 활동이론으로도 설명할 수 있는데, 노년기에 다양한 활동에 적극적으로 참여할수록 삶에 대한 만족도가 높아지며 삶의 만족이 높을수록 자아통합이 가능하여 죽음불안 수준이 낮아지게 된다.

〈표 5〉 사회활동에 따른 죽음불안 비교

변인	항목	N	평균(SD)	F
사회활동참여 단체 유형수	없음	135	9.07(6.43)	2.885*
	한 개 유형에만 참여	563	9.17(6.59)	
	두 개 유형에 참여	671	8.68(6.35)	
	3개 유형에 참여	360	8.14(5.98)	
	4개 이상의 유형에 참여	271	7.81(6.03)	

* $p<.05$, ** $p<.01$, *** $p<.001$

VII. 어떠한 심리적 특성이 죽음불안을 낮출 수 있을까?

1. 우울

우울이란 정상적인 기분 변화로부터 병적인 상태까지의 연속선 상에 있고 근심, 침울함, 무력감 및 무가치함을 느끼는 기분장애를 말한다(Battle, 1978). 세계보건기구(WHO)는 우울을 21세기 인류를 위협하는 대표적인 질병으로 다루고 있다(배진희, 2009). 더욱이 노인에게 우울은 보편적이고 흔하게 나타나는 증상으로, 노년기 삶의 질에 상당한 영향을 미친다.

노년기에 우울이 지속되면 자기파괴적인 사고, 즉 왜곡된 사고가 반복적으로 악순환되어 결국 죽음에 대한 공포가 극대화된다(김경희, 권혜진, 최미혜, 박윤자, 김수강, 2010). 그리고 여러 선행연구들에서 노인의 우울이 심해질수록 죽음불안이 커짐을 보고하고 있다(여인숙, 김춘경, 2005; 오미나, 최외선, 2005; 이현지, 조계화, 2006; 김경희, 권혜진, 최미혜 외, 2010; 장경은, 2010; Fortner & Neimeyer, 1999).

2016년 춘천노인생활실태조사에 참여한 춘천노인 2,000명 중 주요 우울증 선별을 위한 최적 절단점은 10점 이상으로 우울 위험집단에 속하는 사람은 143명(7%)이었다. 우울 위험집단과 정상 집단 간의 죽음불안 수준을 비교하여 본 결과 우울 위험집단의 죽음불안 수준이 7.76점, 정상 집단이 8.70점으로 정상집단의 죽음불안이 약간 더 높았지만, 통계적으로 유의미한 수준은 아니었다. 이러한 결과는 기존의 선행연구결과와는 상당히 다른데, 동일한 우울척도 GDS 단축형을 사용한 2014년 노인생활실태조사를 보면 전체 노인의 33.1%가 우울 증상을 지니고 있는데 반해 2016 춘천노인생활실태조사에서는 우울 증상을 지닌 노인이 7.1%에 불과하였다. 이는 춘천노인생활실태조사에 비교적 독립적으로 거동이 가능한 노인들이 참여하였음을 의미하는 것이며, 따라서 우울증상이 심한 노인들의 죽음불안이 제대로 반영되지 못하였기 때문이라고 여겨진다.

〈표 6〉 심리적 특성에 따른 죽음불안 비교

변인	항목	N	평균(SD)	t/F
우울	비위험 집단 (9점 이하)	1857	8.70(6.27)	-1.875
	위험 집단 (10점 이상)	143	7.67(7.03)	
영성	낮은 집단	1008	8.76(6.31)	-.907
	높은 집단	992	8.49(6.35)	
낙관성	낮은 집단	1148	9.30(6.06)	5.530***
	높은 집단	852	7.73(6.58)	

* p<.05, ** p<.01, *** p<.001

2. 영성

영성은 종교적 신념이나 종교적 행위를 의미하는 그 이상으로 개인을 초월하여 절대자, 자신, 이웃과 의미 있는 관계를 가질 수 있도록 연결하여 희망, 의미, 사랑과 같은 삶의 최상의 가치를 완성하도록 하는 능력이며, 신체적, 정신적, 사회적 영역을 통합하는 힘이다 (오복자, 1997). 다시 말해, 영성은 삶 속에서 어떠한 상실이나 부정적인 사건에 마주칠지라도 삶의 의미를 찾고 삶의 목적을 재정립하며, 자신이 가치 있는 존재임을 확신할 수 있게 하는 힘이다.

노년기에 신체적으로 허약해지고 질병으로 고통을 받고, 경제적으로 위축되며, 배우자나 친구나 친지들을 먼저 떠나보내는 등과 같은 충격적이고 부정적인 사건을 경험하게 될 때 이를 극복하기 위해 내적 자원으로 영성을 활용한다(Sermabeikian, 1994). 영성은 인생의 마지막 단계에 와있는 노인뿐만 아니라 임종을 앞둔 환자가 자신의 상황을 좀 더 나은 상황으로 인지하고 죽음에 직면하여 경험하는 심리적인 문제에 대처하여 죽음불안을 극복할 수 있도록 하는 중요한 요인으로 작용한다(강성례, 2006; 김순성, 강영숙, 2007; 윤매옥, 2009; 권영숙, 김정남, 2003; Chochinov and Cann, 2005). 즉, 영성은 인생의 의미, 개별성, 조화의 추구, 최상의 잠재력에 도달하려는 원동력(Tanyi, 2002)이며, 심리·사회적 측면과 함께 인간의 전체성을 구성하는 중요한 요소(Sperry, 2003)로써 죽음을 수용하고 준비하는데 영향을 미친다(최선화, 2004).

Cicirelli(2002)는 공포관리이론을 통해 신앙심이 죽음불안에 영향을 미치는 것으로 보고하여 영성과 죽음불안이 관련됨을 제안하고 있다. 국내 연구 중에서는 영적 안녕감이 노년기의 불안과 우울을 낮추고 삶의 질을 높이고(염형욱·정성덕·서완석·구본훈·배대석, 2005), 자아통합감에 긍정적인 영향을 주며 죽음불안을 감소시킨다고(최금주, 2009) 보고되고 있다. 이한나 외(2010)도 노년기의 죽음불안을 효과적으로 다루기 위해서는 가족 요인과 영적 요인에 동시에 개입하는 통합적 관점을 가져야 함을 제언하고 있다.

그런데 다수의 선행연구들이 죽음불안과 영성 간에 밀접한 관계가 존재함을 보고하고 있음에도 불구하고 김숙남과 최순옥(2010), 그리고 윤현숙 외(2015) 연구에서는 죽음불안과 영성 간에 상관관계가 전혀 없음을 보고하고 있다.

2016년 춘천노인생활실태조사에서는 영성과 죽음불안 간의 상관관계가 없는 것으로 나타났다. 영성을 높은 집단과 낮은 집단으로 구분하여 죽음불안 수준을 비교하여 본 결과 영성이 낮은 집단이 8.76점으로 높은 집단이 8.50점에 비해 죽음불안 수준이 약간 높게 나타났으나 통계적으로 유의미하지 않았다.

이러한 결과는 영성이 노년기 정신건강에 직접적으로 영향을 미치기 보다는 낙관성을 매개로 하여 심리적 고통을 줄이고 삶의 만족을 높임을 보고한 Salsman과 동료들(Salsman, Brown, Brechting, & Carlson, 2005)과 임연옥 외(2014)의 연구결과를 바탕으로 이해할 수 있다.

3. 낙관성

낙관성은 미래에 대해 전반적으로 긍정적인 기대, 즉 나쁜 일보다는 좋은 일이 일어날 것이라고 믿는 성향으로 성격 특성 중의 하나로 이해되기도 한다(Scheier & Carver, 1985). 낙관성은 영성과 마찬가지로 노년기 삶의 질, 신체적 및 심리적 안녕감, 신체 건강에 대한 지각, 사망 원인과 관련이 깊은 심리적 대처 자원(Diener & Chan, 2011; Terrill, Ruiz & Garofalo, 2010; Rasmussen, Scheier & Grennhouse, 2009)으로 노년기의 여러 위기들에 대처하거나 해결함에 있어서 영향을 미친다.

Scheier와 그 동료들(1994)은 낙관적인 사람들이 스트레스 상황에서 잘 적응하는 것은 심리적 불편감을 비관적인 사람들에 비해 덜 느끼기 때문이라기보다 문제가 된 상황에서 효과적인 대처전략을 사용하기 때문이라고 설명한다. 이러한 설명을 바탕으로 낙관적인 사람들이 개인의 성격 특성뿐만 아니라 낙관적이고 적극적인 태도와 같은 대처전략을 함께 사용함으로써 죽음불안을 잘 조절함을 추정할 수 있다.

2016년 춘천노인생활실태조사 자료를 분석해보면 낙관성과 죽음불안는 통계적으로 유의미한 -0.12 정도의 약한 상관관계를 가지고 있었다. 그리고 낙관성 수준을 높은 집단과 낮은 집단으로 나누어 죽음불안 수준을 비교하여 보면, 높은 집단의 죽음불안 수준이 7.73점으로 낙관성이 낮은 집단 9.30점에 비해 더 낮았고 통계적으로도 유의미하였다. 이는 여러 선행연구결과들과 일치하는 것으로 낙관적인 성향이 클수록 죽음에 대해 심리적으로 불편감을 덜 느끼고, 죽음에 대해 더 잘 대처할 수 있음을 의미한다.

Ⅷ. 나가면서

죽음불안은 죽는 그 순간에만 국한되어 겪는 것이 아니라 일상적인 삶 속에서도 경험하며 살아가고 있기 때문에 삶이 지속되는 한 죽음불안에서 벗어나는 것은 불가능하다. 더욱이 노년기는 죽음을 생각하지 않을 수 없는 인간발달의 마지막 단계이다. 본 글은 노년기에 경험하는 죽음불안이 어떠한 수준이며, 어떠한 요인에 따라 달라지는지 2016년 춘천노인생활실태조사를 통해 살펴보았다. 그 결과 노인들의 전반적인 죽음불안수준은 낮지만, 죽음불안을 구성하는 여러 영역 중에서 죽은 과정에서 겪을 고통이나 죽음에 대해 타인과 이야기하는 것에 대한 두려움을 조금 더 크게 느끼고 있었다. 이는 임종과정에 대한 정확한 지식이 부족하고, 죽음에 대한 이야기를 터부시 하는 문화에서 기인하는 것으로 죽음준비교육에서 다루어야 할 과제이다.

　　서두에서 죽음의 불가피성을 인식하는 각 개인들은 서로 대응하는 방식이 다르다는 사실을 공포관리이론을 바탕으로 간략하게 언급하면서, "어떻게 하면 노인들이 현명하게 죽음을 잘 받아들이고 노년 말기까지 잘 지낼 수 있을까?" 라는 질문을 던졌다. 대부분의 선행연구처럼 여성노인이 남성노인에 비해, 학력이 낮을수록, 경제적인 상황이 열악할수록, 건강상태가 좋지 않을수록, 배우자와의 관계가 좋지 않을수록, 다양한 사회활동에 참여하지 않을수록, 낙관적인 성향이 적을수록 죽음불안을 더 크게 느끼는 것으로 드러났다. 이러한 결과를 바탕으로, 노년기에 신체 건강, 경제적 안정, 화목한 가족관계, 낙관적인 성향이 중요하며, 이러한 요인들을 보완하고 지원해주는 사회적 노력이 필요함을 확인하였다.

　　한편, 죽음불안을 정의함에 있어서 죽음에 대한 부정적인 정서 반응이라고 정의하고 있는데, 이러한 정의는 죽음불안이 노년기 삶에 부정적인 영향을 미치는 것은 받아들여질 수 있다. 그런데 이러한 판단은 잘못된 것일 수 있다. 과도한 죽음불안이 노년기에 절망과 혼돈을 일으키지만, 통제 가능한 수준의 죽음불안은 오히려 노년기의 정신건강에 긍정적인 영향을 미칠 수 있다. 노년기에 죽음불안으로 인해 삶과 죽음의 의미를 직시하게 된다면, "죽음이 삶의 일부분인 것처럼 죽음에 대한 불안도 삶의 한 부분이다"라는 Kubler-Ross(1960)의 말처럼 삶과 죽음을 별개의 것으로 나누어서 보기보다는 동일한 연장선상에서 이해하고 죽음을 적극적으로 준비하게 될 것이다.

　　2016년 춘천노인생활실태조사를 바탕으로 노인이 경험하는 죽음불안을 살펴보았지만, 서두에서 밝혔듯이 죽음불안은 하나의 차원으로 구성된 것이 아니라 여러 영역이나 차원으로 구성되어 있고, 각각의 영역에 대해 영향을 미치는 요인이 다르다. 그런데 2016년 춘천노인생활실태조사에서 죽음불안을 측정하기 위해 사용한 척도는 죽음불안의 하위 영역을 모두 포함하지 못하여 죽음불안의 하위 영역들을 충분히 다루지 못하였다는 한계를 지니고 있다.

참고문헌

강성례. 2006. "영적 간호의 개념분석" 대한간호학회지. 36(5):803-812.

권영숙, 김정남. 2003. "노인의 영적 안녕과 죽음불안 간의 관계" 지역사회간호학회지. 14(1):132-143.

김경희, 권혜진, 최미혜, 박윤자, 김수강, 2010. "심리적 영적 요인이 재가노인의 죽음불안에 미치는 영향". 정신건강간호학회지> 19(1):96-105.

김숙남, 최순옥. 2010. "간호사의 죽음불안과 영성" 한국간호교육학회지. 101-110.

김순성, 강영숙. 2007. "말기 한센병 환자의 영성과 죽음의 태도에 관한 연구" 정신보건과 사회사업. 25:41-73.

김연숙, 김지미. 2009. 노인의 사회인구적 특성과 죽음불안: 죽음불안의 세부영역을 중심으로, 한국노년학. 29(1): 275-289.

김태현, 손양숙. 1984, "노인의 죽음에 대한 태도" 한국노년학. 1(4): 3~19.

박선애, 허준수, 노인의 죽음불안 영향요인에 관한 연구. 정신보건과 사회사업, 40(1), 59-88.

박은경, 1996. 죽음불안측정 도구개발. 고려대학교 석사학위논문.

서혜경. 1987. "한미 노인의 죽음에 대한 태도연구" 한국노년학. 7:39-58.

_____. 2007. "죽음불안도에 영향을 미치는 요인들에 대한 탐색적 연구: 죽음불안 4가지 영역에 따른 노년층과 비노년층의 차이를 중심으로" 한국보건교육건강증진학회. 24:109-125.

_____, 윤민석 .2008. "성별과 배우자 유무가 죽음불안 4가지 세부영역에 미치는 영향에 관한 연구" 노인복지연구. 39:249-272.

안황란. 1999. 노인의 죽음에 대한 태도에 영향을 미치는 요인과 죽음준비교육 프로그램 개발" 정신간호학회. 8(1):44~69.

여인숙, 김춘경. 2006. "생애회고적 이야기치료 집단 프로그램이 노인의 자아통합감 증진에 미치는 효과" 대한가정학회지. 44(5):157-169.

염형욱, 정성덕, 서완석, 구본훈, 배대석. 2005. "노년기 영성과 불안·우울 및 삶의 질과의 관계" 영남의대학술지. 22(1):27-42.

오미나, 최외선. 2005. "재가노인과 시설노인의 자아존중감, 죽음불안 및 우울에 관한 연구" 대한가정학회지. 43(3):105-118.

오복자. 1997. "암환자의 영적 안녕과 삶의 질과의 관계연구." 성인간호학회지. 9(2):189-198.

윤매옥. 2009. "암환자를 돌보는 간호사의 영적안녕과 영적간호 수행." 한국호스피스완화의료학회지. 12(2):72-79.

윤현숙, 임연옥, 고윤순, 범경아. 2015. "노인의 영성, 사회적지지, 우울이 죽음불안에 영향을 미치는 경로 분석" 한국지역사회복지학. 6(1):229-254.

이정인, 김순이. 2011. "노인의 죽음불안에 영향을 미치는 요인" 한국보건간호학회지. 25(1), 28-37.

이현지, 조계화. 2006. "노인의 죽음불안과 우울이 자살생각에 미치는 영향" 한국노년학. 26(4):717-731.

임연옥, 윤현숙, 남일성, 김여진, 이현주, 최경원. 2014. "항암화학요법 치료 노인 암환자가 우울에 이르는 스트레스 과정" 한국노년학. 34(4):821-842

장경은. 2010. "노인의 죽음불안에 영향을 미치는 생태체계적 요인에 관한 연구" 노인복지연구. 49:267-286

장덕희, 이승민. 2007. "가족요인이 노인의 죽음불안에 미치는 영향" 노인복지연구. 37: 89-110.

조계화, 송병숙. 2012. "가족응집력과 주관적 행복감이 한국 노인의 죽음불안에 미치는 영향요인." 대한간호학회지. 42(5):680-688.

최금주. 2009. "노인의 영적 웰빙이 자아통합과 죽음불안에 미치는 영향". 대구카톨릭대학교 대학원 박사학위논문.

최외선. 2007. "노인의 자아통합감과 죽음불안에 대한 연구" 한국노년학. 27(4): 755-773.

Battle, J. 1978. Relationship between self-esteem and depression, Psychol Report, 42(3):.745-646.

Berman, A., & Hays, J. E. 1975. "Relation between death anxiety, belief in afterlife, and locus of control" Journal of Consulting and Clinical Psychology, 41: 318-321.

Chochinov, H. M., & Cann, B. J. 2005. "Interventions to enhance the spiritual aspects of dying" Jounral of Palliative Medicine 8(1):103-115.

Cicirelli, V. 2002. "Fear of death in older adults: Predictions from the terror management theory" Journal of Gerontology. 57:358-366.

Diener, E. & Chan, M. Y. 2011. "Happy people live longer: Subjective well-being contributes to health and longevity" Applied Psychology: Health and Well-Being 3:1-43.

Erikson, J. M. 1997. The Life Cycle Completed. New York: W. W. Norton & Company.

Fortner, B. & Neimeyer, R. 1999. "Death anxiety in order adults: a quantitative review" Death Studies. 23(5):387-411.

Hoelter, J. W. 1979. "Multidimensional treatment of fear of death" Journal of Consulting and Clinical Psychology, 47:996-999.

Kastenbaum, R. J. 2000. The Psychology of Death. Springer Publishing Company.

Khezri L, Bahreyni M, Ravanipour M, & Mirzaee K. 2015. "The relationship between spiritual wellbeing and depression or death anxiety in cancer patients in Bushehr" Nursing Journal of the Vulnerable. 2:15-28.

Madnawat, A. V. S. & Kachhawa, P. S. 2007. "Age, gender, and living circumstances: Discriminating older adults on death anxiety." Death Studies 31:763-769.

Mahboubi, M., Ghahramani. F., Shamohammadi, Z., & Parazdeh, S. 2014. "Relationship between daily spiritual experiences and fear of death in hemodialysis patients" Journal of Biology and Today's World. 3:7-11.

Neimeyer, R. A. & Fortner, B. V. 1995. Death anxiety in the elderly. In G. Madox(Ed.) Encyclopedia of aging(2nd ed.). New York: Springer.

Rasmussen, H. N., Scheier, M. F. & Greenhouse, J. B. 2009. "Optimism and physical health: A meta-analytic review" Annals of Behavioral Medicine. 37: 239-256.

Russac, R. J., Gatliff, C., Reece, M., & Spottswood, D. 2007. "Death anxiety across the adult years: an examination of age and gender effects" Death Studies. 31(6):549-561.

Salsman, J. M., Brown, T. L., Brechting, E. H. & Carlson, C. R. 2005. "The link between religion and spirituality and psychological adjustment: The mediating role of optimism and social support" Personality and Social Psychology Bulletin. 31:522-535.

Scheier M. F., Carver C. S. & Bridges M. W. 1994. "Distinguishing optimism from neuroticism (and trait anxiety, self-mastery, and self-esteem): A reevaluation of the life orientation test" Journal of Personality and Social Psychology. 67:1063-1078.

Sermabeikian, P. 1994. "Our Client, Ourselves: The Spiritual Perspective and Social work Practice" Social Work. 39(2):178-183.

Sperry, L. 2003. "Integrating spiritual direction functions in the practice of psychotherapy" Journal of Psychology and Theology. 31(1):3-13.

Stillion, J. M. 1985. Death and the sexes. Washington: Hemisphere.

Tany, R. A. 2002. "Towards clarification of the meaning of spirituality" Journal of Advanced Nursing. 39(5):500-509.

Terrill, A. L., Ruiz, J. M. & Garofalo, J. P. 2010. "Look on the bright side: Do the bene fits of optimism depend on the social nature of the stressor?" Journal of Behavioral Medicine. 33:399-414.

Thorson, J. A. & Powell, F. C. 1992. "A Revised death anxiety scale" Death Studies. 16:507-521

Wong, P. T. P., Recker, G. T. & Gesser, G. 1994. "Death attitude profile-revised: A multidimensional measure of attitudes toward death" In R. A. Neimeyer (Ed.). Death Anxiety Handbook. Washington. DC: Taylor and Francis. 121-148.

Wu, A., Tang, C. and Kwok, T. 2002. "Death anxiety among Chinese elderly people in Hong Kong" Aging Health. 14(1):42-56.

제4장

춘천노인의
정신적 웰빙

유지영(한림대학교)

●●●●

Ⅰ. 들어가면서

우리 사회에서 웰빙(well-being)이라는 말이 사용된 것은 그리 오래 되지 않았다. 웰빙의 사전적 의미에는 '복지, 안녕, 행복'이란 뜻이 내포되어 있지만 웰빙을 한마디로 말하자면 건강하고 여유롭게 조화로운 삶을 사는 것을 의미한다. 평균수명이 늘어나면서 예전보다 오래 살게 되었지만, 사람들이 중요하게 생각하는 것은 오래 사는 것보다 건강하게 잘 사는 것이다. 즉, 삶의 질에 대한 관심과 중요성이 증가하게 된 것이다.

삶의 질은 개인이 인식하는 삶에 대한 주관적인 평가와 제3자의 시선에서 지표를 사용한 객관적인 평가를 모두 포함하는 개념이다 (Campbell, 1976; Diener, 1984). 따라서, 정신적 웰빙은 삶의 질과 유사한 개념으로 볼 수도 있지만, 보다 더 주관적인 평가라는 면에서는 삶의 질과 구분된다.

Keyes(2002)는 정신적 웰빙의 개념을 정신질환이 없으면서 정서적, 심리적, 사회적으로 행복을 지닌 상태로 설명하였다. 즉, 정신적 웰빙이 높다는 것은 정서적으로 즐겁고 편안한 상태인 정서적 웰빙(emotional well-being), 개인의 삶에서 진정한 잠재력을 깨닫고 이를 발휘하는 심리적 웰빙(psychological well-being), 타인의 인정을 받으면서 개인이 속한 사회에 기여하는 사회적 웰빙(social well-being)이 모두 높은 상태라고 할 수 있다.

이러한 개념에 근거하여 정서적 웰빙, 심리적 웰빙, 사회적 웰빙을 모두 포괄한 정신적 웰빙을 측정할 수 있게 되었다(Keyes, 2006). 정서적 웰빙은 현재 개인의 삶의 전반적인 상태를 개인의 평가기준에 맞추어 인지적으로 평가하는 삶의 만족도(life satisfaction), 즐거움·흥미·편안함 등의 긍정 정서(positive affect), 슬픔·괴로움·분노·불안 등의 부정 정서(negative affect)의 3가지 요소로 구성되어 있다. 심리적 웰빙은 자신의 활동, 동기, 감정을 정확하게 인지하고자 하는 자기수용(self-acceptance), 긍정적이고 보다 나은 삶의 중심적인 특성으로써 대인관계 측면을 의미하는 긍정적인 대인관계(positive relations with others), 개인의 잠재력을 개발하는 지속적인 능력을 포함한 개인의 성장(personal growth), 삶의 의미와 방향을 창출하는 삶의 목적(purpose in life), 복잡한 환경을 통제하고 다룰 수 있는 능력인 환경에 대한 통제력(environmental mastery), 자기 결정·독립성·내부로부터 나오는 행동의 규제와 같은 자율성(autonomy)의 6가지 요소로 구성되어 있다. 사회적 웰빙은 개인이 사회에 속한다고 느끼는 정도나 사회를 구성하는 다른 사람들과 공통점이 있다고 느끼는 정도인 사회적 통합(social integration), 다른 사람들의 인격을 좋게 생각하고 삶의 좋고 나쁜 면을 모두 수용하는 사회적 수용(social acceptance), 개인의 사회적 가치에 대한 평가를 의미하는 사회적 기여(social contribution), 사회의 잠재력과 궤적에 대한 평가를 의미하는 사회적 실현(social actualization), 사회에 대한 이해 및 식별과 예측에 대한 평가를 포함하는 사회적 일치(social coherence)의 5가지 요소로 구성되어 있다.

이러한 개념들을 모두 포괄한 측정도구의 개발로 긍정적인 측면에서 노인의 정신건강을 살펴볼 수 있는 기회가 마련되었다. 지금까지 노인의 정신건강에 대한 연구는 정신질환이나 정신장애를 중심으로 이루어져 정신장애의 감소를 목적으로 하였지만, 긍정심리학의 발달과 함께 정신적 웰빙의 증진을 목표로 하는 연구의 필요성이 대두되고 있다.

그렇다면 우리나라 노인들의 정신적 웰빙 수준은 어느 정도일까? 이에 대한 해답을 2016년에 실시한 춘천노인생활실태조사를 통해 살펴보고자 한다. 그리고 정신적 웰빙 상태가 모든 노인들이 다 같지는 않을 터, 어떠한 노인들이 정신적 웰빙이 더 높은지 혹은 낮은지에 대해 자세히 들여다 보고자 한다. 이를 통해 노년기 정신적 웰빙을 조절할 수 있는 방안을 모색할 수 있을 것으로 기대된다.

Ⅱ. 노인들의 정신적 웰빙 수준은 어느 정도일까?

노인들은 자신의 정신적 웰빙 수준이 어느 정도라고 느끼며 살고 있을까? 춘천에 거주하는 노인의 정신적 웰빙 수준을 '한국판 정신적 웰빙(Korean version of the Mental Health Continuum-Short Form, K-MHC-SF)' 척도를 이용하여 측정한 결과 총점 70점을 기준으로 할 때 평균 26.95점이었다. 정신적 웰빙 각 문항에 대한 경험을 '전혀 없음(0점)', '한 번 혹은 두 번(1점)', '대략 1주에 한 번(2점)', '대략 1주에 2~3번(3점)', '거의 매일(4점)', '매일(5점)'로 평가하였을 때, 총점을 평균점수로 환산하면 춘천 노인의 정신적 웰빙은 평균 1.93점으로 대략 1주에 한 번 정도 행복을 느끼는 것으로 볼 수 있다.

이는 우리나라 성인을 대상으로 실시한 임영진 외(2010)의 연구에서 나타난 정신적 웰빙 평균점수인 2.22점에 비해 낮은 결과이다. 해외에서도 성인들을 대상으로 실시한 연구에서 남아프리카인의 정신적 웰빙 평균점수는 2.8점(Keyes et al., 2008), 아르헨티나인의 정신적 웰빙 평균점수는 3.06점(Perugini et al., 2017)으로 나타나 우리나라 성인의 정신적 웰빙 수준 또한 다른 나라에 비해 많이 낮은 것을 알 수 있다.

또한, 2016년 춘천노인생활실태조사에서 사용한 '정신적 웰빙' 척도를 구성하고 있는 14개 문항을 통해 노인들의 경우 어떠한 항목의 정신적 웰빙 수준이 높은지에 대해 살펴보았다. 정신적 웰빙 점수가 가장 높은 항목은 긍정적 대인관계를 나타내는 11번 문항으로 평균점수는 2.44점이었다. 다음으로 사회적 수용을 나타내는 7번 문항이 2.24점, 환경적 숙달감을 나타내는 10번 문항이 2.18점, 행복감을 나타내는 1번 문항이 2.17점, 사회적 통합을 나타내는 5번 문항이 2.15점, 사회적 실현을 나타내는 6번 문항이 2.14점 순이었다. 반대로, 정신적 웰빙 점수가 가장 낮은 항목은 사회적 공헌을 나타내는 4번 문항으로 평균점수는 1.26점이었다. 이는 나이가 들면서 점차 경제활동이나 사회적인 영향력이 줄어들기 때문에 본인의 사회적 공헌도가 상대적으로 낮다고 인식하기 때문인 것으로 보인다.

〈표 1〉 정신적 웰빙 문항별 평균

문항	평균	표준편차
1. 행복감을 느꼈다	2.17	1.21
2. 삶에 흥미를 느꼈다	1.85	1.21
3. 만족감을 느꼈다	2.01	1.22
4. 나는 사회에 공헌할 만한 능력을 지니고 있다고 느꼈다	1.26	1.24
5. 공동체(사회 집단이나 이웃 같은)에 소속되어 있다고 느꼈다	2.15	1.26
6. 우리 사회가 나와 같은 사람들에게 더 살기 좋은 곳이 되어 가고 있다고 느꼈다	2.14	1.16
7. 사람들은 기본적으로 선하다고 느꼈다	2.24	1.22
8. 우리 사회가 돌아가는 방식이 이해할 만하다고 느꼈다	1.94	1.17
9. 나는 내 성격의 대부분을 좋아하고 있다고 느꼈다	1.80	1.29
10. 매일의 생활에서 내가 해야 할 책임들을 잘 해내고 있다고 느꼈다	2.18	1.28
11. 다른 사람들과 따뜻하고 신뢰의 관계를 맺고 있다고 느꼈다	2.44	1.16
12. 나를 성장시키고 더 나은 사람이 되도록 자극을 주는 경험들을 했다고 느꼈다	1.53	1.18
13. 나만의 아이디어와 의견을 생각하거나 표현하는 데 자신이 있다고 느꼈다	1.50	1.31
14. 내 삶이 방향감이나 의미를 갖고 있다고 느꼈다	1.74	1.26
전 체	26.95	13.85

Ⅲ. 어떤 사람이 정신적 웰빙이 더 높을까?

정신적 웰빙의 결정요인들을 살펴본 국내외 연구결과에 따르면 일반적으로 여성이 남성보다 삶의 만족도나 행복도가 높다는 연구들이 많았지만(Helliwell et al., 2015; 김미곤 외, 2014), 성별의 차이가 없다고 보고한 연구들도 있었다(Dolan et al., 2008; 임낭연 외, 2010). 하지만, 2016년 춘천노인생활실태조사에서는 남성노인의 정신적 웰빙 총점이 28.00점으로 여성노인의 26.28점보다 높게 나타나 기존의 선행연구들과는 다른 결과를 보이는 것으로 나타났다.

연령의 경우, 일반적으로는 U자형으로 정신적 웰빙의 차이를 설명하게 되는데 아동이나 노인의 경우 청장년층에 비해 정신적 웰빙이 높다고 보고되고 있다(Helliwell et al., 2015; Hoorn, 2007). 하지만, 국내 연구에서는 연령이 높아질수록 정신적 웰빙이 낮아지는 것으로 보고되고 있다(김미곤 외, 2014; 박희봉, 이희창, 2005). 2016년 춘천노인생활실태조사에서는 노년기를 70세 이하, 71~75세, 76~80세, 81세 이상으로 구분하여 살펴보았는데, 70세 이하 집단의 정신적 웰빙 점수가 29.16점으로 가장 높은 것으로 나타났고, 81세 이상 집단의 정신적 웰빙 점수는 22.59점으로 가장 낮은 것으로 나타났다. 즉, 노년기 내에서도 연령이 높아질수록 정신적 웰빙은 낮아지는 것으로 나타났다.

학력의 경우, 교육수준이 높을수록 정신적 웰빙이 높다고 알려져 있다(김미곤 외, 2014; 박희봉, 이희창, 2005). Zhou(2014)는 교육을 통해 개인이 사회에 적응할 수 있는 다양한 정보와 기회를 제공받을 수 있기 때문에 정신적 웰빙의 중요한 요인 중 하나가 교육이라고 주장하였다. 2016년 춘천노인생활실태조사에서는 노인들의 교육수준을 무학, 초등학교 중퇴/졸업, 중학교 중퇴/졸업, 고등학교 중퇴/졸업, 대학교 중퇴/졸업이상으로 구분하여 정신적 웰빙을 살펴보았는데, 무학의 경우 정신적 웰빙 점수가 가장 낮았고(22.23점), 대학교 중퇴/졸업이상의 경우 정신적 웰빙 점수가 가장 높은 것으로 나타났다(32.02점).

종교의 경우, 일반적으로는 종교가 있는 사람들이 정신적 웰빙이 높다고 보고되고 있다(Dolan et al., 2008; 박희봉, 이희창, 2005). 2016년 춘천노인생활실태조사에서는 노인들의 정신적 웰빙을 종교유형별로 비교하여 살펴보았는데, 기타종교(33.58점), 기독교(28.59점), 천주교(27.74점), 불교(26.67점), 무교(25.76점) 순으로 나타나 종교가 있는 사람들의 정신적 웰빙이 종교가 없는 사람들에 비해 전반적으로 높은 것을 알 수 있었다. 종교에 따른 차이는 크지 않았지만, 기타종교를 가진 노인의 경우 매우 높은 수준의 정신적 웰빙을 보여 해당 종교에 대한 추가적인 검토가 필요할 것으로 보인다.

〈표 2〉 인구사회학적 특성에 따른 정신적 웰빙 비교

특성	항목	N	평균(SD)	t/F
성	남성	784	28.00(14.43)	2.710**
	여성	1216	26.28(13.42)	
연령	70세 이하	541	29.16(14.34)	18.869***
	71~75세	535	27.79(13.68)	
	76~80세	528	27.11(13.66)	
	81세 이상	396	22.59(12.69)	
교육수준	무학	347	22.23(12.00)	21.276***
	초 중퇴/졸업	627	25.92(13.22)	
	중 중퇴/졸업	454	27.87(14.16)	
	고 중퇴/졸업	403	29.47(14.10)	
	대 중퇴/졸업 이상	169	32.02(15.00)	
종교	불교	446	26.67(13.12)	5.224***
	기독교	463	28.59(14.15)	
	천주교	213	27.74(14.02)	
	기타	31	33.58(14.99)	
	무교	847	25.76(13.83)	
주관적 경제상태	상층	6	49.17(19.28)	38.275***
	중상층	101	34.79(15.17)	
	중층	602	30.52(13.44)	
	중하층	686	25.95(13.63)	
	하층	581	22.83(12.58)	
취업상태	일하고 있음	678	28.09(14.61)	3.621*
	일하지 않음	971	26.25(13.46)	
	일해본적 없음	351	26.68(13.30)	
기초생활보호 대상자여부	예	186	25.20(14.22)	-1.809
	아니오	1814	27.13(13.80)	
기초연금 수급여부	예	1243	25.35(13.84)	-6.724***
	아니오	757	29.59(13.47)	

* p<.05, ** p<.01, *** p<.001

경제적 상태는 다수의 연구를 통해 정신적 웰빙과 관련이 높은 것으로 알려져 있는데(Boarini et al., 2012; Diener et al., 1995; Dolan et al., 2008; 구교준 외, 2014; 김미곤 외, 2014), 2016년 춘천노인생활실태조사에서는 주관적 경제상태, 취업상태, 기초생활보호 대상자 여부, 기초연금 수급여부에 따른 정신적 웰빙을 살펴보았다. 자신의 경제적 수준을 상층으로 평가한 경우 정신적 웰빙 점수는 49.17점으로 나타났으며, 이는 하층으로 평가한 22.83점에 비해 약 2배 이상 높은 수준이었다. 설문조사 당시 취업해서 일을 하고 있는 노인의 정신적 웰빙 점수는 28.09점으로 은퇴하여 일을 하지 않은 노인(26.25점)과 평생 취업해 본 적이 없이 가정주부로 지내온 여성노인(26.68점)에 비해 높은 것으로 나타났다. 기초생활보호 대상자로 선정된 노인의 경우 정신적 웰빙 점수는 25.20점으로 기초생활보호 대상자가 아닌 노인(27.13점)에 비해 낮은 것으로 나타났지만 통계적으로 유의미한 차이는 없었다. 기초노령연금을 받는 노인의 정신적 웰빙은 25.35점으로 기초노령연금을 받지 않는 노인(29.59점)보다 더 낮았다. 이와 같이 경제적 상태가 안정적인 노인들의 경우 전반적인 정신적 웰빙 상태가 높은 것을 알 수 있다.

Ⅳ. 건강할수록 정신적 웰빙이 높아질까?

건강 상태 또한 다수의 연구를 통해 정신적 웰빙과 관련이 높은 것으로 알려져 있는데(강서영, 박인혜, 2013; 김춘길, 2015; 김희경, 2012; 장숙희, 2006), 2016년 춘천노인생활실태조사에서는 주관적 건강상태, 통증의 정도,

만성질환의 수에 따른 정신적 웰빙을 살펴보았다. 자신의 건강상태를 매우 건강하다고 평가한 노인의 경우 정신적 웰빙 점수는 31.74점으로 나타났으며, 이는 매우 건강하지 못하다고 평가한 노인의 정신적 웰빙 점수인 23.92점에 비해 높은 것으로 나타났다. 노인들이 겪고 있는 통증수준에 따른 정신적 웰빙을 살펴보면 통증이 전혀 없는 노인의 정신적 웰빙 수준이 38.00점으로 가장 높았으며, 통증의 정도가 심해질수록 정신적 웰빙 수준은 낮아지는 것으로 나타났다. 현재 앓고 있는 만성질환의 수와 정신적 웰빙의 관계를 살펴본 결과 질환이 전혀 없는 노인들의 정신적 웰빙 점수가 29.80점으로 가장 높은 것으로 나타났다. 다음으로 질환이 1개나 2개인 경우 정신적 웰빙 수준이 높게 나타났고, 마지막으로 질환이 3개 또는 4개 이상인 경우가 정신적 웰빙 수준이 가장 낮은 것으로 나타났다. 이와 같이 건강 상태가 좋을수록 노인의 정신적 웰빙 상태는 높은 것을 알 수 있다.

〈표 3〉 건강상태에 따른 정신적 웰빙 비교

특성	항목	N	평균(SD)	F
주관적 건강상태	매우 건강하다	199	31.74(15.46)	16.294***
	건강하다	567	28.14(14.46)	
	보통이다	535	27.85(13.52)	
	건강하지 못하다	527	23.95(12.50)	
	매우 건강하지 못하다	172	23.92(12.30)	
통증	없음	130	38.00(14.85)	32.519***
	경도(1~4점)	896	26.76(13.42)	
	중등도(5~6점)	553	26.15(14.09)	
	중증(7~10점)	421	24.99(12.56)	

특성	항목	N	평균(SD)	F
질환수	없음	291	29.80(15.32)	3.901**
	1개	503	27.44(14.49)	
	2개	494	27.70(13.54)	
	3개	270	25.71(13.53)	
	4개 이상	236	25.83(13.09)	

* p<.05, ** p<.01, *** p<.001

V. 가족과의 삶은 정신적 웰빙과 관련이 있을까?

배우자나 자녀와 같은 가족이 있다는 그 자체만으로도 안정감을 불러일으킬 수 있다. 하지만, 가족과의 관계가 좋지 않다면 이는 반대로 정신건강에 부정적인 영향을 미치게 될 것이다. 선행연구에 의하면 배우자가 있는 경우 일반적으로 정신적 웰빙이 높은 것으로 나타나고 있으나(Boarini et al., 2012; Dolan et al., 2008; Zhou, 2014; 박희봉, 이희창, 2005), 자녀의 수는 정신적 웰빙과 관련이 없는 것으로 나타나고 있다(하옥진 외, 2017). 이는 노년기에 들어서면 배우자는 정서적, 신체적 도움을 줄 수 있는 대상이 될 수 있지만, 자녀의 경우에는 출가하여 각자의 가족을 이루고 살게 되므로 정서적으로 함께 공감하거나 유대할 수 있는 기회가 적어지기 때문일 것이다.

2016년 춘천노인생활실태조사에서도 배우자와 동거하는 노인의 경우 정신적 웰빙은 29.22점으로 배우자가 없는 노인에 비해 높은 것으로 나타났다. 또한, 배우자와 동거하고 있는 노인들을 대상으로 배우자와의 관계만족도와 정신적 웰빙의 관련성을 살펴본 결과, 배우자와의 관계가 만족스러울수록 정신적 웰빙 점수는 높아지는 것으로 나타났다. 특히 배우자와의 관계에 대해 '매우 만족'하는 노인의 경우 정신적 웰빙 점수는 31.74점으로 배우자와의 관계에 대해 '매우 불만족'하는 노인(22.80점)에 비해 약 10점 가량 높은 것으로 나타났다.

동거가족수에 있어서는 혼자사는 경우(24.45점)와 동거가족수가 4명 이상인 경우(24.70점)가 동거가족이 1명에서 3명 내외일 때에 비해 정신적 웰빙이 낮은 것으로 나타났다. 이는 혼자사는 경우에는 고립감이나 우울감을 느껴 정신적 웰빙이 낮아질 수 있는 반면, 동거가족이 많은 경우에는 가족 내의 다양한 갈등이 발생할 위험이 있기 때문에 정신적 웰빙이 낮은 것이 아닐까 생각된다. 자녀의 수가 2명인 노인의 경우 정신적 웰빙 점수가 29.06점으로 자녀의 수가 0명(23.24점)이거나 5명 이상(24.52점)에 비해 높은 것으로 나타났는데, 이 또한 위의 결과와 맥을 같이 한다고 볼 수 있을 것이다.

1시간 이내에 거주하는 자녀의 수는 근거리에 거주하며 노인에게 정서적, 신체적 도움을 줄 수 있는 자원으로 볼 수 있는데, 2016년 춘천노인생활실태조사에서는 근거리 자녀수에 따른 정신적 웰빙의 차이는 없는 것으로 나타났다. 이는 자녀의 수보다는 거리에 상관없이 실제 자녀들의 방문빈도가 노인들의 정신적 웰빙에 더욱 중요한 요소일 수 있음을 시사한다. 자녀가 있는 노인들을 대상으로 자녀와의 관계만족도와 정신적 웰빙의 관련성을 살펴본 결과에서는 자녀와의 관계에 대해 '매우 만족'하는 노인의 경우 정신적 웰빙 점수가 29.19점으로 가장 높은 것으로 나타났다. 하지만, 자녀와의 관계만족도에 따라 정신적 웰빙의 차이가 순차적으로 나타나지는 않았다.

<표 4> 가족관계에 따른 정신적 웰빙 비교

특성	항목	N	평균(SD)	F
혼인상태	배우자와 동거	1038	29.22(14.08)	30.607***
	배우자 없음/별거/미혼	96	22.90(14.40)	
	배우자와 사별	866	24.68(13.02)	
배우자와의 관계	매우 불만족한다	5	22.80(17.05)	5.100***
	대체로 불만족한다	29	30.03(14.17)	
	그저 그렇다	198	26.17(12.26)	
	대체로 만족한다	510	28.96(13.84)	
	매우 만족한다	296	31.74(15.17)	
동거가족 수	0명	615	24.45(13.19)	10.057***
	1명	973	28.62(13.93)	
	2명	183	27.78(13.44)	
	3명	79	28.22(15.39)	
	4명 이상	150	24.70(13.97)	
자녀수	0명	49	23.24(14.04)	5.246***
	1명	129	26.81(13.65)	
	2명	442	29.06(14.60)	
	3명	608	27.54(13.80)	
	4명	449	26.27(13.15)	
	5명 이상	323	24.52(13.41)	
1시간 이내 거주 자녀수	0명	646	27.33(13.70)	2.007
	1명	660	27.59(13.81)	
	2명	355	27.23(14.44)	
	3명	194	25.01(13.51)	
	4명 이상	96	24.84(12.93)	
자녀와의 관계	매우 불만족한다	5	24.00(23.38)	11.215***
	대체로 불만족한다	36	23.00(14.17)	
	그저 그렇다	304	22.91(12.51)	
	대체로 만족한다	1055	27.27(12.96)	
	매우 만족한다	551	29.19(15.45)	

* $p<.05$, ** $p<.01$, *** $p<.001$

VI. 사회관계가 좋을수록 정신적 웰빙이 높아질까?

노년기에는 기본적으로 사회관계가 제한되고 줄어들 것이라고 예상된다. 하지만 인간은 사회적 동물이므로 사회관계에 대한 욕구는 노인이 되어도 여전히 지속되며, 이는 노인이 참여하는 다양한 사회활동을 통해서도 발현이 된다. 노인들도 지속적인 사회활동을 통해 사회에 기여하고자 하며, 이런 활동에는 종교활동, 자원봉사활동, 여가활동, 문화활동 등이 포함된다. 선행연구들을 통해서도 노인의 사회활동참여가 적극적인 경우 정신적 웰빙이 높은 것으로 나타나고 있다(김동철 외, 2016; 김미곤 외, 2014; 김영범, 이승훈, 2008).

2016년 춘천노인생활실태조사에서는 노인의 사회활동 참여유형의 수에 따른 정신적 웰빙 수준을 살펴보았다. 아무런 사회활동에도 참여하지 않는 노인의 경우 정신적 웰빙 점수는 22.41점, 한 가지 유형의 사회활동에만 참여하는 노인의 경우 정신적 웰빙 점수는 23.82점, 두 가지 유형의 사회활동에 참여하는 노인의 경우 정신적 웰빙 점수는 26.22점, 세 가지 유형의 사회활동에 참여하는 노인의 경우 정신적 웰빙 점수는 28.88점, 네 가지 유형의 사회활동에 모두 참여하는 노인의 경우 정신적 웰빙 점수는 34.97점으로 참여하는 사회활동의 유형이 다양해질수록 노인의 정신적 웰빙은 점차적으로 높아지는 것으로 나타났다.

또한 노인에게 있어 사회적 지지는 노후에 직면하게 되는 다양한 위기를 극복하는데 도움을 줄 수 있다. 사회적 지지는 도움을 주고받을 수 있는 대상과 도움의 유형에 따라 세부적으로 구별될 수 있다. 도움의 대상은 크게 배우자, 자녀, 친구/친지/이웃으로 나눌 수 있는데, 가족이 있는 노인의 경우에는 가족의 지지가 정신적 웰빙과 관련이 높은 것으로 알려져 있다(하옥진 외, 2017). 도움의 유형은 크게 정서적, 신체적, 경제적 지지로 나눌 수 있는데, 도움의 유형에 따라서도 노인의 정신건강은 달라지는 것으로 알려져 있다(김옥희, 2013).

2016년 춘천노인생활실태조사에서는 도움의 대상 및 유형에 따른 노인의 정신적 웰빙 수준을 살펴보았다. 정서적 지지의 경우, 배우자의 지지가 매우 높았을 때 정신적 웰빙 점수는 35.47점으로 배우자의 지지가 전혀 없을 때(18.17점)에 비해 약 2배 가량 높은 것으로 나타났다. 자녀의 지지가 매우 높았을 때에도 정신적 웰빙 점수는 35.68점으로 가장 높았고, 친구/친지/이웃의 지지가 매우 높았을 때에도 정신적 웰빙 점수는 36.62점으로 가장 높았다. 신체적 지지의 경우, 배우자의 지지가 매우 높았을 때 정신적 웰빙 점수는 31.45점으로 배우자의 지지가 전혀 없을 때(17.67점)와 큰 격차를 보이는 것으로 나타났다. 자녀의 지지가 매우 높았을 때에도 정신적 웰빙 점수는 33.31점으로 가장 높았고, 친구/친지/이웃의 지지가 매우 높았을 때에도 정신적 웰빙 점수는 41.90점으로 가장 높았다. 여기에서 주목할 점은 친구/친지/이웃의 신체적 지지가 높은 경우 배우자나 자녀에 비해 노인의 정신적 웰빙 점수가 월등히 높다는 점이다. 경제적 지지의 경우에도 신체적 지지와 마찬가지로 친구/친지/이웃의 지지가 매우 높은 경우 노인의 정신적 웰빙 점수가 41.46점으로 가장 높은 것으로 나타났다. 이는 가족중심의 사회인 우리나라에서 가족의 도움은 오히려 당연한 것으로 여기는 반면, 다른 이들의 도움은 또 다른 사회적 자원으로 여기기 때문에 노인의 정신적 웰빙을 높이는 것이 아닐까 생각된다.

〈표 5〉 사회관계에 따른 정신적 웰빙 비교

변인		항목	N	평균(SD)	F
사회활동참여 단체 유형수		없음	135	22.41(13.87)	38.393***
		1개	563	23.82(13.30)	
		2개	671	26.22(12.94)	
		3개	360	28.88(13.24)	
		4개	271	34.97(14.36)	
정서적 지지	배우자	전혀 들어주지 않음	6	18.17(11.11)	30.019***
		들어주지 않음	58	28.78(14.33)	
		가끔 들어줌	209	25.92(13.93)	
		대부분 들어줌	415	25.84(12.30)	
		항상 들어줌	350	35.47(14.05)	
	자녀	전혀 들어주지 않음	40	27.15(14.64)	58.902***
		들어주지 않음	91	27.75(11.95)	
		가끔 들어줌	680	23.24(11.64)	
		대부분 들어줌	746	25.86(13.14)	
		항상 들어줌	394	35.68(15.22)	
	친구/친지/이웃	전혀 들어주지 않음	64	23.80(9.27)	68.171***
		들어주지 않음	146	21.21(11.04)	
		가끔 들어줌	963	23.55(12.02)	
		대부분 들어줌	578	30.26(14.60)	
		항상 들어줌	248	36.62(14.54)	
신체적 지지	배우자	전혀 도와주지 않음	6	17.67(14.51)	10.600***
		도와주지 않음	28	27.61(14.44)	
		가끔 도와줌	99	24.44(13.08)	
		대부분 도와줌	297	26.65(11.64)	
		항상 도와줌	608	31.45(14.86)	

변인		항목	N	평균(SD)	F
신체적 지지	자녀	전혀 도와주지 않음	28	25.21(14.67)	35.054***
		도와주지 않음	55	27.45(13.05)	
		가끔 도와줌	664	25.05(12.49)	
		대부분 도와줌	728	24.81(12.62)	
		항상 도와줌	476	33.31(15.48)	
	친구/친지/이웃	전혀 도와주지 않음	224	25.62(10.68)	29.264***
		도와주지 않음	439	25.93(13.64)	
		가끔 도와줌	1008	25.70(13.88)	
		대부분 도와줌	261	30.79(13.38)	
		항상 도와줌	67	41.90(14.84)	
경제적 지지	배우자	전혀 도와주지 않음	9	23.67(14.04)	10.337***
		도와주지 않음	74	33.96(15.82)	
		가끔 도와줌	119	27.03(13.21)	
		대부분 도와줌	384	26.42(12.68)	
		항상 도와줌	452	31.52(14.57)	
	자녀	전혀 도와주지 않음	87	26.59(11.93)	52.782***
		도와주지 않음	251	27.26(13.18)	
		가끔 도와줌	794	24.91(12.83)	
		대부분 도와줌	528	24.66(12.82)	
		항상 도와줌	291	37.18(14.86)	
	친구/친지/이웃	전혀 도와주지 않음	358	26.51(11.41)	11.321***
		도와주지 않음	499	28.49(14.83)	
		가끔 도와줌	875	25.59(13.81)	
		대부분 도와줌	241	27.79(13.73)	
		항상 도와줌	26	41.46(16.61)	

* p<.05, ** p<.01, *** p<.001

VII. 어떠한 심리적 특성이 정신적 웰빙을 높일 수 있을까?

우울은 정신적 웰빙과 대비되는 부정적 정신건강 상태로 볼 수 있으며, 죽음불안 또한 정신적 웰빙과는 반대되는 개념으로 볼 수 있다. 그러므로 부정적 심리특성이 강하면 긍정적 심리상태인 정신적 웰빙은 낮아진다고 예측해 볼 수 있다. 반면, 영성은 희망이나 삶의 의미를 내포하는 긍정적인 힘으로 볼 수 있으며, 낙관성은 미래에 대한 긍정적인 기대를 의미하기 때문에 정신적 웰빙을 높이는 요인이 될 수 있다.

2016년 춘천노인생활실태조사에서는 우울, 죽음불안, 영성, 낙관성에 따른 정신적 웰빙을 살펴보았다. 우선 우울의 경우, 우울 위험집단에 속하는 노인들의 정신적 웰빙 점수는 15.28점으로 우울 비위험집단에 속하는 노인들(27.85점)에 비해 매우 낮은 것으로 나타났다. 죽음불안의 경우에는 죽음불안이 높은 노인들의 정신적 웰빙 점수가 25.68점, 죽음불안이 낮은 노인들의 정신적 웰빙 점수는 28.19점으로 나타나 죽음불안이 높을수록 정신적 웰빙 점수는 낮은 것으로 나타났다. 반대로, 영성이 높은 노인들의 정신적 웰빙 점수는 30.77점, 영성이 낮은 노인들의 정신적 웰빙 점수는 23.20점으로 영성이 높을수록 정신적 웰빙 점수는 높은 것으로 나타났다. 또한 낙관성이 높은 노인들의 정신적 웰빙 점수(35.90점)도 낙관성이 낮은 노인들의 정신적 웰빙 점수(20.31점)에 비해 높은 것으로 나타났다. 이와 같이 부정적 심리특성인 우울과 죽음불안은 정신적 웰빙에 부적인 영향을 미치고, 긍정적 심리특성인 영성과 낙관성은 정신적 웰빙에

정적인 영향을 미치는 것을 알 수 있다.

〈표 6〉 심리적 특성에 따른 정신적 웰빙 비교

변인	항목	N	평균(SD)	t
우울	비위험 집단 (9점 이하)	1857	27.85(13.74)	14.986***
	위험 집단 (10점 이상)	143	15.28(9.28)	
죽음불안	낮은 집단 (7점 이하)	1014	28.19(14.41)	-4.071***
	높은 집단 (8점 이상)	986	25.68(13.13)	
영성	낮은 집단 (10점 이하)	1008	23.20(13.31)	12.699***
	높은 집단 (11점 이상)	992	30.77(13.34)	
낙관성	낮은 집단 (11점 이하)	1148	20.31(10.42)	29.046***
	높은 집단 (12점 이상)	852	35.90(12.83)	

* p<.05, ** p<.01, *** p<.001

VIII. 나가면서

　나이가 들면서 신체적 기능제한이나 사회적 역할 상실 등으로 인해 정신적인 웰빙을 추구하는 것이 어려워질 수 있다. 하지만 누구나 행복해질 권리가 있고, 행복을 추구할 수 있다. 의학기술의 발전으로 삶의 연장속도는 급속도로 늘어났지만, 삶의 질은 담보할 수 없는 상태가 되어 버렸다. 이에 본고에서는 노인들의 전반적인 정신적 웰빙 수준을 살펴보고, 여러 가지 요인들에 따라 노인의 정신적 웰빙은 어떻게 달라지는지 2016년 춘천노인생활실태조사를 통해 살펴보고자 하였다.

우선 춘천 노인들의 전반적인 정신적 웰빙 상태는 국내외 성인들의 연구결과와 비교하였을 때 매우 낮은 것으로 나타났다. 특히 사회적 공헌 영역의 점수가 가장 낮은 것을 볼 때 노인들이 사회적으로 공헌할 수 있는 기회들을 많이 제공할 필요가 있을 것으로 보인다.

개인적 특성에 따른 정신적 웰빙을 살펴본 결과에서는 남성노인이 여성노인에 비해, 연령이 낮을수록, 학력이 높을수록, 종교가 있는 노인이 종교가 없는 노인에 비해, 경제적 상태가 안정적일수록, 건강 상태가 좋을수록, 가족과의 관계가 만족스러울수록, 다양한 사회활동에 참여할수록, 사회적 지지가 많을수록, 우울감이 낮을수록, 죽음불안이 낮을수록, 영성이 높을수록, 낙관적인 성향이 높을수록 정신적 웰빙이 높은 것으로 나타났다.

이러한 결과를 바탕으로 본다면 경제적 안정, 신체 건강, 화목한 가족관계, 다양한 사회관계, 영성, 낙관적인 성향 등이 노년기의 정신적 웰빙을 높일 수 있는 중요한 요인으로 볼 수 있을 것이다. 따라서 이러한 요인들을 보완하고 지원해줄 수 있는 개인사회적 노력이 필요하다고 볼 수 있다.

본고에서는 정신적 웰빙의 포괄적인 개념을 이용하여 춘천노인의 정신적 웰빙에 대해 살펴보았다. 하지만, 정신적 웰빙은 정서적 웰빙, 심리적 웰빙, 사회적 웰빙을 모두 포괄하는 개념이므로 각 하위영역별로 영향을 미치는 요인들을 세부적으로 살펴볼 필요도 있을 것이다. 또한 노인들의 특성과 정신적 웰빙의 단순관계만을 살펴보았으므로 향후에는 정신적 웰빙에 영향을 미칠 수 있는 여러 요인들을 동시에 고려하여 각 요인의 실제 영향력을 살펴볼 것을 제안한다.

참고문헌

강서영, 박인혜. (2013). 일 장수 지역 거주 노인의 삶의 질 모형구축. *지역사회간호학회지*, 24(3), 302-313.

구교준, 임재영, 최슬기. (2014). 소득과 삶의 역량에 따른 행복 결정요인 연구. *한국행정학보*, 48(2), 317-339.

김동철, 고혁근, 김대건. (2016). 활동적 고령화가 주관적 안녕에 미치는 영향. *사회과학연구*, 55(1), 123-153.

김미곤, 여유진, 김태완, 정해식, 우선희, 김성아. (2014). *사회통합 실태진단 및 대응방안 연구*. 서울: 한국보건사회연구원.

김영범, 이승훈. (2008). 한국 노인의 사회활동과 주관적 안녕감: 서울 및 춘천 노인을 대상으로. *한국노년학*, 28(1), 1-18.

김옥희. (2013). 사회적 지지와 동거여부가 노인의 정신건강에 미치는 영향. *사회과학연구*, 22(단일호), 234-255.

김춘길. (2015). 재가노인의 건강상태 인지 수준에 따른 생활만족도의 영향요인. *노인간호학회지*, 17(2), 108-119.

김희경. (2012). 남성노인과 여성노인의 성공적 노화 영향요인. *한국노년학*, 32(3), 819-834.

박희봉, 이희창. (2005). 삶에 만족에 미치는 영향 요인 비교 분석: 경제·사회적 요인인가? 사회자본 요인인가?, *한국행정논집*, 17(3), 709-728.

임낭연, 이화령, 서은국. (2010). 한국에서의 Diener의 삶의 만족 척도 사용 연구 개관. *한국심리학회지: 일반*, 29, 21-47.

임영진, 고영건, 신희천, 조용래. (2010). 정신적 웰빙 척도(MHC-SF)의 한국어판 타당화 연구. *한국심리학회지: 일반*, 31(2), 369-386.

장숙희. (2006). 노인의 건강 상태, 사회적 지지와 생활만족도와의 관계. *노인간호학회지*, 8(1), 36-46.

하옥진, 최혜경, 오은정. (2017). 노인의 행복감 관련 요인. *한국산학기술학회논문지*, 18(10), 197-208.

Boarini, R., Comola, M., Smith, C., Manchin, R., & De Keulenaer, F. (2012). *What makes for a better life?: The determinants of subjective well-being in OECD countries: Evidence from the Gallup World Poll.* OECD Statistics.

Campbell, A. (1976). Subjective measures of well-being. *American Psychologist,* 31(2), 117-124.

Diener, E. (1984). Subjective well-being. *Psychological Bulletin,* 95(3), 542-575.

Diener, E., Diener, M., & Diener, C. (1995). Factors predicting the subjective well-being of nations. *Journal of Personality and Social Psychology,* 69(5), 851.

Dolan, P., Peasgood, T., & White, M. (2008). Do we really know what makes us happy? A review of the economic literature on the factors associated with subjective well-being. *Journal of Economic Psychology,* 29(1), 94-122.

Helliwell, J. F., & Wang, S. (2010). *Trust and well-being* (No.w15911). National Bureau of Economic Research.

Hoorn, A. V. (2007). *A short introduction to subjective well-being: Its measurement, correlates and policy use.* Research Centre of the European Commission and the Organisation for Economic Cooperation and Development (OECD).

Keyes, C. L. M. (2002). The mental health continuum: from languishing to flourishing in life. *Journal of Health and Social Research,* 43, 207-222.

Keyes, C. L. M. (2006). The subjective well-being of America's youth: Toward a comprehensive assessment. *Adolescent & Family Health,* 4, 3-11.

Keyes, C. L. M., Wissing, M., Potgieter, J. P., Temane, M., Kruger, A., & van Rooy, S. (2008). Evaluation of the mental health continuum-short form (MHC-SF) in setswana speaking South Africans. *Clinical Psychology & Psychotherapy,* 15(3), 181-192.

Perugini, M. L. L., de la Iglesia, G., Solano, A. C., & Keyes, C. L. M. (2017). The Mental Health Continuum-Short Form (MHC-SF) in the Argentinean Context: Confirmatory Factor Analysis and Measurement Invariance. *Europe's Journal of Psychology,* 13(1), 93-108.

Zhou, W. (2014). Determinants of Korean Happiness: A cross-sectional analysis. In S. Wang(Eds.), *Measuring and Explaining Subjective Well-being in Korea.* Korea Development Institute.

제2부

노년기
정신건강

노년의 모습
―삶과 죽음―

제5장

사회활동과 우울의 관계에 대한 일 연구[*]
전기 노인과 후기 노인의 차이를 중심으로

김영범(한림대학교)

●●●●

I. 들어가며

한국인의 평균수명은 매우 빠르게 증가하고 있는데, 이는 노인으로서의 삶이 점점 더 길어짐을 의미한다. 통계청의 자료에 의하면 75세 이상 노인의 비율은 2013년 전체 인구 대비 4.9%인 반면 2030년 9.7%, 2040년 16.7%로 가까운 미래에 나이가 많은 노인이 급속하게 증가할 것으로 전망되고 있다(통계청, 2013: 4). 평균 수명의 연장으로 인해 노년기가 길어짐에 따라 노인으로서의 삶도 연령 집단에

* 이 원고는 김영범.(2015). 사회활동과 우울의 관계에 대한 일 연구-전기 노인과 후기 노인의 차이를 중심으로. 지역사회학, 16(1), 213-237. 에 실린 논문을 재수록한 것임.

따라 다른 모습을 보인다는 주장이 제기되고 있는데 전기 노인(young old)과 후기 노인(old-old)구분이나 제 3연령기(the third age)와 제 4연령기 (the fourth age)의 구분은 노년기의 삶도 나이에 따라 다른 모습을 보인 다는 주장을 반영한 것이다(Baltes, 1997; Neugarten, 1974). 일반적으로 65 세에서 74세 혹은 79세까지를 전기 노인으로, 그리고 75세 혹은 80 세 이상을 후기 노인으로 구분하는데 전기 노인의 경우 신체, 정신 적으로 큰 변화를 경험하지 않지만 후기 노인은 전기 노인에 비해 신체 및 인지능력이 급속하게 약화될 뿐만 아니라 다양한 사회관계 와 단절되어 있을 가능성이 크다.

대체로 노인에 대한 연구는 노인층과 장년층과의 차이를 밝히는 데 주목하거나 노인 집단의 특징을 밝히는데 주목하여 노인 집단 내 에서 나타나는 다양성에 대해서는 큰 관심을 보이지 않고 있다. 비 록 노인 집단의 성별 차이에 대한 연구가 최근 증가하고 있기는 하 지만 연령 집단별 차이에 대해서는 큰 관심을 가지 않고 있다. 그러 나 노인 집단이라도 연령에 따라 그 특성이 상이하다는 점을 고려하 면 노인 집단을 세분화하여 그 특징을 파악하는 것이 필요하다.

우울은 65세 이상 노인 중 증상 경험률이 2013년 14.8%에 이를 정도로 흔히 발생하는 질병일 뿐만 아니라 자살의 주요한 영향 요인 이기도 하다. 노인의 우울은 연령에 따라 차이를 보이는데, 2013년 유병률을 살펴보면 65-69세의 경우 12.4%인 반면 70세 이상은 16.1%로 조사되고 있다(보건복지부·질병관리본부, 2014: 163). 노인의 우울에 영향을 주는 요인으로는 성이나 배우자 사망과 같은 인구학적 요인, 육체적 질병이나 인지 기능의 약화와 같은 신체적 요인, 그리고 소득과 같은 사회경제적 요인 등이 거론되어 왔다(이민아, 2010; 김동배·손의성, 2005; Smith and Christakis, 2008; Umberson & Montez, 2010; Lee and Willetts and Seccombe, 1998; Umberson, Wortman & Kessler, 1992). 이와 함께 사회활동도 우울을 포함한 정신건강에 긍정적 영향을 준다는 점은 많은 연구를 통해 확인되어 왔다(Lemon, Bengtson, and Peterson, 1972; Glass, Mendes, Gassuk and Berkman, 2006; Fiori, Mcilvane, Brown, Antonucci, 2006). 사회활동은 활동이론(activity theory)이 주장하듯 역할을 통해 정체성을 제공하고, 역할수행에 대한 긍정적 반응을 매개로 행복감을 증진시킨다. 사회활동은 또한 사회관계를 유지시키고 강화함으로써 소속감과 자기효능감을 제공하는데, 이로 인해 우울을 감소시키는 효과가 있는 것으로 알려져 있다.

본 연구에서는 사회활동이 갖는 이러한 긍정적 효과에 주목하여 연령집단에 따라 우울과의 관계에 차이가 있는지 살펴보고자 한다. 사회활동은 그 목표나 활동 빈도 측면을 기준으로 다양하게 구분될 수 있다. 사회활동은 그 대상에 따라 정신건강에 대한 영향 역시 차이를 보인다는 연구도 제시된 바 있다(Arling, 1976). 선행 연구는 대체로 사회활동이 갖는 긍정적 영향에만 주목하여 왔는데, 사회활동은 그 종류에 따라 다양한 신체적, 정신적 능력을 요구한다는 점에서 활동 참여가 항상 긍정적인 것만은 아니다. 특정 사회활동의 영향을 분석하기 위해서는 참여로 인해 얻게 되는 긍정적 영향과 더불어 참여로 인해 발생하는 부담을 함께 고려해야 한다. 본 연구는 사회활동 참여에 따른 부담과 이득을 함께 고려하기 위해 노인 집단을 신체적, 정신적 능력이 상이한 전기 노인과 후기 노인으로 나누어 사회활동과 우울과의 관계를 분석한다.

본 연구의 구성은 다음과 같다. Ⅱ장에서는 관련 선행 연구를 검토하고, 연구에 사용된 자료와 분석 변수를 기술한다. Ⅲ장에서는 자료에 대한 기술적 분석과 더불어 이항 로짓 분석(binary logit analysis)을 통해 우울에 영향을 주는 요인들은 무엇인지, 그리고 연령 집단별로 영향 요인에 차이가 있는지 분석한다. Ⅳ장에서는 분석 결과를 요약하고 본 연구의 함의와 한계를 기술한다.

Ⅱ. 선행 연구 검토 및 연구 방법

1. 선행연구 검토

1) 노년기 우울에 영향을 미치는 요인

우울은 의기소침한 기분, 죄의식이나 존재가치가 없다는 감정, 희망이 없다는 감정, 정신운동지체(psychomotor retardation), 식욕상실, 수면장애 등을 구성요소로 하는 증상이다(Radloff, 1977). 우울에 영향을 주는 인구·사회적 요인이 무엇인지에 대해서는 많은 연구들이 진행되어 왔는데, 영향 요인을 몇 가지로 나누어 살펴보면 다음과 같다. 첫째, 건강관련 요인은 우울과 관련성이 높은 것으로 확인되고 있다(Roberts, Kaplan, Shema, & Strawbridge, 1997; Shieman and Plickert, 2007; Smith and Christakis, 2008; Umberson & Montez, 2010). 구체적으로 인지기능과 일상생활능력이 하락하는 경우 그리고 만성질환이 있는 경우 우울은 증가한다. 건강관련 요인 중 식사도 우울과 관련이 있는 것으로 나타나고 있는데, 안정적인 음식 섭취는 필요한 영양분을 섭취할 수 있는 기회를 정기적으로 보장할 뿐만 아니라 안정적인 사회적 관계망을 유지하고 소속감을 느낄 수 있는 기회를 제공한다는 점에서 노인의 우울을 감소시키는데 기여한다(Demura and Sato, 2003).

둘째, 사회·인구학적 특성에 따라서도 우울은 차이를 보이는데, 성별로는 여성이 남성에 비해 더 우울 가능성이 더 높은 것으로 알려져 있다(김동배·손의성, 2005; 김영범, 2013; Hopcroft, and Bradley, 2007). 혼인상태에 따라서도 차이를 보이는데, 배우자가 없는 경우 우울이 더 심하다는 연구 결과와 더불어 배우자 유무의 영향은 성별로 차이를 보인다는 연구 결과 역시 제시된 바 있다(Lee, Willetts and Seccombe, 1998; Mirowsky and Ross, 2001).

셋째, 사회활동이 우울을 포함한 정신 건강에 기여한다는 연구 결과도 제시된 바 있다(배지연·김원형·윤경아, 2005; Glass, Mendes, Bassuk and Berkman, 2006). 사회활동은 애착관계를 강화하는데 애착관계로부터 지원을 받을 수 있다는 믿음은 생애 주기에서 경험하게 되는 다양한 위기 사건의 충격을 완화시켜 준다. 이와 함께 사회활동을 통해 얻게 되는 다양한 역할은 자기 효능감을 강화하는데, 자기 효능감이 높은 경우 슬픔이나 고독감이 감소되어 우울을 예방하거나 완화시킬 수 있다(Fiori, Mcilvane, Brown, Antonucci, 2006). 사회활동의 영향은 참여 당시뿐만 아니라 시간이 지나도 유지되는 것으로 나타난 바 있다.

다양한 사회활동 중 어떤 활동이 노년기 정신 건강에 영향을 주는지 역시 관심의 대상인데, 행복감(subjective wellbeing)에 대한 연구에 의

하면 친밀성이 높고 접촉빈도가 많은 비공식적 활동은 개인이 갖는 특수한 역할에 대한 지지를 강화함으로써 일반화된 역할(generalized role)만을 지지하는 공식적 활동에 비해 정신 건강에 기여할 수 있다고 주장한다(Lemon, Bengtson, and Peterson, 1972).

특정 사회활동에 참여하는가에 따라 우울 수준에 차이가 있는지에 대한 연구도 진행된 바 있는데, 서구의 노인을 대상으로 한 연구(Musick and Wilson, 2003; Herzog, Ofstedal, and Wheeler, 2002)의 경우 자원봉사 활동 참여는 자존감을 증진시키고, 사회관계의 확대를 통해 필요한 자원을 찾을 수 있다는 점 때문에 노인들의 우울을 완화시키는 효과가 있는 것으로 나타난 바 있다. 이와는 달리 한국의 노인을 대상으로 한 연구의 경우 자원봉사 참여가 우울에 유의미한 영향을 주지 못하는 것으로 나타난 바 있다(김수현, 2013). 종교활동도 서구의 연구에서는 우울을 완화시키는데 기여하는 것으로 나타나고 있는데, 유사한 믿음을 갖고 있는 사람들과의 교류가 주는 편안함이나 종교활동을 함께 하는 주변 사람들로부터의 지원과 지지 등으로 인해 종교활동이 우울을 완화시키는 것으로 이해한다(Bonelli, Dew, Koenig, Rosmarin, and Vasegh, 2012; Musick, Koenig, Hays, and Cohen, 1998). 이와는 달리 한국 노인을 대상으로 한 연구에서는 종교활동 참여와 우울 사이에는 유의미한 관계가 없다는 연구 결과도 제시된 바 있다(윤현숙·원성원, 2010). 이외에 비공식적 사회관계의 경우 자녀 혹은 친구와의 접촉이 우울을 감소시키며 특히 여성의 경우 이러한 효과가 더 크다는 연구 결과도 제시되고 있다(Lee and Kim, 2014).

2) 사회활동의 유형과 구분

사회활동(social activity)을 어떻게 규정하느냐는 명확하게 합의된 기준이 있는 것은 아니다. 1970년대 노년학 분야의 한 연구(Lemon, Bengtson, and Peterson, 1972)이래 사회활동이 노년기의 정신건강에 영향을 준다는 연구 결과(Glass, Mendes De Leon, Gassuk and Berkman, 2006; Herzog, Ofstedal, and Wheeler, 2002; House, Landis, and Umberson, 1988)가 발표되어 왔음에도 불구하고 여전히 사회활동을 어떻게 구분할 것인가, 그리고 사회활동 참여 정도를 어떻게 측정할 것인가에 대해서는 합의된 기준이 제시되지 못하고 있다.

사회활동과 노년기 행복감의 관계를 분석하고 있는 한 연구에 의하면 사회활동이란 '일상적인 육체적, 개인적 생존을 위한 활동을 넘어선, 유형화되고 반복적인 활동'(Lemon, Bengtson and Petrson, 1972)을 의미한다. 이 연구는 사회활동을 관계의 친밀성(intimacy)과 활동 빈도(frequency)에 따라 비공식적 활동(informal activity), 공식적 활동(formal activity), 그리고 고립 활동(solitary activity)으로 구분하였는데, 비공식적 활동이란 친척, 친구, 이웃 등과의 일상적인 사회적 상호작용을 의미하며 공식적 활동에는 자발적 조직(voluntary association)에 참여하는 것을, 그리고 고립 활동이란 독서나 TV 시청과 같이 고립되어 하는 활동을 의미한다(Lemon, Bengtson, and Peterson, 1972). 또 다른 연구(Van Groenou & Deeg, 2010)의 경우 사회활동의 특징을 사람들 사이의 상호작용(interaction)으로 규정하여 상호작용의 방식이나 대상을 중심으로 구분하기도 한다. 이 연구에서는 사회활동을 공식적 사회활동과 비공식적 사회활동으로 구분한 후 전자를 자발적 결사체(voluntary association)

에 참여하는 것으로, 후자를 개인의 취미활동이나 여가활동에 참여하는 것으로 구분하였다. 사회활동을 소비적 활동의 하위 분야 중 타인과의 접촉활동으로 제한하고 접촉 방식에 따라 대면 접촉, 전화 접촉, 방문, 기타 사회활동으로 구분하기도 한다(Maier and Klumb, 2005: 32). 이 분류에 의하면 사회활동은 생산적 활동(productive activity)과 차이를 보이는데, 생산적 활동이 그 결과를 중시하는 활동이라면 사회적 활동은 그 과정이 목적인 활동이다.

선행 연구들을 종합해 보면 결국 사회활동은 타인과의 접촉을 통해 이루어지는 활동으로 생산적 활동이나 생물학적 재생산[1]을 위한 활동과 구분되는 활동으로 볼 수 있는데 이는 다시 특정한 목표를 갖고 있는 공식적 활동과 타인과의 접촉 그 자체가 목표인 비공식적 활동으로 구분할 수 있다. 공식적 사회활동은 몇 가지 하위 범주로 구분되기도 하는데, 공식 활동은 그 목표에 따라 다시 표현활동, 연고활동, 종교활동으로 구분된다(김영범, 이승훈, 2008). 표현활동은 자신의 관심을 표현하는 것이 그 목표인 활동으로 노년기의 취미 활동이나 여가 활동이 포함된다. 연고활동은 개인의 관심을 표현하는 활동이기는 하지만 지역이나 학교 등 특정한 자격에 기반 한다는 점에서 표현활동과 구분된다. 연고활동의 보기로는 종친회나 향우회, 동창회에 참여하는 것을 들 수 있다. 종교활동은 종교 기관에 참여하는 것을 말한다.[2] 비

---

1 식사나 배설, 휴식과 같은 활동이 포함된다.
2 이외에 도구적 사회활동이 존재하는데 이는 사회를 특정한 목적으로 변화시키기 위한 활동으로 자원봉사 활동이나 이익집단 활동 등이 포함된다. 본 연구에 활용된 자료는 도구적 사회활동 참여율이 매우 낮은 관계로 분석에서 제외하였다.

공식적 사회활동은 주로 그 대상이 누구인가에 따라 구분되는데, 가장 친밀성이 높은 관계인 가족과의 접촉과 가족 이외의 친구, 이웃과의 접촉으로 구분하는 것이 일반적이다. 이와 함께 비공식적 접촉의 경우 접촉 수단에 주목하여 전화나 편지 등을 통한 간접적 접촉과 방문을 통한 대면접촉으로 구분하여 조사하기도 한다(Lee and Kim, 2014).

2. 연구 과제

노인으로서의 삶이 길어짐에 따라 노년기의 삶이 동일한 것이 아니라 연령에 따라 상이한 모습을 보일 수 있다는 주장이 제기되고 있다(Neugarten, 1974; Smith, Borchelt, Maier and Jopp, 2002; Baltes and Smith, 2003). 전기 노인(young-old)과 후기 노인(old-old)의 구분이나 제 3연령기(the third age)와 제 4연령기(the fourth age)의 구분은 노년기의 삶도 연령집단에 따라 상이한 모습을 보인다는 점을 반영한 것이다. 노가튼(Neugarten, 1974)은 노인을 74세까지의 전기 노인과 75세 이후의 후기 노인으로 구분하여 양 집단의 차이에 주목한 바 있는데, 그는 빈곤하고, 신체적으로 열악한 노인이라는 관념은 전기 노인에 해당된다기보다는 주로 후기 노인에 해당되는 것이라고 주장한다. 그는 전기 노인은 후기 노인에 비해 유배우자 비율, 소득, 건강, 학력 등 다양한 측면에서 양호한 상태라는 점을 강조한 바 있다.

전기 노인의 경우 신체 기능과 인지 기능의 측면에서 장년층과 큰 차이가 없는 것으로 알려져 있다. 비록 만성질환이 증가하기는 하지만 그로 인해 삶의 다양한 활동이 크게 제약받는 것은 아니다. 사회 관계의 측면에서도 은퇴나 자녀와의 별거 등 변화가 나타나기는 하지만 사회관계가 급속도로 변화하는 것은 아니다(Smith, Borchelt, Maier and Jopp, 2002).

그러나 후기 노인의 경우 시력이나 청력 등 감각기관의 능력이 급속하게 약화되고 만성질환이 악화된다. 이러한 변화로 인해 장애가 나타날 가능성이 클 뿐만 아니라 인지 능력 역시 급속하게 하락하는데(Ferraro, 1980; Baltes, 1999; Smith, Borchelt, Maier and Jopp, 2002; Smith, 2000), 후기 노인이 되면 독립적인 일상 활동이 제약될 가능성이 크다. 다른 한편으로 배우자를 포함하여 가까운 지인이 사망함에 따라 사회관계 역시 다양한 변화를 경험하게 된다. 요약하자면 전기 노인은 여전히 바람직한 심리·사회적 특성을 유지하고 있는 반면 후기 노인은 노년기의 부정적인 특성이 부각된다.

본 연구는 노년기가 연령에 따라 다른 모습을 보인다는 점에 주목하여 사회활동의 영향 역시 전기 노인과 후기 노인에서 차이가 있는지 확인하고자 한다. 선행 연구의 경우 주로 사회활동이 정신건강에 대해 갖는 긍정적 영향에만 주목하여 분석을 실시하여 왔다. 본 연구는 사회활동 참여가 갖는 긍정적 영향과 더불어 부정적 측면도 함께 고려할 때 사회활동과 정신건강 사이의 관계를 적절하게 분석할 수 있다고 주장한다. 사회활동은 집 내 활동인가 아닌가, 그리고 친밀하지 않은 사람과 만남 가능성이 있는가, 아닌가를 중심으로 몇 가지로 구분해 볼 수 있다(<표 1> 참조). 사회활동은 그 종류에 따라 활동이 이루어지는 장소, 접촉 대상이 상이한데, 이로 인해 사회활동 참여에 따른 부담도 참여하는 사회활동 종류에 따라 상이하다.

〈표 1〉 사회활동의 특징에 따른 분류

외부인 접촉가능성＼이동가능성	높다	낮다
높다	공식적 사회활동	
낮다	친구만남/자녀접촉	전화접촉

첫째, 공식적 사회활동은 주로 집밖에서 이루어지기 때문에 활동 참여를 위해 특정 장소로 이동하여야 하며, 친숙하지 않은 사람들과 만남을 포함한다. 이 활동은 이동에 대한 부담도 크고 친숙하지 않은 사람을 접촉할 가능성도 높다. 이 활동은 제한적인 범위에서만 역할이 부여되고 지지를 얻는다는 점에서 정신 건강에 대한 긍정적인 기여가 크지 않을 가능성이 있다(Lemon, Bengtson and Petrson, 1972).

둘째, 비공식 활동 중 하나인 자녀전화는 소속감을 강화한다는 점에서 노인의 정신건강에 긍정적 기여를 할 가능성이 크다. 이와 함께 자녀와의 전화는 이동 부담이 없고 친숙한 관계 외 다른 사람을 접촉할 가능성도 낮다. 이 점에서 자녀전화는 우울을 완화하는데 유의미한 영향을 줄 가능성이 크다.

셋째, 자녀만남의 경우 정신건강에 긍정적 영향을 줄 뿐만 아니라 만남에 대한 부담도 크지 않다는 점에서 전화접촉과 유사하게 우울과 부적 관계를 보일 가능성이 크다. 다만 한국의 선행 연구(Lee and Kim, 2014)에 의하면 자녀와의 만남은 자녀에 대한 노인의 지원을 동반하는 경우가 많기 때문에 지원에 대한 부담으로 정신건강과 부정적 관계를 보인다는 연구 결과도 제시된 바 있다. 이 점을 고려하면 자녀만남의 긍정적 영향은 자녀에 대한 지원수준에 따라 차이를 보일 수 있다.

넷째, 친구와의 만남은 집으로의 방문과 집밖에서의 만남이 공존하며 익숙한 관계라는 특징을 갖는데, 이로 인해 이동의 부담은 중간정도이며 친숙하지 않은 사람과 접촉할 가능성은 낮다. 이 점에서 친구와의 만남은 이동에 따른 부담을 얼마나 크게 느끼는지에 따라 차이를 보일 가능성이 크다.

전기 노인의 경우 신체 및 인지 능력이 유지되기 때문에 사회활동 참여에 따른 부담이 크지 않을 가능성이 높다. 따라서 사회활동의 영향은 주로 개별 활동이 갖고 있는 긍정적 영향이 얼마나 큰가에 따라 차이를 보일 가능성이 크다. 후기 노인의 경우 참여하는 사회활동의 종류에 따라 그 부담이 상이하기기 때문에 개별 활동 참여시 얻을 수 있는 긍정적 영향과 더불어 사회활동 참여에 따른 부담에 따라 사회활동의 영향이 차이를 보일 가능성이 크다.

3. 연구 방법

본 연구에서 사용한 자료는 한국고용정보원에서 조사한 고령화연구패널(KLOSA) 4차 자료이다. 고령화연구패널은 2006년 1차 조사를 시작한 후 2008년 2차 조사, 2010년 3차 조사, 그리고 2012년 4차 조사를 실시하였다(남기성, 2013). 고령화연구패널은 1

차 조사 당시 45세 이상 국민을 모집단으로 설정하였고, 제주도 제외 전국의 일반 가구 거주자를 대상으로 조사를 실시하였다. 조사구는 도-시·읍면-아파트·일반주택으로 층화하여 2005년 전국 인구주택총조사의 조사구 중에서 선정하였으며, 조사구 내 표본은 무작위 표집을 통해 선정하였다(고용정보원, 2015). 1차 조사의 경우 표본 수는 10,245명 이었다. 4차 조사 자료의 표본은 7,374명 이지만 본 연구에서는 2012년 현재 65세 이상인 노인 중 무응답이나 자녀가 없는 등 해당 없는 사례를 제외하여 분석에 포함된 사례는 3,664명이다.

노년기를 하위 집단으로 구분하는 것과 관련해 어떤 기준을 사용할 것인가에 대해 합의된 기준이 있는 것은 아니다. 영양 상태의 개선, 의료 기술의 발전에 따라 노인 집단을 구분하는 나이 역시 변화하고 있다. 인구학적 기준을 활용하면 평균수명 이후의 연령층이 후기 노인 집단으로 구분되는데 선행 연구의 경우 75세 또는 80세 이상 집단을 후기 노인 집단으로 구분한다(Baltes and Smith, 2003). 한국의 2012년의 경우 평균수명이 81.4세라는 점(통계청, 2015)을 고려하여 본 연구에서는 65세에서 79세를 전기 노인으로, 80세 이상을 후기 노인으로 분류하였다.

본 연구에서는 CES-D 단축형(Center for Epidemiologic Studies Short Depression Scale)을 활용해 측정한 우울 자료를 종속변수로 활용하였다. 래들로프(Radloff, 1977)가 개발한 CES-D 척도는 20개 문항을 통해 우울감정(depressed affect), 긍정적 감정(positive affect), 신체·행동둔화(somatic and retarded activity), 그리고 대인관계(Interpersonal) 네 가지 요인을 측정한다(배성우·

신원식, 2005). 이 척도는 일반인을 대상으로 지난 일주일간 경험한 우울 증상을 네 단계로 구분하여 측정하는데, 척도 점수의 범위는 각 문항 당 3점 기준으로 0-60점이다. 본 연구에서는 단축형 10문항을 사용하여 총 0-30점의 범위를 갖게 되는데, 본 연구는 선행연구 (Andresen, Malmgren, Carter and Patrick, 1994)를 바탕으로 10점 이상은 우울군으로, 0-9점은 정상군으로 분류하여 더미(dummy) 변수로 변환한 후 분석에 활용하였다. 본 연구에서는 다변수 이항로짓 분석(multiple binary logit analysis)를 활용하여 자료를 분석하였다.

본 연구에서는 사회활동을 그 대상과 접촉방법에 따라 몇 가지로 구분하여 분석하였다. 우선 사회활동은 공식적 활동과 비공식적 활동으로 구분되는데, 전자는 자발적 조직의 참여를 통해 특정 목표를 달성하고자 하는 활동인 반면, 후자는 가족, 친구, 이웃과의 접촉 그 자체가 목적인 활동이다.

비공식적 사회활동은 접촉 대상과 방법으로 기준으로 구분하였는데, 자녀와 친구·이웃으로 대상을 나눈 후 자녀와의 접촉은 대면접촉과 전화접촉으로, 친구와의 접촉은 대면접촉으로 나누었다.

이외에 우울에 영향을 준다고 인정되는 인구·사회적 요인을 통제변수로 포함하였다. 분석에 포함된 주요 변수는 다음과 같다.

〈표 2〉 분석에 포함된 변수

구분	변수 이름		내용
종속 변수	우울 점수		· CES-D 단축형 · 더미변수(9점 이하=0)
독립 변수	건강	주관적 건강	· 5점 척도(1: 매우 나쁨 5: 매우 좋음)
		도구적 일생생활능력	· 불연속 변수(0: 1개라도 비독립)
		일상생활능력	· 불연속 변수(0: 1개라도 비독립)
		인지기능	· KMMSE 점수(연속 변수)
		만성질환 수	· 고혈압, 당뇨, 암, 만성폐질환, 간질환, 심장질환, 뇌 혈관질환, 관절염·류마티스 중 진단받은 질병 갯수
		비만도	· 0: 정상 1: 비정상(고도미만, 비만, 저체중)
		식사	· 식사횟수(0: 1일 3회 미만)
	인구사회 변수	성	· 더미변수(0: 여성)
		나이	· 연속변수
		배우자	· 더미변수(0: 배우자 무)
		지역	· 더미변수(0: 읍/면)
		학교	· 더미변수(0: 초등졸업이하)
		가구소득	· 더미변수(0:평균 이하)
		직업	· 더미변수(0: 없음)
		동거자녀 유무	· 더미변수(0: 없음)
	비공식 사회활동	자녀전화	· 연속변수(1: 전혀없음 10: 거의 매일) · 별거 자녀별 점수를 합산 후 평균
		자녀만남	· 연속변수(1: 전혀없음 10: 거의 매일) · 별거 자녀별 점수를 합산 후 평균
		친구만남	· 연속변수(1: 전혀 없음 10: 거의 매일)
	공식 사회활동	종교활동	· 연속변수(0: 활동 없음 10: 거의 매일)
		표현활동	· 연속변수(0: 활동 없음 10: 거의 매일)
		연고활동	· 연속변수(0: 활동 없음 10: 거의 매일)

* $p<.05$, ** $p<.01$, *** $p<.001$

III. 분석 결과

1. 기술적 분석

표본의 인구·사회적 특징을 연령 집단별로 나누어 살펴보면 <표 3>과 같다. 집단 사이의 차이를 살펴보기 위해 카이제곱검증(Chi² test)과 t-검증(t-test)을 실시한 결과, 대부분의 항목에서 전기 노인과 후기 노인이 유의미한 차이를 보이고 있음을 확인하였다. 성별 비율을 살펴보면 여성비율은 전기 노인 중 55.1%인 반면 후기 노인에서는 61.4%로 후기 노인에서 더 많은 것으로 나타난다. 이는 성별 평균수명의 차이 때문으로 이해할 수 있다. 이외에 후기 노인은 전기 노인에 비해 학력은 낮고, 배우자가 없는 경우도 많으며, 일상생활을 독립적으로 할 수 있는 비율도 낮다. 건강 관련 요인 역시 전기 노인에 비해 후기 노인이 더 열악한 상황임을 확인 할 수 있다. 우울 집단의 비율 역시 전기 노인은 22.22%인 반면 후기 노인은 35.01%로 유의미한 차이를 보인다.

〈표 3〉 표본의 일반적 특징: chi²-test와 t-test

		전기 노인 2,097(79.34)	후기 노인 757(20.66)	
우울	정상	2,261(77.78)	492(64.99)	***
	우울	646(22.22)	265(35.01)	
성	여성	1,601(55.07)	465(61.43)	**
	남성	1,306(44.93)	292(38.57)	
학력	초등이하	1,746(60.06)	609(80.45)	***
	중등이상	1,161(39.94)	148(19.55)	

		전기 노인	후기 노인	
		2,097(79.34)	757(20.66)	
배우자	무배우자	720(24.77)	432(57.07)	***
	유배우자	2,187(75.23)	325(42.93)	
일상생활능력	독립	2,789(95.94)	622(82.17)	***
	비독립	118(4.06)	135(17.83)	
도구적 일상생활능력				
	독립	2,577(88.65)	490(64.73)	***
	비독립	330(11.35)	267(35.27)	
비만도	정상	1,241(42.69)	392(51.78)	***
	비정상	1,666(57.31)	365(48.22)	
식사	3회 미만	127(4.37)	39(5.15)	
	3회	2,780(95.63)	718(94.85)	
가구소득	평균이하	1,880(64.67)	486(64.20)	
	평균초과	1,027(35.33)	271(35.80)	
경제활동	비참여	2,096(72.10)	697(92.07)	***
	참여	811(27.90)	60(7.93)	
자녀동거	비동거	1,879(73.34)	914(82.94)	***
	동거	683(26.66)	188(17.06)	
인지기능(MMSE)		23.09(6.91)	17.96(8.47)	***
만성질환 수		1,35(.02)	1.47(.04)	**
주관적 건강		2.76(.85)	2.42(.86)	***
공식적 사회활동	종교활동	1.63(3.20)	1.50(3.13)	
	연고활동	.58(1.69)	.22(1.08)	***
	표현활동	2.05(1.96)	1.58(2.08)	***
비공식적 사회활동	친구만남	7.73(2.48)	7.24(3.05)	***
	자녀전화	7.21(1.42)	6.77(1.53)	***
	자녀만남	5.19(1.48)	4.74(1.32)	***

* $p<.05$, ** $p<.01$, *** $p<.001$

공식적 사회활동의 경우 종교활동을 제외한 나머지 두 활동 모두 전기 노인이 더 자주 하는 것으로 나타났으며, 비공식 사회활동의 경우도 전기 노인이 더 자주 하는 것으로 나타났다.

〈표 4〉 주요변수와 우울증상의 관계: chi²-test와 t-test

(평균, (%, 표준편차))

		전기 노인		후기 노인	
		정상군	우울군	정상군	우울군
성	여성	1,19(74.58)	407(25.42) ***	287(61.72)	178(38.28) *
	남성	1,067(81.70)	239(18.30)	205(70.21)	87(29.79)
학력	초등이하	1,308(74.91)	438(25.09) ***	391(64.20)	218(35.80)
	중등이상	953(82.08)	208(17.92)	101(68.24)	47(31.76)
배우자	무배우자	496(68.89)	224(31.11) ***	271(62.73)	161(37.27)
	유배우자	1,765(80.70)	422(19.30)	221(68.00)	104(32.00)
가구소득	평균이하	1,445(76.86)	435(23.14)	301(61.93)	185(38.07) *
	평균초과	816(79.45)	211(20.55)	191(70.48)	80(29.52)
경제활동	비참여	1,556(74.24)	540(25.76) ***	442(63.41)	255(36.59)
	참여	705(86.93)	106(13.07)	50(83.33)	10(16.67)
자녀동거	비동거	1,678(79.41)	435(20.59) **	293(65.26)	156(34.74)
	동거	583(73.43)	211(26.57)	199(64.61)	109(35.39)
일상생활능력	독립	2,219(79.56)	570(20.44) ***	440(70.74)	182(29.26) ***
	비독립	42(35.59)	76(64.41)	52(38.52)	83(61.48)
도구적 일상생활능력					
	독립	2,091(81.14)	486(18.86) ***	366(74.69)	126(47.19) ***
	비독립	170(51.52)	160(48.48)	124(25.31)	141(52.81)
비만도	정상	943(75.99)	298(24.01) *	253(64.54)	139(35.46)
	비정상	1,318(79.11)	348(20.89)	239(65.48)	126(34.52)
식사	3회 미만	74(58.27)	53(41.73) ***	16(41.03)	23(58.97) **
	3회	2,187(78.67)	593(21.33)	476(66.30)	242(33.70)
인지기능(MMSE)		23.94(6.37)	20.11(7.85) ***	19.65(7.78)	14.83(8.85) ***
만성질환 수		1.25(1.07)	1.70(1.23) ***	1.31(1.04)	1.77(1.17) ***
주관적 건강		2.90(.79)	2.29(.87) ***	2.65(.79)	1.98(.82) ***
공식적 사회활동	종교활동	1.63(3.21)	1.62(3.17)	1.65(3.27)	1.21(2.83)
	연고활동	.65(1.78)	.34(1.31) ***	.26(1.18)	.13(.85)
	표현활동	2.21(1.94)	1.48(1.90) ***	1.76(2.10)	1.22(1.99) ***
비공식적 사회활동	친구만남	8.00(2.23)	6.78(3.02) ***	7.68(2.77)	6.45(3.38) ***
	자녀전화	7.32(1.35)	6.82(1.59) ***	6.96(1.37)	6.43(1.76) ***
	자녀만남	5.21(1.48)	5.13(1.49)	4.75(1.22)	4.75(1.50)

* p<.05, ** p<.01, *** p<.001

전기, 후기 노인을 대상으로 인구·사회적 요인에 따라 우울 수준에 차이가 있는지 살펴보기 위해 카이제곱검증(Chi^2 test)과 t-검증(t-test)을 실시한 결과는 <표 4>와 같다. 우선 전기 노인의 경우 대부분의 항목에서 우울 수준이 차이를 보였다. 우울군의 비율은 남성에 비해 여성에서 더 높게 나타났으며 중등학력 이상보다는 초등학력 이하에서 더 높게 나타났다. 건강관련 요인도 모두 열악한 집단에서 우울군의 비율이 더 높게 나타났다. 사회활동과 우울과의 관계를 살펴보면 정상군이 우울군에 비해 사회활동을 더 많이 하는 것으로 나타났지만 종교활동과 자녀만남의 경우는 유의미한 차이를 보이지 않았다.

후기 노인의 경우는 성과 가구소득, 배우자 유무 등에 따라 우울 수준에 차이가 있는 것으로 나타났다. 건강관련 요인 중 비만의 경우는 차이가 없는 것으로 나타나 전기 노인 집단과는 차이를 보이고 있다. 사회활동에 따른 차이를 살펴보면 공식적 사회활동의 경우 표현활동에서만 유의미한 차이를 보였고, 비공식적 사회활동의 경우는 친구만남과 자녀전화에서 정상군이 우울군에 비해 더 높은 활동 수준을 보여주고 있다.

연령 집단으로 나누어 인구·사회적 변수에 따라 우울 여부를 살펴본 바에 의하면 우울과 관련된 요인이 두 집단에서 차이를 보인다는 점을 확인할 수 있다. 위의 결과는 그러나 우울에 영향을 주는 다양한 요인을 통제하지 않은 결과라는 점에서 다변수 분석을 통해 다시 한 번 결과를 확인할 필요성이 있다고 판단된다.

2. 우울과 사회활동: 다변수 분석 결과

다변수 이항 로짓분석을 통해 우울에 영향을 주는 다양한 변수를 통제 한 후 사회활동 참여 수준이 우울에 영향을 주는지 분석하였다 (<표 5> 참조). 전체 표본에 대한 분석과 더불어 전기 노인과 후기 노인을 구분하여 각각을 대상으로 분석을 실시하였다. 우선 통제 변인의 영향을 살펴보면 다음과 같다.

첫째, 인구·사회적 요인과 우울과의 관련성을 살펴보면 전체 표본과 전기 노인 표본에서는 유배우자가 무배우자에 비해 우울 가능성이 낮은 것으로 나타난 반면, 후기 노인에서는 유의미한 관계를 보이지 않는다. 배우자 사별의 효과는 배우자가 사별한 후 기간이 지날수록 완화된다는 연구결과(Umberson, Wortman and Kessler, 1992)를 고려하면 아마도 후기 노인의 경우 사별 기간이 길기 때문으로 해석할 수 있다.

본 연구에서는 성에 따른 차이가 유의미한 것으로 나타나지 않는다. 우울은 주로 여성에게 나타나는 정신질환으로 알려져 있다. 그러나 상이한 결과를 보이는 연구도 제시되고 있는데, 노년기를 75세 기준으로 구분한 연구(임경춘·김선호, 2012)의 경우 성과 우울의 관계가 75세 미만 집단에서만 확인된 바 있다. 이와 함께 우울에 성별 차이가 없다는 연구 결과도 제시되고 있다(배지연·김원형·윤경아, 2005; Demura and Sato, 2003). 본 연구의 결과는 성별 차이가 없다는 쪽을 지지하고 있는데, 성에 따른 영향은 추가적인 연구가 필요하다고 판단된다. 이외에 경제활동은 전기 노인 집단에서만, 그리고 가구소득은 후기 노인 집단에서만 우울과 유의미한 관련성을 보이고 있다.

둘째, 건강관련 변수의 경우 인지기능, 주관적 건강, 만성질환 수는 모든 분석에서 우울과 유의미한 관계를 보이고 있다. 즉 인지기능과 주관적 건강상태가 좋을수록, 그리고 만성질환 수가 적을수록 우울 가능성은 낮아진다. 이러한 결과는 선행 연구들에서도 확인되는 결과이다(배지연·김원형·윤경아, 2005; Stek, Gussekloo, Beekman, Tilburg, Westendorp, 2004). 식사 빈도의 경우 전체표본과 전기 노인에서는 유의미한 차이가 있는 것으로 나타난 반면, 후기 노인의 경우는 유의미한 차이가 없는 것으로 나타났다. 일본 노인을 대상으로 한 선행연구(Demura and Sato, 2003)의 경우 후기 남성 노인에서만 유의미한 관계를 보이는 것으로 나타난 바 있으며, 한국 노인에 대한 연구(이지원·김성애, 2011)에서도 남성의 경우에만 관련성이 있는 것으로 나타난 바 있다. 선행 연구로 유추해 볼 때 식사와 우울과의 관계는 성별로 다른 모습을 보이는 것으로 추측된다. 본 연구에서 후기 노인에서 관련성이 유의미하지 않은 것은 남성보다는 여성이 두 배 가까이 많기 때문으로 해석할 수 있다.

〈표 5〉 우울에 대한 다변수 이항 로짓 분석: 전기 노인과 후기 노인의 구분

		전체 표본	전기 노인	후기 노인
성				
	남성	-.11(.11)	-.16(.12)	-.30(.25)
학력				
	중등이상	.04(.10)	-.05(.12)	.46(.26)
나이		-.01(.01)	.01(.01)	-.03(.03)

		전체 표본	전기 노인	후기 노인
배우자				
	유배우자	-.36(.10) ***	-.50(.12) ***	-.03(.24)
거주지역				
	동지역	-.03(.10)	-.08(.12)	.02(.20)
가구소득				
	평균초과	-.06(.11)	.11(.13)	-.47(.23) *
경제활동				
	참여	-.37(.12) **	-.34(.13) **	-.51(.40)
자녀동거				
	동거	.03(.11)	.06(.13)	-.03(.23)
일상생활능력				
	비독립	.01(.19)	.18(.27)	.03(.30)
도구적 일상생활능력				
	비독립	.59(1.3) ***	.66(.17) ***	.59(.23) **
비만도				
	비정상	-.13(.09)	-.12(.10)	-.18(.18)
인지기능(MMSE)		-.03(.06) ***	-.03(.01) ***	-.04(.01) **
만성질환 수		.10(.04) **	.07(.05)	.18(.08) *
주관적 건강		-.64(.06) ***	-.60(.07) ***	-.67(.13) ***
식사				
	3회	-.61(.19) **	-.66(.21) **	-.45(.39)
공식적 사회활동	종교활동	.01(.01)	.02(.02)	-.06(.03)
	연고활동	.01(.03)	.02(.04)	.02(.09)
	표현활동	-.03(.02)	-.04(.03)	.01(.05)
비공식적 사회활동	친구만남	-.08(.02) ***	-.11(.02) ***	-.02(.03)
	자녀전화	-.24(.04) ***	-.23(.04) ***	-.28(.07) ***
	자녀만남	.12(.04) **	.13(.04) **	.12(.08)
연령집단				
	후기 노인	-.05(1.65)		
		N=3,664, Chi²=704.42***	N=2,907, Chi²=509.88***	N=757, Chi²=180.13***

* p<.05, ** p<.01, *** p<.001

본 연구의 주요 관심사인 사회활동 참여의 영향을 살펴보면 다음과 같다. 첫째, 공식적 사회활동의 경우 종교활동, 연고활동, 표현활동 모두 우울과 유의미한 관계를 보이지 않고 있다. 이러한 결과는 후기 노인뿐만 아니라 전기 노인에서도 확인되었다. 공식적 사회활동과 우울과의 관계에 대한 국내 연구를 살펴보면 종교활동은 우울과 관련이 없다는 결과(강성봉·조성숙, 2013; 윤현숙·원성원, 2010)가 제시된 바 있으며, 본 연구의 표현활동과 유사한 범주인 단체활동 역시 우울과 유의미한 관련성을 보이지 않는다는 연구(이윤정, 2014)도 제시된 바 있다.

전기 노인에서 관계가 유의미하지 않은 것으로 나타난 것은 공식적 사회활동의 경우 참여에 따른 긍정적 효과가 크지 않다는 점 때문으로 이해할 수 있을 것이다. 우울은 자아효능감과 관련이 있는데, 자아효능감은 다양한 역할에 대한 지지를 통해 강화된다(Fiori, Mcilvane, Brown, Antonucci, 2006). 공식적 사회활동의 경우 사회활동 참여자 사이의 친밀성이 떨어지기 때문에 참여 활동 내 역할에 국한되어 상호작용이 발생한다. 제한된 상호작용으로 인해 공식적 활동 참여를 통해서는 노인이 갖는 다양한 역할에 대한 지지(support)를 얻기 어려운데, 이로 인해 공식적 사회활동 참여와 우울은 유의미한 관계를 나타나지 않은 것으로 보인다.[3] 즉 전기 노인의 경우 공식적 사회활동 참여

---

3 종교활동의 경우는 다른 측면에서도 설명될 수 있는데, 지원기관으로서의 역할이 그것이다. 종교활동이 우울을 낮추어준다는 서구의 연구(Taylor and Chatters, 1988)는 종교기관이 일종의 지원은행(support bank)기능을 담당하기 때문으로 해석하는데, 종교활동에 더 많이 참여할수록 지원도 많아지고 이로 인해 우울수준도 낮아진다는 것이다. 한국의 경우 종교기관이 비공식적 지원 기관으로서 역

에 따른 신체적, 정신적 부담은 적지만 참여에 따른 긍정적 영향 역시 크지 않기 때문에 사회활동 참여가 우울과 유의미한 관계를 보이지 않는 것으로 해석할 수 있다.

둘째, 비공식적 사회활동 중 자녀전화의 경우 전기 노인과 후기 노인 모두에서 우울과 부적 관계를 보이고 있는데, 이는 자녀와의 전화 접촉 빈도가 높을수록 우울의 가능성이 낮아짐을 의미한다. 자녀와의 전화는 노인들의 외로움이나 고립감을 완화시킨다는 점에서 우울 수준을 낮추는데 기여할 수 있다. 이와 함께 자녀전화는 다른 사회활동 참여에 비해 참여에 따른 신체적, 정신적 부담이 가장 낮은 활동이라는 특징도 갖는다. 즉 자녀전화는 정신건강에 긍정적 기여를 할 뿐 아니라 활동에 따른 부담도 크지 않기 때문에 전기 노인뿐만 아니라 후기 노인 집단에서도 우울과 유의미한 관계를 보이는 것으로 해석할 수 있다.

셋째, 비공식적 사회활동의 또 다른 요소인 자녀만남의 경우 전기 노인에서는 우울과 정적 관계를 보이는 반면, 후기 노인에서는 유의미한 관계를 보이지 않는다. 한국에서 노인과 자녀의 만남은 자녀의 일상생활에 대한 노인의 지원을 동반하는 경우가 많다. 일예로 손자녀 돌보기, 청소 혹은 식사준비는 노부모가 자녀에게 제공하는 대표적인 지원 항목이다. 이러한 지원은 노인의 자원과 체력을 소모시키는 것이라는 점에서 노인의 정신건강에 부정적 영향을 줄 가능성이 크다. 전기 노인의 경우 자녀에 대한 지원이 집중되는 시기인데 이

할이 적기 때문에 우울과의 관련성이 유의미하지 않은 것으로 해석할 수도 있다.

로 인해 자녀만남이 갖는 부정적 영향이 긍정적 영향보다 크기 때문에 자녀만남이 우울을 증가시키는 것으로 보인다. 이와는 달리 후기 노인의 경우 자녀가 부모에게 도구적 지원을 많이 요구하는 것은 아니지만 자녀만남을 위해 약화된 신체적, 정신적 능력을 사용해야 한다는 부담감 역시 존재한다. 후기 노인의 경우 자녀만남이 갖는 긍정적 영향을 신체적, 정신적 부담이 상쇄한 결과 유의미한 관계를 보이지 않는 것으로 해석할 수 있다.

넷째, 친구와의 만남은 역시 전기 노인에서만 우울과 부적 관계를 보이는 반면 후기 노인에서는 유의한 결과를 보이지 않고 있다. 친구만남은 노년기 우울을 낮추는데 긍정적 기여를 하는 것으로 알려져 있다. 그럼에도 불구하고 노년기에 따라 그 영향이 차이를 보이는 것은 전기 노인과 후기 노인의 신체적, 인지적 능력의 차이를 통해 이해될 수 있다. 전기 노인의 경우 비교적 건강한 상태라는 점에서 친구만남을 위해 외부활동을 하는 것이 큰 부담이 되지 않는다. 따라서 친구만남의 긍정적 효과가 부정적 영향보다 클 가능성이 높다. 반면 신체적, 정신적 능력의 하락한 후기 노인의 경우 모임 장소로의 이동과 집 밖에서의 신체 활동이 신체적, 정신적으로 부담이 가는 것일 가능성이 크다. 즉 친구만남이 주는 긍정적 효과가 외부 활동의 어려움에 따른 부정적 효과로 상쇄되어 후기 노인 집단의 경우는 친구만남과 우울 가능성이 유의미한 관계를 보이지 않는다.

Ⅳ. 요약 및 함의

사회활동이 노년기의 삶에 있어서도 중요하다는 연구 결과가 다수 제시되었음에도 불구하고 기존 연구는 대체로 사회활동의 긍정적 영향에만 주목할 뿐 사회활동 참여가 갖는 부담은 고려하지 않는 것처럼 보인다. 사회활동은 그 종류에 따라 이동 필요성이 차이를 보일 뿐만 아니라 낯선 외부 사람과의 접촉 가능성에도 차이를 보인다. 사회활동 참여와 정신 건강과의 관계를 분석하기 위해서는 사회활동 참여로 인해 얻는 긍정적 효과와 더불어 참여에 따른 부담을 함께 고려하는 것이 필요하다. 다양한 사회활동의 차이로 인해 노년기 사회활동이 갖는 효과 역시 노인의 신체적, 정신적 부담에 따라 상이할 가능성이 크다.

본 연구의 분석 결과에 의하면 노인집단 중 상대적으로 건강상태가 양호한 전기 노인의 경우 공식적 사회활동은 우울과 유의미한 관계를 보이지 않는 것으로 나타났으며, 자녀전화, 친구만남은 부적 관계를, 자녀만남은 정적 관계를 보이는 것으로 나타났다. 우울과 관련성이 없는 것으로 나타난 공식적 사회활동이나 자녀만남의 경우 역할의 제한이나 돌봄에 대한 부담으로 인해 사회활동 참여의 긍정적 영향이 크지 않은 것들이다. 이러한 결과를 통해 신체적, 정신적으로 건강상태가 양호한 전기 노인의 경우 사회활동에 따른 부담보다는 활동이 주는 긍정적 영향이 우울과의 관계를 결정하는데 중요한 요인이라는 점을 확인하였다.

반면 후기노인의 경우 전화접촉 외에는 모두 우울과 유의미한 관계를 보이지 않는데, 이는 다른 활동들이 대체로 활동 참여에 따른 부담이 크기 때문으로 이해할 수 있다. 즉 집밖 외부로의 이동이나 모임에서 만나는 친숙하지 않은 사람 등은 후기 노인에게 신체적 정신적 부담이 되기 때문에 사회활동 참여의 긍정적 효과가 상쇄되어 우울과 유의미한 관계를 보이지 않는다.

본 연구의 결과를 종합해 보면 사회활동 참여와 우울과의 관계에 있어서 신체상태가 비교적 건강한 전기 노인의 경우 참여에 따른 긍정적 영향이 중요한 반면, 신체상태가 열악한 후기 노인의 경우는 참여에 따른 긍정적 영향과 더불어 참여에 따른 부담도 중요하다는 점을 보여주고 있다.

이러한 결과는 노인 연구에 있어 다음과 같은 함의를 제시하고 있다. 본 연구의 결과는 노인의 삶을 적절하게 이해하기 위해서는 다양한 측면에서 상이한 자원을 보유한 노인 집단을 구분하여 분석하는 것이 필요하다는 점을 보여주고 있다. 다양한 집단으로 노년기를 구분해서 분석해야 하는 것은 무엇보다도 성, 나이, 계층에 따라 상이한 건강상태, 인지기능, 물리적 자원을 소유하고 있을 가능성이 크기 때문이다. 이러한 차이로 인해 특정 집단에서 유의미한 변수가 다른 집단에서는 유의미한 영향을 보이지 않거나 또는 부정적인 영향을 줄 가능성도 있다. 한 예로 사회활동이나 관계가 긍정적 영향을 주는 것임에도 불구하고 후기 노인처럼 자원을 많지 않은 집단은 자원의 고갈에 따른 부담이 참여에 따른 긍정적 영향보다 클 가능성도 존재한다.

다른 한편으로 한국 노인의 경우 공식적 사회활동 보다는 비공식적 사회활동의 영향이 더 크다는 점에서 서구의 연구결과와는 다른 모습을 보이고 있다. 한국 노인의 사회활동이 영향이 서구 노인의 그것과 다르다는 점은 몇몇 연구를 통해서도 확인된 바 있는데(강성숙, 조성봉. 2013, 김영범·이승훈, 2008), 서구의 경우 배우자, 자녀와의 관계 외에 다양한 사회관계가 노년기 삶에 영향을 주는 반면, 한국의 경우는 주로 자녀와의 관계만이 중요한 영향요인으로 나타나고 있다. 이와 관련해 향후 한국 노인집단이 서구 노인과 유사하게 가족 외에 다양한 사회관계의 중요성이 더 커질지도 주목해야할 연구 주제로 판단된다. 여성의 경제활동 증가나 독거노인의 증가 등으로 인해 자녀의 부모 돌봄 능력이 약화되고 있는 현실을 고려해 보면 상대적으로 교육이나 경제상황이 현재 노인에 비해 양호한 베이비 붐 세대의 경우 전통적인 가족 중심의 사회관계에서 벗어나 더 넓은 사회관계에 영향을 받을지 주목할 필요성이 있다.

본 연구가 갖는 몇 가지 한계는 다음과 같다. 우선 자원봉사나 이익단체 참여와 같은 도구활동에 대한 분석을 포함하지 못한 한계를 갖는다. 본 연구에서 이를 포함하지 못한 이유는 후기 노인의 경우 도구활동 참여수준이 매우 저조하여 유의미한 분석을 할 수 없었기 때문이다. 다른 한편으로 본 연구는 횡단면 자료를 사용했다는 점에서 인과관계를 명확하게 구분하기 어렵다는 한계를 갖는다. 본 연구는 사회활동의 참여가 우울 수준에 영향을 줄 것으로 가정하였지만 우울 수준에 따라 사회활동 참여에 차이를 보일 가능성도 배제할 수 없다. 횡단면 자료가 갖는 이러한 한계를 고려하면 차후에 시간에 따른 선후를 구별할 수 있는 시계열·횡단면 자료를 축적하여 분석하는 것이 필요하다.

참고문헌

강성숙, 조성봉. 2013. "노인의 종교활동과 신앙태도가 우울 및 자아통합감에 미치는 영향." ≪한국콘텐츠학회논문지≫ 13(10): 325-346.

김동배·손의성. 2005. "한국 노인의 우울증상 관련 변인에 대한 메타분석." ≪한국노년학≫ 25(4): 167-187.

김수현. 2013. "노인의 자원봉사 참여가 신체적 건강, 우울, 사회적 지지 및 삶의 의미에 미치는 영향." ≪한국노년학≫ 33(1): 53-66.

김영범·이승훈. 2008. "한국 노인의 사회활동과 주관적 안녕감: 서울 및 춘천 노인을 대상으로." ≪한국노년학≫ 28(1): 1-18.

김영범. 2013. "노년기 우울증상에 영향을 미치는 요인-자녀와의 지원교환을 중심으로." ≪지역사회학≫ 15(1):223-244.

남기성. 2013. "고령화연구패널의 조사 개요 및 주요 결과." ≪한림고령사회연구≫ 1(1): 25-48.

배성우·신원식, 2005. "CES-D 척도(The Center for Epidemiologic Studies-Depression Scale)의 요인구조 분석: 확인적 요인분석 방법의 적용." ≪보건과 사회과학≫ 18: 165-190.

배지연·김원형·윤경아. 2005. "노인의 우울증상 및 자살생각에 있어서 사회적 지지의 완충효과." ≪한국노년학≫ 25(3): 59-73.

보건복지부·질병관리본부. 2014. 『2013 국민건강통계』. 보건복지부.

윤현숙·원성원. 2010. "노인의 여성과 종교활동이 생활만족도와 우울에 미치는 영향." ≪한국노년학≫ 30(4): 1077-1093.

이민아. 2010. "결혼상태에 따른 노인의 우울도와 성차." ≪한국사회학≫ 44(4): 176-204.

이윤정. 2014. "조손가정 내 조부모의 여가활동이 우울에 미치는 영향." ≪한국노년학≫ 34(2): 299-313.

이지원·김성애. 2011. "우울군과 정상군 성인의 식습관 및 식태도의 비교 : 국민건강영양조사 제4기 2차년도(2008) 자료 중심." ≪대한지역사회영양학회지≫ 16(5) : 548~558.

임경춘·김선호. 2012. "노인의 연령별 우울정도와 영향요인: 전기 노인과 후기 노인의 비교." ≪정신건강간호학회지≫ 21(1): 1-10.

통계청. 2013. 『고령자통계-2013』. 통계청.

통계청, 2015. "평균수명과 기대여명." e-나라지표. http://www.index.go.kr.

한국고용정보원, 2015. "고령화연구패널조사 조사설계."http://survey.keis.or.kr.

Arling, G. 1976. "The Elderly Widow and Her Family, Neighbors and Friends." *Journal of Marriage and the Family* 38(4): 757-768.

Andresen E. M., Malmgren J. A., Carter W. B. and Patrick D. L., 1994. "Screening for

Depression in Well Older Adults: Evaluation of a Short Form of the CES-D (Center for Epidemiologic Studies Depression Scale)." *American Journal of Preventive Medicine* 10(2): 77-84.

Baltes, P. B. 1997. "On the Incomplete Architecture of Human Ontogeny: Selection, Optimization, and Compensation as Foundation of Developmental Theory." *American Psychologist* 52: 366-380.

Baltes, P. B. 1999. "Multilevel and Systemaic Analysis of Old Age: Theoretical and Empirical Evidence for a Fourth Age."Bengtson, V. L. and Schaie, K. W.(ed.). *Handbook of Theories of Aging.* Springer, Publishing Company: 153-173.

Baltes, P.B. and Smith, J. 2003. "New Frontiers in the Future of Aging: From Successful Aging of the Young Old to the Dilemmas of the Fourth Age." *Gerontology* 49:123 - 135.

Bonelli, R., Dew, R. E., Koenig,H, G., Rosmarin, D. H. and Vasegh, S. 2012. "Religious and Spiritual Factors in Depression: Review and Integration of the Research." *Depression Research and Treatment(open access journal)* Article ID 962860.

Demura, S. and Sato, S. 2003. "Relationships between Depression, Lifestyle and Quality of Life in the Community Dwelling Elderly: A Comparison between Gender and Age group." *Journal of Physiological Anthropology and Applied Human Science* 22(3):159-66.

Ferraro, K. F. 1980. "Self-Ratings of Health among the Old and the Old-Old." *Journal of Health and Social Behavior* 21(4): 377-383.

Fiori, K. L., McIlvane, J. M., Brown, E. E. and Antonucci, T. 2006. "Social Relations and Depressive Symptomatology: Self-Efficacy as a Mediator." *Aging & Mental Health,* 10(3): 227-239.

Glass, T. A., Mendes De Leon, C. F., Bassuk S. S., and Berkman, L. F. 2006. "Social Engagement and Depressive symptoms in Later Life: Longitudinal Findings." *Journal of Aging and Health* 18(4): 604-628.

Herzog, A. R., Ofstedal, M. B., and Wheeler, L.M. 2002. "Social Engagement and Its Relationship to Health." *Clinics in Geriatric medicine* 18, 593-609.

Hopcroft, R. L. and Bradley, D. B. 2007. "The Sex Difference in Depression Across 29 Countries." *Social Forces,* 85(4): 1483-1507.

House, J. S., Landis, K. R. and Umberson, D. 1988. "Social Relationships and Health." *Science* 29(july): 540-545.

Lee, G. R. and Willetts, M. C. and Seccombe, K. 1998. "Widowhood and Depression." *Research on Aging* 20: 611-630.

Lee Seung Hee & Kim Young Bum. 2014. "Which Tpe of Social Activities Decrease

Depression in the Elderly? An Analysis of a Population-based Study in South Korea." *Iranian Journal of Public Health* 43(7), 903-912.

Lemon, W. B., Bengtson, V. L. & Peterson, J. A. 1972. "An exploration of the Activity Theory of Aging: Activity Types and Life Satisfaction among In-Movers to a Retirement Community." *Journal of Gerontology* 27(4): 511-523.

Maier, H. and Klumb, P. L., 2005. "Social Participation and Survival at Older Ages: Is the Effect Driven by Activity Content or Context?" *European Journal of Ageing* 2: 31-39.

Mirowsky, J. and Ross. C. E. 2001. "Age and the Effect of Economic Hardship on Depression." *Journal of Health and Social Behavior* 42(2): 132-150.

Musick, M. A., Koenig, H.G., Hays, J. C. and Cohen, H. J. 1998. "Religious Activity and Depression Among Community-Dwelling Elderly Persons With Cancer: The Moderating Effects of Race." *Journal of Gerontology B: Social Science* 53B(4): S218-S227.

Musick, M. A. and Wilson, J. 2003. "Volunteering and Depression: the Role of Psychological and Social Resources in Different Age Groups." *Social Science and Medicine* 56: 259-269.

Neugarten, B. L. 1974. "Age Group in American Society and the Rrise of the Young-old." *Annals of the American Academy of Political and Social Science* 415(september): 187-198.

Robert, R., Kaplan, G. A., Shema, S. J. and Strawbridge, W. J. 1997. "Prevalence and Correlates of Depression in an Aging Cohort: The Alameda Country Study." *Journal of Gerontology* 52B(5): S252-S258.

Schieman, S. and Plicker, G. 2007. "Functional Limitations and Changes in levels of Depression Among Older Adults: A Multi-Hierarchy Stratification Perspective." *Journal of Gerontology B: Social Sciences* 62B(1): S36-S42.

Smith, J. 2000. "The fourth Age: A Period of Psychological Mortality?" Max Planck Forum (4): 75-88. http://www.demogr.mpg.de/Papers/workshops.

Smith , J., Borchelt, M., Maier, H. & Jopp, D. 2002. "Health and Wellbeing in the Young Old and Oldest Old." *Journal of Social Issues* 58: 715 - 732.

Smith, K. P. and Christakis, N. A., 2008. "Social Networks and Health." *Annual Reviews of Sociology* 34: 405-429.

Stek, M. L., Gussekloo, J., Beekman, A. T. F., Tilburg, W. van, Westendorp, R. G. J. 2004. "revalence, Correlates and Recognition of Depression in the Oldest Old: the Leiden 85-Plus Study." *Journal of Affective Disorder* 79: 193-200.

Taylor, R. J., & Chatters, L. M. 1988. "Church Members as a Source of Informal

Social Support." *Review of Religious Research* 30: 193-203.

Umberson, D., Wortman, C. B., Kessler, R. C., 1992. "Widowhood and Depression: Explaining Long-Term Gender Differences in Vulnerability." *Journal of Health and Social Behavior* 33(1): 10-24.

Umberson, D. and Montez, J. K. 2010. "Social Relationships and Health: A Flash Point for Health Policy." *Journal of Health and Social behavior* 51(S): S54-S66.

Van Groenou, M. B. and Deeg, D, J. H. 2010. "Formal and Informal Social Participation of 'Young-old'in The Netherlands in 1992 and 2002." *Ageing and Society* 30: 445-465.

제6장

배우자 사별 노인의
복잡성비애 위험요인[*]

남일성(성공회대학교)

●●●●

Ⅰ. 서론

배우자 사별은 노년기에 겪을 수 있는 가장 큰 스트레스 유발 요인 중 하나로 알려져 있어(Holmes & Rahe, 1967), 우울증 등의 노년기 정신건강에 영향을 미치는 요인으로 연구 대상이 되어 왔다(Hensley, 2006). 하지만, 최근 연구는 사랑하는 이의 죽음 후 겪을 수 있는 심리 장애 중 하나로 우울증 등과는 구별되는 복잡성비애(Complicated Grief, CG)의 중요성을 강조한다(Prigerson et al., 2009; Shear et al., 2011).

복잡성비애는 우리나라에는 아직 잘 알려지지 않은 생소한 개념인데, 주요 특징은 1) 죽음을 믿지 못함; 2) 반복적인 분노, 3) 고인에

---

[*] 이 원고는 남일성.(2015). 배우자 사별 노인의 복잡성비애 위험요인. 한국노년학, 35(1), 35-50. 에 실린 논문을 재수록한 것임.

대한 극심한 그리움과 갈망, 4) 고인에 관한 생각에 사로잡혀 있음, 5) 고인에 관한 생각이나 유품을 극도로 피함 등이다(Prigerson et al., 1995). 복잡성비애 유병률은 일반 지역사회 표본에서는 약 5%, 우울증 환자 등의 임상표본에서는 약 20% 가량으로 보고되고 있다. 복잡성비애를 가진 사람들이 자살 생각을 더 많이 하고, 사별 경험 후 직장 생활과 사회 관계에 적응하지 못하는 등 사별 후 삶에 심각한 영향을 미치는 것으로 보고되고 있다(Prigerson et al., 2009; Shear et al., 2011).

우리나라에는 복잡성비애의 개념이 소개된 바 있고(장현아, 2008), 한국인의 사별 반응의 구조적 양상(정형수 외, 2014) 등에 관해 연구된 바 있으나 아직 연구의 측면에서는 초기 단계라 볼 수 있다. 하지만 배우자 사별은 어느 문화, 어느 나라에서나 겪을 수 있는 일이므로, 우리나라에서도 복잡성비애로 고통 받고 있는 이들이 적지 않을 것이라고 생각할 수 있다. 따라서 향후 연구와 적절한 한국형 복잡성비애 개입모형의 개발을 위해서 한국인들의 복잡성비애에 영향을 미치는 위험요인들을 파악하는 일이 시급하다고 볼 수 있다.

본 연구는 우리나라에서는 처음으로 대규모로 수집된 복잡성비애 자료의 분석을 통해 위험요인을 파악하여 향후 연구와 개입방법의 개발에 기초자료를 제공하고자 한다.

II. 선행연구 고찰

1. 복잡성비애의 개념

1) 용어

복잡성비애는 1990년대 이전까지 pathologic grief, unresolved grief 등의 이름으로 학계에서 불리다가 1995년 Prigerson과 동료들이 복잡성비애 척도(Inventory of Complicated Grief, ICG)를 개발하여 제안하면서 Complicated grief[1]이라는 용어로 통일되어 쓰이기 시작하였다(Prigerson et al., 1995). 이후 학계의 논의를 통해 트라우마성 비애(Traumatic Grief; Prigerson et al., 1997), 연장된 비애 장애(Prolonged Grief Disorder; Prigerson et al., 2009)의 용어도 제안되었고, 최근에는 DSM-V에 지속적복합사별장애(Persistent Complex Bereavement Disorder; APA, 2013)라는 진단명이, 추가 연구가 필요하다는 조건을 달고 수록되었다. 현재 학계에서는 복

---

1 CG는 복합비애라는 이름으로 우리나라에 소개된 바 있다(장현아, 2009, 정형수 외, 2014). 하지만, CG에서 'complicated'는 여러 증상이 한데 합쳐져 있다는 '복합'의 의미보다는, 여러 가지가 복잡하게 얽혀 이해하기 어렵다는 의미에 더욱 가까우므로 '복잡'이 원어의 의미에 더 가깝다고 생각된다. 이와 궤를 같이 하며, 비교적 CG연구를 일찍 시작한 일본 학계에서도 CG를 '복잡성 비탄'(複雜性 悲嘆)으로 번안하여 학술 용어로 사용하고 있는 점, 그리고 한국에서의 CG연구가 거의 진행되지 않아 현재로서는 외국의 연구결과를 이용해야 한다는 점 등을 감안하면, 현재로서는 원어의 의미에 가까운 '복잡'이라는 용어를 사용하는 것이 더 적절하다고 판단된다. 따라서 '복잡'의 성격을 지니고 있는 사별 후 심리적 상태라는 의미로, CG를 우리말로 복잡성비애라고 부르는 것을 제안한다. 또한 grief은 우리말로 애도로 번역하여 부르기도 하는데, 우리말에서 애도는 본인의 상실에 대한 심리적 반응보다는 타인의 상실에 대한 위로의 느낌이 더 강하다고 판단하여, 애도보다는 비애라는 용어를 사용할 것을 제안한다. 다만, 한국에서의 CG연구는 아직 초기단계이므로 용어에 관한 학술적 논의는 더 진전될 필요가 있다.

잡성비애, 트라우마성 비애, 연장된 비애 장애 등의 용어가 섞여 쓰이고 있다.

2) 복잡성비애 증상

복잡성비애의 주요증상은 아래와 같다(Prigerson et al., 1995).
- 고인과 관련된 물건이나 장소에 마음이 쓰임
- 고인의 죽음 이후 많은 시간 외로움을 느낌
- 고인에 관한 생각에 사로잡혀 평소에 하던 일을 못 함
- 고인의 죽음을 받아들일 수 없음
- 고인의 죽음에 대해 화가 나는 것을 참을 수가 없음
- 고인의 죽음 이후에 사람들을 믿기 힘듦
- 고인이 생각나는 것을 피하기 위해 노력 함
- 고인의 목소리가 들림
- 고인이 내 앞에 서있는 것을 봄

3) 복잡성비애 하위 요인

복잡성비애가 하나의 요인으로 이루어져 있는지 여러 하위요인으로 구성되어 있는지에 관해서는 아직 논란이 있다. 몇몇 연구는, 복잡성비애는 1요인 구조여서 연구에 쓰인 문항들이 모두 복잡성비애라는 하나의 개념 아래 해석된다고 보고했다(Boelen & Hoijtink, 2009; Newson et al., 2011; Prigerson et al., 1995). Prigerson은 ICG를 개발하면서 97명의 사별한 미국 노인들을 대상으로 한 연구에서 ICG의 19문항 모두 첫 번째 요인에 의해 설명되고 설명력이 99%로 크다고 밝혔다.

반면, 또 다른 군의 연구는 복잡성비애의 개념이 여러 요인들로 설명된다고 보고했다(Holland & Neimeyer, 2011; Simon et al., 2010). Holland와 Neimeyer는 947명의 사별을 경험한 미국 대학생들로부터 수집한 복잡성비애 문항들이 분리 고통과 트라우마성 고통 2요인 구조로 나뉜다고 보고했다. 분리 고통은 "고인과 관련된 물건이나 장소에 마음이 쓰임"과 "고인의 죽음 이후 많은 시간 외로움을 느낌"과 같은 문항들로 구성되었으며, 트라우마성 고통은 "고인의 죽음 이후에 사람들을 믿기 힘듦"과 "고인이 생각나는 것을 피하기 위해 노력함"과 같은 문항들로 구성되는 것으로 나타났다. 또한 이렇게 구별된 하위 개념들은 각각 서로 다른 변인들과 관계가 있는 것으로 나타났다. 이를 테면, 분리 고통은 고인과의 관계와 관련이 있고, 트라우마성 고통은 죽음의 종류와 관계가 있다고 보고했다. 배우자 등 가까운 관계에 있는 사람의 죽음을 경험한 사람은 다소 먼 관계에 있는 사람의 죽음을 경험한 것보다 분리 고통의 수준이 높았고, 자살 혹은 사고사 등의 트라우마성 죽음으로 인한 사별을 경험한 사람들이 자연사로 인한 사별을 경험한 사람들에 비해 트라우마성 고통의 수준이 높은 것으로 보고되었다.[2]

---

2 본 연구에 사용되는 한국 노인 자료의 계량심리학 분석 결과에 의하면, ICG로 측정한 한국 노인의 복잡성비애는 분리 고통과 트라우마성 고통으로 나뉘어 Holland와 Neimeyer의 분석 결과를 지지하는 것으로 나타났다. 따라서 본 연구는 복잡성비애 총점과 분리 고통, 트라우마성 고통 하위요인의 각 총합 점수를 분석에 사용한다.

4) 복잡성비애와 다른 사별 후 심리적 반응과의 차이

(1) 일반 비애와의 차이

앞서 간략하게 언급했듯이 복잡성비애는 일반적인 사별 후 심리적 반응과는 다르다. 즉, 일반 비애(normal grief)의 과정을 겪는 사람들은 사별 직후 극심한 심리적 고통의 시간을 겪지만, 시간이 지날수록 고인이 없는 새 삶에 점점 적응하게 된다. 학계에서는 이 시간을 6개월로 보고 있다(Prigerson et al., 2009). 하지만 사별 후 시간이 오래 지난 후에도 증상들이 오래 지속되며 이러한 증상들이 일상 생활에 심각한 지장을 미친다면 복잡성비애를 갖고 있다고 본다. 그러나 일반 비애와 복잡성비애를 구분하는 것에 관해서 아직 뚜렷한 합의가 이뤄진 것은 아니다. 이를 테면, 복잡성비애와 일반 비애는 같은 증상들이 정도의 차이를 보이는 것이라는 주장도 있고(Holland et al., 2008), 두 증상이 질적으로 다른 증상이라는 주장도 있다(Dillen, Fontaine, & Verhofstadt-Deneve, 2008). 일반적 비애와 복잡성비애를 가르는 기준에 관해서는 좀 더 검증과 논의를 거칠 필요가 있는 것으로 보인다.

(2) 우울증과의 차이

복잡성비애와 우울증은 슬픔, 관심의 상실, 죄책감, 집중의 어려움 등의 증상을 포함한다는 점에서 유사하다. 하지만, 우울증의 슬픔 증상은 원인과 대상이 뚜렷하지 않은 반면, 복잡성비애의 슬픔의 대상은 고인과의 분리로 인한 슬픔이다. 복잡성비애를 겪는 사람들은 고인과의 기억, 특히 즐거웠던 기억에 많은 관심을 갖는 반면, 우울증을 겪는 사람들은 전반적으로 의욕이 없다. 또한, 복잡성비애와 우울증 간의 주목할 만한 차이점 중 하나는 치료에 대한 반응이다. Reynolds 외(1999)가 사별을 경험한 노인 80명을 대상으로 실행한 연구에 의하면, 항우울제(Nortiptyline)와 대인관계치료(Interpersonal Therapy)를 함께한 치료의 효과에서 우울증상은 호전되었지만, 복잡성비애 증상은 치료 후에도 죽음 직후와 차이를 보이지 않아, 복잡성비애의 치료를 목표로 하는 치료법의 필요를 강조했다.

(3) PTSD와의 차이

복잡성비애와 PTSD는 모두 트라우마성 경험에 의해 촉발될 수 있다는 점, 놀람, 침습적 사고, 고인의 죽음 혹은 죽음과 관련된 장소나 인물, 물품 등을 피한다는 점에서 유사하다. 하지만, 복잡성비애는 분리의 고통에서 비롯된 반면, PTSD는 끔찍하고 충격적인 사고의 경험에서 비롯된다는 점에서 다르다. 따라서 PTSD의 진단체계에는 극한 그리움, 재결합의 희망 등의 분리 고통과 관련된 증상을 포함하고 있지 않다. 또한, 복잡성비애를 겪는 사람들은 고인과의 재결합을 원하고, 고인과 함께한 경험을 떠올리면서 행복감을 느낀다는 점에서 PTSD와 차이를 보인다(Raphael, Martinek, & Wooding, 2004).

2. 복잡성비애의 위험요인

1) 죽음관련 변인

고인의 죽음이 어떠한 형태였는지는 복잡성비애와 관련이 있다고 보고되고 있다. 일반적 자연사가 아닌 사고사나 자살사를 겪었을

157

때 복잡성비애에 더 취약한 것으로 보고되었으며, 특히 이러한 사고 현장을 목격했을 때 복잡성비애를 겪을 가능성이 더 높은 것으로 나타났다(Cleiren, 1993; Currier et al., 2007). 또한, 사별하기 전 죽음을 예상하지 못했을 때 유가족의 복잡성비애 수준이 더 높은 것으로 보고되고 있다(Herbert, Dang, & Schulz, 2006). 트라우마성 죽음의 경험 또한 복잡성비애 수준을 높이는 것으로 알려져 있다. 예를 들면, 보스니아 내전, 남아시아 쓰나미, 미국 911 사태, 미국 허리케인 카트리나 등으로 가족 및 친구를 잃은 유족들에게서 심각한 수준의 복잡성비애가 보고되고 있다(Kristensen, Weisaeth, & Heir, 2010; Momartin et al., 2004; Neria et al., 2007; Shear et al., 2006).

죽음 불안도 비애와 관련이 있다고 알려져 있다. 자식을 잃은 97명의 어머니들을 대상으로 한 연구에서, Barr와 Cacciatore(2008)는 죽음에 대한 불안과 두려움이 높은 여성들에게서 높은 비애 수준이 나타났다고 보고했다.

2) 건강 관련 변인

정신건강은 복잡성비애와 매우 관련이 높은 것으로 보고되고 있다. 우울증상의 수준이 높은 사람들에게서 높은 복잡성비애 수준이 보고되고 있다(Piper et al., 2001; Schulz et al., 2006). Schulz 외(2006)는 213명의 사별한 치매수발자들을 대상으로 한 연구에서 사별 전 측정한 우울증상과 사별 후 측정한 우울증상 모두 복잡성비애와 관련이 있는 것으로 보고했다. 이 외 주요우울장애, 양극성 장애 등의 정신장애를 겪고 있는 사람들을 대상으로 한 연구에서 20%에 가까운 높은 유병률이 보고되고 있다(Piper et al., 2001). 또한, 여러 연구에서 복잡성 비애는 자살생각과 연관이 높은 것으로 나타났다(Latham & Prigerson, 2004; Prigerson et al., 1997; Szanto et al., 1997).

복잡성비애는 여러 신체 건강 관련 지표와도 관련이 있는 것으로 나타났다. 예를 들면, 복잡성비애 수준이 높은 사람들은 일반적인 신체 기능의 점수가 낮은 것으로 나타났으며(Silverman et al., 2000), 심지어 복잡성비애 수준이 높은 사람들이 심장 질환, 암 등의 중증 질환과 감기, 두통 등을 겪을 가능성이 복잡성비애 수준이 낮은 사람들에 비해 더 높은 것으로 나타났다(Prigerson et al., 1997).

3) 사회관계 관련 변인

주변의 사회적 관계로부터 받는 정서적 지지는 복잡성비애 수준과 관련이 있는 것으로 보고되고 있다. 즉, 정서적 지지를 적게 받은 사람들의 복잡성비애 수준이 정서적 지지를 많이 받은 사람들에 비해 높은 것으로 나타났다(Bonnano et al., 2002; Vanderwerker & Prigerson, 2004). Vanderwerker 와 Prigerson(2004)은 293명의 노인들을 대상으로 한 연구에서 사별 6개월 후에 측정된 정서적 지지 수준이 낮을수록 사별 후 12개월의 복잡성비애 수준이 높은 것으로 나타났다.

위의 선행 연구 결과들은 서구 문화를 바탕으로 한 분석 결과인데, 우리나라 노인들의 복잡성비애에 영향을 미치는 요인을 탐색하여 선행 연구와의 차이를 검토하는 것은 두 가지 측면에서 중요하다고 볼 수 있다. 첫째, 선행 연구에서 적지 않은 수의 다양한 형태의 복잡성비애 위험 요인들이 보고되고 있는데, 이러한 요인들이 한국

노인들의 복잡성비애에도 동일하게 위험요인으로 작용하는지 분석하여 정책적으로 목표 삼아야 할 요인들이 무엇인지 파악할 필요가 있다. 둘째, 선행 연구의 결과와 한국 노인들의 복잡성비애에 영향을 미치는 위험 요인과의 차이가 무엇인지 검토함으로써, 사별 후 정서적 반응에서의 한국 노인들의 문화적 특이성을 파악할 수 있다는 점에서 중요하다. 이는 사별 후 삶에 적응을 돕는 프로그램 개발에 있어 문화적 차이를 감안할 수 있다는 점에서 매우 중요하다.

　이러한 점을 감안하여, 본 연구는 선행연구의 결과를 바탕으로 연구 모형을 구성하여 한국노인의 복잡성비애 위험요인을 파악하고자 한다. 구체적으로, 다음과 같이 3가지 종속변수, 1) 복잡성비애; 2) 하위요인 – 분리 고통; 3) 하위요인 – 트라우마성 고통을 이용하여 각각의 위험요인을 파악하고자 한다.

Ⅲ. 연구방법

1. 연구대상자

　본 연구에 참가한 연구대상자는 한림대학교 고령사회연구소에서 실시한 지역사회 자살예방 프로그램 구축 프로젝트의 조사에 참여한 사람들로 춘천시에 거주하는 총 2,034명의 65세 이상 노인들 중 배우자를 사별한 859명이다. 연구 참가자는 춘천시의 지역별 노인 인구 비례에 맞춰 인구비례할당법을 사용하여 표집하였으며, 30사례 미만인 지역에서는 제곱근비례배분법을 적용하여 표집하였다. 자살예방 프로젝트에는 자살 생각, 가족/친지 중 자살한 사람 여부, 건강, 사회적 관계 등의 변수가 다수 포함되어 사별후 복잡성비애 위험요인을 검증하는데 적절한 자료라 볼 수 있다.

2. 연구변수

1) 종속변수

(1) 복잡성비애 총점

복잡성비애의 측정은 19문항으로 이뤄진 ICG의 한국어 번안본을 사용하였다. 척도 번안 작업에는 박사 학위를 가진 정신보건 관련 전문가 중 한국어와 영어를 사용할 수 있는 이중 언어자 6명이 참여하였다. 6명 중 3명은 ICG 영어 원본을 한국어로 번안하였고, 나머지 3명은 번안된 한국어 문항들을 다시 영어로 번안하였다. 이후 검토와 논의 과정을 반복하면서 문구를 수정하여 19문항의 한국형 복잡성비애 척도(Inventory of Complicated Grief Korean, ICG-K)를 완성하였다.

19문항에 대한 탐색적 요인분석 결과 11번 문항, "고인께서 아프셨던 부위에 가지고 계셨던 통증을 나도 가지고 있다"는 요인부하량이 낮아 제외하였다.[3] 나머지 18문항을 더하여 총점을 종속변수로 사용하였으며, 점수의 범위는 0점부터 72점까지로 점수가 높을수록 심한 복잡성비애를 가진 것을 나타낸다. 18문항에 대한 내적일

---

3 11번 문항이 제외되기는 하였지만 향후 추가적인 연구를 위해 부록에는 원본의 한국어 번안을 그대로 두었다.

관성이 높은 것으로 나타났다(Cronbach alpha=0.90). 또한, 18문항을 이용한 탐색적 요인분석과 확증적 요인 분석의 결과, 트라우마성 고통과 분리 고통의 2요인 구조가 나타났다. 트라우마성 고통은 14문항이고 분리 고통은 4문항으로 구성되었다.

(2) 복잡성비애 하위요인 - 트라우마성 고통

트라우마성 고통 요인은 "고인이 너무 많이 생각나서 내가 평소 하던 일을 하는 것이 힘들다", "고인의 죽음을 받아들일 수 없다고 느낀다", "고인의 죽음에 대해 화가 나는 것을 참을 수 없다"등의 ICG-K의 14문항으로 구성되었다. 트라우마성 요인의 총점의 범위는 0점부터 56점까지이며 점수가 높을수록 트라우마성 고통이 심한 것을 가리킨다. 14문항의 내적 일관성은 Cronbach's alpha 0.92로 높은 것으로 나타났다.

(3) 복잡성비애 하위요인 - 분리 고통

분리 고통의 요인은 "고인이 몹시 그립다고 느낀다", "고인과 관련된 물건이나 장소에 마음이 쓰인다", "가까운 사람을 잃지 않은 사람들이 부럽다고 느낀다", "고인의 죽음 이후 많은 시간 외로움을 느낀다"의 4문항으로 구성되며, 4문항의 총합이 종속변수로 사용되었다. 분리 고통 점수의 범위는 0점부터 16점까지로 점수가 높을 수록 분리 고통의 정도가 심한 것을 나타낸다. 분리 고통 요인의 내적 일관성은 Cronbach's alpha 0.86으로 나타났다.

2) 죽음 관련 변수

(1) 자살로 인한 사별 경험

"가족/친지 중 자살로 사망한 사람이 있으십니까?"와 "가까운 지인 중 자살로 사망한 사람이 있으십니까"두 문항 중 어느 한 문항에 예로 응답한 사람을 "자살로 인한 사별의 경험 있음 (1)"으로 두 문항에 모두 아니오로 응답한 사람을 "자살로 인한 사별 경험 없음 (0)"으로 코딩하였다.

(2) 죽음 불안

죽음 불안은 Templer(1970)의 죽음 불안 척도(Death Anxiety Scale, DAS)의 한국어 번안본(최영은 외, 2000)을 사용하였다. 이 척도는 "나는 죽는 것이 매우 두렵다", "고통스럽게 죽을까봐 걱정이 된다" 등의 15문항으로 구성되어 있으며 예/아니오로 응답하였다. 15문항의 총합을 분석에 사용하였으며 점수가 높을수록 죽음 불안의 수준이 높은 것을 나타낸다.

3) 건강 관련 변수

(1) 통증

"평소 신체적인 통증이 어느 정도 이신지요?"라는 질문에 0-10까지의 정도로 응답한 자료를 분석에 이용하였다. 점수가 높을수록 통증이 심한 것을 가리킨다.

(2) 우울 증상

우울 증상의 측정을 위해 Center for Epidemiologic Studies Depression

(CESD; Radloff, 1977)의 10문항 축약형 버전(Andresen et al., 1994)을 이용하
였다. 이 척도에는 "무슨 일을 하던 정신을 집중하기가 어려웠다",
"사람들이 나에게 차갑게 대하는 것 같았다"등의 10문항의 우울 증
상들이 포함되어 있고, "지난 1주 동안 이 증상을 얼마나 경험하셨
는지요?"라는 질문에 "극히 드물게" (0) - "거의 대부분" (3)으로 응
답하였고 총점을 우울증상의 지수로 사용하였다. 총점이 높을수록
우울증상이 심한 것을 가리킨다.

(3) 자살 생각 및 행동

자살 생각 및 행동은 Osman 외(2001)의 자살 행동 척도 수정판(The
Suicidal Behaviors Questionnaire-Revised, SBQ-R)의 4문항을 사용하였다. 첫 번
째 문항은 "자살을 생각하거나 시도한 적이 있습니까"에 대해 "전혀 없
다" (1), "잠시 생각해 본 적이 있다" (2), "자살하려는 계획을 세워 본
적이 있다" (3), "자살을 시도해 본 적이 있다" (4)의 4점 척도로 구성되
었다. 두 번째 문항은 "지난 일 년동안 얼마나 자주 자살을 하려고 생각
해 보았습니까"의 질문에 "생각해 본 적이 전혀 없다" (1)부터 "매우 자
주 생각해 보았다" (5)까지 5점 척도로 구성되었다. 세 번째 문항인"자
살과 관련된 이야기를 다른 사람에게 한 경험이 있으십니까?"의 질문
에 대해서는 "아무에게도 말한 적이 없다" (1), "한 번 있다" (2), "한 번
넘게 있다" (3)의 응답하게끔 구성되었다. 마지막으로"자살을 시도할
가능성이 있다고 생각하십니까?"의 문항은 "전혀 없다" (1)부터 "아주
많이 있을 것 같다" (6)까지의 응답으로 구성되었다. 위의 4문항의 총
합이 높을수록 자살 생각 및 행동의 수준이 높은 것을 가리킨다.

4) 사회적 관계 관련 변수

(1) 사회적 지지

사회적 지지 변수는 "걱정이나 고민을 들어줌", "몸이 아플 때 도와줌", "금전적 도움을 줌"의 3개 형태의 사회적 지지를 각각 자녀, 친척, 친구/이웃으로부터 얼마 만큼 받았는지 총 9개의 질문을 통해 측정하였다. 각 문항은 "전혀 그렇지 않다" (0)부터 "매우 그렇다" (5)로 응답되었으며 총합을 사회적 지지의 지수로 사용하였다. 점수가 높을수록 사회적 지지를 많이 받은 것을 가리킨다.

(2) 사회적 활동

사회적 활동은 동창회, 향우회, 시민단체, 노인정 등의 활동에 참여하는지 여부를 질문하여 예 (1), 아니오 (0)로 응답하였다. 12개의 사회활동에서 예의 응답의 개수를 총점으로 지수화하여 분석에 사용하였다.

5) 인구학적 변수

연구 참가자의 나이, 성별, 사별 후 경과 시간, 종교 여부 등이 분석에 포함되었다.

3. 분석방법

본 연구는 복잡성비애 총점, 분리 고통 하위 요인 총점, 트라우마성 고통 하위 요인 총점의 3개의 종속변수를 사용하여, 인구학적 변수, 건강 관련 변수, 죽음 관련 변수, 사회적 관계 변수를 모형에 포함시키는 다중회귀모형(Multiple regression)을 실시하였다. 종속변수인 복잡성비애와 두 하위 요인의 점수는 정적으로 편향되어 있는 분포를 보이므로(skewness-총점: 3.43; 분리 고통: 2.44; 트라우마성 고통: 3.16), 오차항이 이상치(outlier)에 덜 민감한 로버스트 방법(robust regression)을 분석에 사용하였다(Huber, 1964).

Ⅳ. 연구결과

1. 연구대상자의 인구학적 속성

연구대상자의 인구학적 속성은 <표 1>과 같다. 평균 사별 후 경과 시간은 약 214개월이었으며, 평균 나이는 약 77세였다. 여성이 약 87%로 다수였으며 종교를 가진 노인이 60.65%로 종교를 가지고 있지 않은 노인보다 많았다.

〈표 1〉 연구 대상자의 인구학적 특성 및 주요 연구 변수들의 특성(N=859)

	평균(표준편차) 혹은 수(%)	범위
인구학적 특성		
사별후 시간 (개월)	214.31 (153.70)	9-751
나이	77.04 (6.17)	65-97
성별		
남성	106 (12.34%)	
여성	753 (87.66%)	
종교		
있음	521 (60.65%)	
없음	338 (39.35%)	
주요 연구 변수 특성		
복잡성비애 총점	6.61 (7.83)	0-53
트라우마성 고통	2.93 (5.27)	0-39
분리 고통	3.68 (3.79)	0-16
신체 고통	5.20 (2.89)	0-10
우울 증상	5.53 (4.99)	0-28
자살 생각 및 행동	3.82 (1.88)	3-16
자살 사별 경험		
있음	44 (5.12%)	
없음	815 (94.88%)	
죽음 불안	4.86 (3.28)	0-15
사회 활동 개수	1.57 (1.01)	0-7
사회적 지지	27.99 (6.23)	4-45

<표 2>는 사별 후 시간의 경과에 따른 복잡성비애 분절점(23.68점) 이상 그룹의 비율의 차이를 보여준다. 전체 표본의 사별 후 경과한 시간의 평균은 약 20년인데, 평균 20년이 흐른 후에 복잡성비애 분절점 이상을 보인 노인들은 6.2%로 나타냈다. 사별 후 경과한 시간이 짧을수록 분절점 이상 그룹의 분포가 큰 양상을 보였는데, 사별 경과한지 1년 이내인 노인들은 약 18%, 5년 이내는 약 10%, 10년

이내는 약 8%가 복잡성비애 분절점 이상을 보인 것으로 나타냈다.

〈표 2〉 사별 후 경과 시간에 따른 복잡성비애 분절점 이상[4] 그룹의 비율

사별 후 시간(n)	수 (%)	
전체 표본(n=859)		
분절점 이상	53	6.17%
분절점 미만	806	93.83%
1년 이내(n=39)		
분절점 이상	7	17.95%
분절점 미만	32	82.05%
5년 이내(n=169)		
분절점 이상	17	10.06%
분절점 미만	152	89.04%
10년 이내(n=334)		
분절점 이상	26	7.78%
분절점 미만	308	92.21%

2. 회귀 분석 결과

1) 복잡성비애 총점 예측 모형

　복잡성비애 총점을 예측한 회귀모형의 결과는 <표 3>과 같다. 사별한 시간이 짧을수록 복잡성비애 수준이 높은 것으로 나타났다(B= -0.01). 또한, 인구학적 변인들 중 나이, 성별이 복잡성비애 총점과 관

---

4 ICG 원본에서는 상위 20% 점수인 25점을 분절점으로 사용하였으나, 본 연구에서는 원본의 19문항 중 1문항을 제외하였기 때문에 25점을 19로 나눈 1.32를 25점에서 뺀 23.68점을 기준으로 그룹을 나누었다.

련이 있는 것으로 나타났다. 나이가 적을수록, 남성일수록 복잡성비애 수준이 높은 것으로 나타났다. 한편, 신체 고통 변수는 복잡성비애와 관련이 없는 것으로 나타났으나, 우울증상은 복잡성비애와 관련이 높은 것으로 나타났다. 즉, 우울증상을 많이 경험할수록(b=0.23) 복잡성비애의 수준이 높은 것으로 나타났다. 가까운 사람의 자살의 경험은 복잡성비애 수준과 상관이 없었지만, 죽음불안은 복잡성비애와 큰 연관이 있는 것으로 나타났다. 죽음 불안을 많이 경험할수록(b=0.34) 복잡성비애 수준이 높은 것으로 나타났다. 사회활동과 사회적 지지는 복잡성비애와 상관이 없는 것으로 나타났다.

〈표 3〉 복잡성비애 예측 모형

	복잡성비애 총점				트라우마성 고통				분리 고통			
	b	β	SE	P값	b	β	SE	P값	b	β	SE	P값
상수	11.08	-	2.48	<0.001	4.53	-	1.58	0.004	8.93	-	1.77	<0.001
사별 후 시간	-0.01	-0.13	0.01	<0.001	-0.01	-0.12	0.01	<0.001	-0.01	-0.16	0.01	0.001
여성	-2.34	-0.10	0.55	<0.001	-1.16	-0.11	0.35	0.001	-1.20	-0.13	0.40	0.003
나이	-0.07	-0.07	0.03	0.015	-0.05	-0.08	0.02	0.014	-0.06	-0.13	0.02	0.005
종교 있음	0.02	0.04	0.39	0.962	-0.12	-0.04	0.25	0.618	0.54	0.07	0.28	0.052
신체 고통	-0.06	-0.05	0.06	0.371	-0.03	-0.04	0.04	0.514	-0.05	-0.04	0.05	0.248
우울 증상	0.23	0.24	0.04	<0.001	0.27	0.41	0.03	<0.001	0.08	0.14	0.03	0.004
자살 생각	-0.19	-0.07	0.10	0.063	-0.08	-0.06	0.06	0.191	-0.08	-0.04	0.07	0.175
자살 사별 경험	0.19	0.06	0.78	0.805	0.27	0.24	0.13	<0.001	0.23	0.02	0.55	0.676
죽음 불안	0.34	0.29	0.05	<0.001	0.17	0.17	0.03	<0.001	0.28	0.26	0.04	<0.001
사회 활동 개수	0.20	0.06	0.19	0.287	0.21	0.07	0.12	0.092	0.02	0.01	0.14	0.857
사회적 지지	0.01	0.05	0.03	0.904	0.02	0.06	0.02	0.183	-0.02	-0.03	0.02	0.404
F(df)	24.20(11, 840)				26.25(11, 840)				21.31(11, 840)			
R2	0.19				0.12				0.13			
Adj-R2	0.18				0.11				0.12			

2) 트라우마성 고통 하위요인 예측 모형

복잡성비애 총점과 마찬가지로 사별 후 경과 시간이 짧을수록 트라우마성 고통 수준이 높은 것으로 나타났다(b=-0.01). 또한, 나이가 적을수록 남성일수록 트라우마성 고통 수준이 높은 것으로 나타났다. 우울증상을 많이 겪고 있을수록 트라우마성 고통과 관련이 높았다(b=0.27). 또한, 자살로 인한 사별의 경험은 트라우마성 고통과 유의미한 관계를 보였다(b=0.24). 죽음불안이 높을수록 트라우마성 고통 수준이 높은 것으로 나타났다(b=0.17). 하지만, 자살 생각, 종교, 신체 고통 변수는 트라우마성 고통과 상관이 없는 것으로 나타났고, 사회적 활동 관련 변수들도 트라우마성 고통 수준과 상관이 없는 것으로 나타났다.

3) 분리 고통 하위요인 예측 모형

다른 복잡성비애 개념들과 마찬가지로 복잡성비애 총점과 마찬가지로 사별 후 경과 시간이 짧을수록 분리 고통의 수준이 높은 것으로 나타났다(b=-0.01). 또한, 남성일수록 나이가 적을수록 분리 고통의 수준이 높은 것으로 나타났다. 죽음 불안 수준이 높을수록 분리 고통 수준이 높은 것으로 나타났다(b=0.26). 복잡성비애 총점과 마찬가지로 죽음 불안은 분리 고통과 큰 관련이 있는 것으로 나타났다. 신체 고통 변수와 가까운 이의 자살 경험은 분리 고통과 상관이 없는 것으로 나타났고, 사회 활동 개수와 사회적 지지는 분리 고통과 상관이 없는 것으로 드러났다.

V. 논의

복잡성비애는 사별 후 정서적·사회적 적응에 큰 영향을 미치는 것으로 알려져 있지만 우리나라에는 아직 잘 알려지지 않았다. 이에 본 연구는 복잡성비애의 개념을 간략하게 소개하고, 경험 자료를 통해 한국 노인의 복잡성비애에 영향을 미치는 위험요인을 분석하였다.

배우자 사별 노인들의 복잡성비애는 사별 후 경과 시간, 성별, 나이, 우울증상, 죽음불안의 변수가 관련이 있는 것으로 나타났다. 사별 후 경과 시간이 짧을수록, 우울증상을 많이 가지고 있을수록, 그리고 죽음 불안의 수준이 높을수록 복잡성비애 수준이 높은 것으로 나타났다. 이 결과는 선행 연구의 결과를 지지하는 것으로, 대부분은 사별을 경험한 후 높은 수준의 비애의 증상을 보이지만 시간이 지날수록 심리적 안정을 되찾는다는 것을 보여준다(Bonanno et al., 2002). 하지만 주지할 점은 분석 단위를 사별 후 경과 시간 10년으로 늘려도 여전히 약 8%의 한국 노인들은 높은 복잡성비애 수준을 보이는 것으로 나타났다. 이는 복잡성비애 문헌에서 지속적으로 보고되고 있는 것으로 약 5-10% 가량은 사별 후 시간이 오래 지난 후에도 높은 수준의 복잡성비애를 보이는데(Bonanno et al., 2002), 한국 노인들의 복잡성비애도 이와 같은 양상을 보이는 것으로 나타났다.

나이가 적을수록 복잡성비애 수준이 높다는 분석결과도 선행연구의 결과를 지지한다(Burke & Neimeyer, 2013). 왜 나이가 적은 노인이 나이가 많은 노인에 비해 복잡성비애에 더 취약한 지에 관해서는 뚜렷한 이론적 설명이 제시되어 있는 것은 아니어서, 추후 연구가 더

171

수행되어야 할 필요가 있어 보인다. 한 가지 검증해볼 만한 가설은, 노인들은 나이가 들수록 주변의 친구나 친척의 사별을 간접적으로 경험할 가능성이 높다는 것이다. 이러한 간접적인 사별의 경험을 통해 본인의 사별을 심리적으로 준비할 수도 있다는 점이다. 하지만, 노인들은 인구 특성상 주변 사람들의 죽음을 여러 번 경험할 수도 있고 이는 사별 후 정서적 적응에 좋지 않은 영향을 미친다는 연구 결과도 있기 때문에(Mercer & Evans, 2006), 이 또한 반드시 고려되어야 할 맥락이다.

복잡성비애가 죽음불안과 관계가 있다는 연구 결과는 추후 연구와 개입에 시사하는 바가 있다. 최근 연구에서 노인들의 죽음불안에 영향을 미치는 요인들이 밝혀졌기 때문인데, 이를 테면, 자아존중감, 삶의 목적 등의 변인들은 노인의 죽음불안과 관련이 있다고 보고되었다(Missler et al., 2011). 따라서 사별한 노인들의 자아존중감, 삶의 목적 등을 증진시키기 위한 프로그램은 노인의 복잡성비애 경감을 위한 개입으로써 고려해볼 만하다. 다만, 사별 후 죽음 불안과 복잡성비애에 관한 연구가 많지 않기 때문에 이 관계에 대해 좀 더 정교한 모형을 이용한 연구가 수행될 필요가 있다.

본 연구의 분석 결과 중 특이한 점은, 남성이 여성에 비해 복잡성비애 수준이 높았다는 점이다. 많은 선행연구가 여성이 남성에 비해 복잡성비애 수준이 높다고 보고하고 있다(Burke & Neimeyer, 2013). 일반적으로 여성이 남성에 비해 더 많은 스트레스 요인을 갖고 있을 가능성이 높은데, 이런 스트레스 요인의 남녀간 불균등한 분포가, 여성으로 하여금 남성에 비해 사별 후 심리적·사회적 적응에 더욱 취약하게끔 만든다는 것이다(Stroebe, 1998). 반면, 또 다른 주장은 남성과 여성의 정서 표현에 있어서의 차이가 비애 수준에 영향을 미친다는 것이다. 일반적으로 남성은 여성에 비해 정서 표현에 있어 정도가 덜하고 방법도 단순할 수 있는데, 사별 후 정서적 표현에서도 그럴 가능성이 높다("masculine grief"; Martin & Doka, 1996). 따라서 사별 후 남성들은 표현하지 못한 정서가 처리되지 못한 채 사별에 심리적으로 적응하지 못할 가능성이 여성에 비해 높다는 것이다(Martin & Doka, 1996). 이러한 이론적 설명을 감안하여 본 연구의 분석 결과를 따져 보면, 한국 노인들의 경우 남성이 여성에 비해 스트레스 요인을 더 많이 갖고 있거나, 혹은 남성 노인이 여성 노인에 비해 사별 후 정서 표현이 덜 하여 복잡성비애에 영향을 더 많이 받을 수 있다는 두 가지 가능성을 생각해 볼 수 있다. 첫 번째 설명의 가능성을 생각해보면, 일반적으로 여성이 남성에 비해 생활 스트레스 요인을 더 많이 가지고 있기는 하지만, 사별 후에는 남성들도 많은 스트레스를 경험한다. 예를 들면, 사별 전에는 식사 준비 등 부인이 도맡아하던 일들을 혼자서 준비해야 한다는 상황에 적응하는 것이 쉽지 않다는 것이다 (Lund et al., 2004). 이런 맥락에서 한국 남성 노인들이 사별 후 삶에의 적응에 특별히 곤란을 겪고 있는지, 사별 후 겪는 어려움이 여성보다 남성에게 특별히 더 힘든지에 관해서는 추후 연구가 필요하다. 두 번째 설명인 정서 표현의 남녀 차에 관해서도 깊이 있게 연구될 필요가 있다. 최근 연구는 남성이 정서 표현에서 여성에 비해 덜 유연 (flexible)한 점이 사별 후 남성으로 하여금 복잡성비애에 더 취약하게 만드는 요인이 될 수 있다고 보고하고 있다(Gupta & Bonanno, 2011). 한국

노인을 대상으로 한 사별 후 정서 표현과 복잡성비애의 관계에 관한 추후 연구는 복잡성비애의 성별차를 좀 더 명확하게 설명할 수 있을 것으로 생각된다.

복잡성비애의 두 하위요인을 이용한 분석 결과는 흥미롭다. 복잡성비애 총점을 유의미하게 예측한 위험요인들이 모두 분리 고통, 트라우마성 고통과 유의미한 관계가 있었다. 하지만, 자살로 인한 사별의 경험은 트라우마성 고통과는 관계가 있었으나, 분리 고통과는 관련이 없는 것으로 나타났다. 이는 복잡성비애의 트라우마성 고통이 죽음의 트라우마적 특성과 관련이 있다는 선행연구의 결과와 일치한다(Holland & Neimeyer, 2011). 이 결과는 자살로 인한 사별 경험 등의 트라우마성 죽음을 경험한 노인들을 대상으로 한 특정 개입프로그램의 개발이 필요함을 보여준다. 특히, 한국 노인의 높은 자살률을 감안하면, 가족 혹은 지인의 자살로 인한 사별 후 심리적 적응을 돕는 일은 노인 보건정책에 있어 시급히 마련되어야 할 과제라 생각된다.

사회적 지지는 여러 선행 연구에서 복잡성비애와 관련이 있다고 보고됐으나, 본 연구에서는 사회적 지지 변수나 사회적 활동의 변수가 복잡성비애 수준과 관련이 없는 것으로 나타났다. 하지만 한국 노인들의 복잡성비애와 사회적 지지가 관련이 없다는 결론을 내리기에는 좀 더 검증이 필요하다. 특히, 최근 연구는 정서적 지지의 특성을 세분화하여 그 효과성을 측정할 필요가 있다고 주장하고 있다. 주위 사람들로부터 받는 모든 위로와 조언이 다 도움이 되는 것이 아니라는 것이다. 특히, 이제 그만 슬퍼할 때도 되었다는 식의 위로

["Move on"(우리말로 예를 들면 "산 사람은 살아야지")]는 복잡성비애 감소에 도움이 되지 않는다는 것이다(Wilsey & Shear, 2007).

논의를 정리하자면, 성별, 나이와 복잡성비애 간의 관계에 관한 추후 연구는 한국 노인들의 사별 후 심리적 건강을 이해하는데 도움을 줄 수 있다. 또한, 사별 후 죽음 불안을 경감시키는 프로그램은 복잡성비애를 감소시키는데 도움이 될 수 있다. 또한, 연구 결과는 자살 등의 트라우마성 죽음으로 인한 사별을 경험한 노인들의 복잡성비애 예방을 위한 초기개입의 필요성도 강조한다. 다양한 사회적지지 관련 변수들을 이용한 분석도 사별 후 심리적 지지의 제공에 관한 교육프로그램을 준비하는데 도움이 될 것이다.

선행 연구는 복잡성비애가 우울증이나 PTSD 등과는 다른 심리적 개입이 필요함을 강조해왔다(Reynolds et al., 1996). 선행 연구에 의하면, 우울증은 매우 다양한 생활 스트레스 요인과 관련되어 있고, PTSD는 특정 트라우마성 사건과 관련되어 있는데 반해, 복잡성비애는 고인을 잃은 데서 비롯되는 감정의 문제와 상실 이후 삶에의 적응을 잘 다루지 못하는 문제와 연관되어 있다고 본다(Stroebe et al., 1999). 하지만 복잡성비애는 우울증, PTSD 등과 완전히 동떨어진 개념이 아니라 서로 공유하는 특성들도 있어, 본 연구의 결과처럼 각각의 심리적 증상은 각각의 증상에 대한 위험 요인이기도 하다(O'Connor et al., 2010). 이러한 선행 연구의 주장에 따라 대인관계심리치료(Interpersonal Psycho-Therapy)와 인지행동치료(Cognitive Behavioral Therapy)의 요소들을 결합하여 사별의 맥락에 맞춰 구성한 복잡성비애심리치료(Complicated Grief Treatment)는 큰 효과성을 보고했고(Shear et al., 2005), 최근 이 심리치료 방법을 이용하여 노인들에게 적용한 연구에서도 그 효과성이 우수한 것으로 검증되었다(Supiano & Luptak, 2013). 국내의 연구 진척 상황에 비추어 보면, 복잡성비애의 기본 개념들과 그에 따른 심리적 개입들의 요소들이 한국인의 정서적 맥락에 적합한지를 따지는 작업이 일단 먼저 이뤄져야 할 것이다. 그러한 연구 결과를 종합적으로 판단하는 과정에서 본 연구의 결과는 기본 자료로 사용될 수 있을 것으로 사료된다. 예를 들면, 죽음 불안이 한국 노인의 복잡성 비애에 큰 영향을 미치는 것이 독특한 문화적 특성에서 비롯된 것인지 등에 관한 문제는 추후 풀어야 할 숙제라고 볼 수 있다.

본 연구는 몇 가지 한계를 지니고 있다. 첫째, 본 연구는 횡단 자료여서 복잡성비애와 다른 변수들 간의 인과관계를 밝히는데 한계가 있었다. 하지만 향후 이어지는 추적 조사를 통해 이와 같은 한계를 극복할 수 있기를 희망한다. 둘째, 본 조사에는 중요한 사별 관련 정보가 빠져있다. 이를 테면, 배우자의 사망 원인, 사망 현장의 목격 여부 등의 변수들이 조사에 포함되지 못하여 복잡성비애와의 관련 여부를 검증하지 못했다. 이 또한 향후 이어지는 추적조사에 포함되어 분석된다면, 한국 노인들의 복잡성비애에 영향을 미치는 위험요인을 밝히는데 도움이 될 것으로 생각된다.

이러한 여러 한계들이 있지만, 본 연구는 한국 노인들의 복잡성비애에 영향을 미치는 요인을 분석한 첫 연구로써 가치가 있다고 본다. 향후 이어지는 연구를 통해 노인들의 복잡성비애를 이해하고, 인생에서 가장 고통스러운 시간을 보내고 있을 노인들을 위한 적절한 개입프로그램이 마련되기를 희망한다.

참고문헌

장현아(2009). 복합 비애(Complicated Grief)의 개념과 진단. 한국심리학회지: 일반, 28(2), 303-317.

정형수, 이지영, 김소연 외(2014). 한국 성인의 사별에 의한 복합비애경험 개념도 연구. 한국심리학회지: 일반, 33(1), 81-107.

최영은, 이혜리, 심재웅 외(2000). 한국형 Templer 죽음 불안 척도, 죽음 우울 척도, 상징적 불멸감 척도의 신뢰도 및 타당도. 가정의학회지, 21, 893-900.

Andresen, E. M., Malmgren, J. A., Carter W. B., & Patrick, D. L. (1994). Screening for depression in well older adults: evaluation of a short form of the CES-D. *American Journal Preventive Medicine*, 10, 77-84.

Barr, P., & Cacciatore, J. (2008). Personal fear of death and grief in bereaved mothers, *Death Studies*, 32, 445-460.

Boelen, P. A., & Hoijtink, H. (2009). An item response theory analysis of a measure of complicated grief, *Death Studies*, 33, 101-129.

Bonanno, G. A., Wortman, C. B., Lehman, D. R., Lehman, D. R., Tweed, R. G., Haring, M., ... Nesse, R. M. (2002). Resilience to loss and chronic grief: A prospective study from preloss to 18-month postloss, *Journal of Personality and Social Psychology*, 83, 1150-1164.

Burker, L. A., & Neimeyer, R. A. (2013). Prospective risk factors for complicated grief. In M Storoebe, & H Schut(Eds.), *Complicated Grief*(pp. 145-165). New York, NY: Routledge.

Cleiren, M. (1993). *Bereavement and adaptation: A comparative study of the aftermath of death.* Washington, DC: Hemishere.

Currier, J. M, Holland, JM, Coleman, R., Neimeyer, R. A., & Stevenson, R. G. (2007). Bereavement following violent death: An assault on life and meaning. In R Stevenson & G Cox(Eds.), *Perspectives on violence and violent death*(pp. 175-200). Amityville, NY: Baywood.

Dillen, L., Fontaine, J. R., & Verhofstadt-Deneve, L. (2008). Are normal and complicated grief different construct? A confirmatory factor analytic test, *Clinical Psychology and Psychotherapy*, 15, 386-395.

Gupta, S., & Bonanno, G. A. (2011). Complicated grief and deficits in emotional expressive flexibility, *Journal of Abnormal Psychology*, 120, 635-643.

Hebert, R. S., Dang, Q., & Schulz, R. (2006). Preparedness for the death of a loved one and mental health in bereaved caregivers of patients with dementia: Findings from the REACH study, *Journal of Palliative Medicine*, 9, 683-693.

Hensley, P. L. (2006). Treatment of bereavement-related depression and traumatic grief, *Journal of Affective Disorders, 92*, 117-124.

Holland, J. M, Neimeyer, R. A., Boelen, P. A., & Prigerson, H. G. (2009). The underlying structure of grief: A taxometric investigation of prolonged and normal reactinos to loss, *Journal of Psychopathology and Behavioral Assessment, 31*, 190-201.

Holland, J. M., & Neimeyer, R. A. (2011). Separation and traumatic distress in prolonged grief: The role of cause of death and relationship to the deceased, *Journal of Psychopathology and Behavioral Assessment, 33*, 254-263.

Holmes, T. H., & Rahe, R. H. (1967). The social readjustment rating scale, *Journal of Psychosomatic Research, 11.* 213-218.

Huber, P. J. (1964). Robust estimation of a location parameter, *The Annals of Mathematical Statistics, 35*, 1, 73-101.

Martin, T. L., & Doka, K. J. (2000). *Men don't cry −Women do: transcending gender streotypes of grief,* New York, NY: Psychology Press.

Mercer, D. L, & Evans, J. M. (2006). The impact of multiple losses on the grieving processes: An exploratory study, *Journal of Loss and Trauma, 11*, 219-227.

Missler, M., Stroebe, M., Geurtsen, L., Mastenbroek, M., Chmoun, S., & van der Houwen, K. (2011). Exploring death anxiety among elderly people: A literature review and empirical investigation, *Journal of Death and Dying, 64*, 357-379.

Momartin, S., Silove, D., Manicavasagar, V., & Steel, Z. (2004). Complicated grief in Bosnian refugees: Associations with Posttraumatic Stress Disorder and Depression, *Comprehensive Psychiatry, 45*, 475-482.

Newson, R. S., Boelen, P. A., Hek, K., Hofman, A., & Tiemeier, H. (2011). The prevalence and characteristics of complicated grief in older adults, *Journal of Affective Disorders, 132*, 231-238.

Neria, Y., Gross, R., Litz, B., Maguen, S., Insel, B., Seimarco, G., ... Marshall, R. D. (2007). Prevalence and psychological correlates of complicated grief among bereaved adults 2.5-3.5 years after September 11th attacks, *Journal of Traumatic Stress, 20*, 251-262.

Kristensen, P., Weisaeth, L., & Heir, T. (2010). Predictors of complicated grief after a natural disaster: A population study two years after the 2004 South-East Asisan tsunami, *Death Studies, 34*, 137-150.

Latham, A. E., & Prigerson, H. G. (2004). Suicidality and bereavement: Complicated grief as psychiatric disorder presenting greatest risk for suicidality, *Suicide and Life-Threatening Behavior,* 34, 350-362.

Lund, D., Caserta, M., de Vries, B., & Wright, S. (2004). Restoration after bereavement, *Generations Review,* 14, 9-15.

Osman, A., Bagge, C. L., Gutierrez, P. M., Konick, L. C., Kopper, B. A., & Barrios, F. X. (2001). The Suicidal Behaviors Questionnaire-Revised (SBQ-R): validation with clinical and nonclinical samples, *Assessment,* 8, 443-454.

Piper, W. E., McCallum, M., Joyce, A. S., Rosie, J. S., & Ogrodniczuk, J. S. (2001). Patient personality and time-limited group psychotherapy for complicated grief, *International Journal of Group Psychotherapy,* 51, 525-552.

Prigerson, H. G., Maciejewski, P. K., Reynolds, C. F., Bierhals, A. J., Newsom, J. T., Fasiczka, A., ... Miller, M. (1995). Inventory of Complicated Grief: A scale to measure maladaptive symptoms of loss, *Psychiatry Research,* 59, 65-79.

Prigerson, H. G., Bierhals, A. J., Kasl, S. V., Reynolds, C. F., Shear, M. K., Day, N., ... Jacobs, S. (1997). Traumatic grief as a risk factor for mental and physical morbidity, *American Journal of Psychiatry,* 154, 616-623.

Prigerson, H. G., Horowitz, M. J., Jacobs, S. C., Parkes, C. M., Aslan, M., Goodkin, K., ... Maciejewski, P. K. (2009). Prolonged grief disorder: Psychometric validation of criteria proposed for DSM-V and ICD-11, *PLOS Medicine,* 6, e1000121.

Radloff, L. S. (1977). The CESD scale a self-report depression scale for research in the general population, *Applied Psychological Measurement,* 1, 385-401.

Raphael, B., Martinek, N., & Wooding, S. (2004). Assessing traumatic bereavement. In JP Wilson & TM Keane(Eds.), *Assessing Psychological Trauma and PTSD*(pp. 492-510). New York, NY: Guilford Press.

Reynolds, C. F., Frank, E., Pere,l J. M., Imber, S. D., Cornes, C., Miller, M. D., ... Kupfer, D. J. (1999). Nortriptyline and interpersonal psychotherapy as maintenance therapies for recurrent major depression, *JAMA,* 281, 39-45.

Schulz, R., Boerner, K., Shaer, K. M., Zhang, S., & Gitlin, L. N. (2006). Predictors of complicated grief among dementia caregivers: A prospective study of bereavement, *American Journal of Geriatric Psychiatry,* 14, 650-658.

Shear, K. M. , Jackson, C. T., Essock, S. M., Donahue, S. A., & Felton, C. J. (2006). Screening for complicated grief among project liberty service recipients 18 months after September 11, 2011, *Psychiatric Services,* 57, 1291-1297.

Shear, M. K., Simon, N., Wall, M., Zisook, S., Neimeyer, R., Duan, N., ... Keshaviah, A. (2011). Complicated grief and related bereavement issues for DSM-5, *Depression and Anxiety,* 28, 103-117.

Silverman, G. K., Jacob, S. C., Kasl, S. V., Shear M. K., Maciejewski, P. K., Noaghiul,

F. S., & Prigerson, H. G. (2000). Quality of life impairments associated with diagnostic criteria for traumatic grief, *Psychological Medicine,* 30, 857-862.

Simon, N. M., Wall, M. M., Keshaviah, A., Dryman, T., LeBlanc, N. J., & Shear, M. K. (2010). Informing the symptom profile of complicated grief, *Depression and Anxiety,* 28, 118-126.

Stroebe, M. (1998). New directions in bereavement research: exploration of gender differences, *Palliative Medicine,* 12, 5-12.

Szanto, K., Prigerson, H. G., Houck, P., Ehrenpreis, L., & Reynolds, C. F. (1997). Suicidal Ideation in elderly bereaved: The role of complicated grief, Suicide & LIfe-Threatinening Behavior, 27, 194-207.

Templer, D. I. (1970). The construction and validation of a death anxiety scale, *The Journal of General Psychology,* 82, 165-177.

Vanderwerker, L. C., & Prigerson, H. G. (2004). Social support and technological connectedness as protective factors in bereavement, *Journal of Loss and Trauma,* 9, 45-57.

Wilsey, S. A., & Shear, K. M. (2007). Descriptions of social support in treatment narratives of complicated grievers, *Death Studies,* 31, 801-819.

제7장

노년기 죽음불안과
영성, 낙관성의 관계[*]

임연옥(한림대학교)
허남재(한림대학교)

●●●●

I. 문제 제기

죽음을 생각하지 않는 노인은 인생의 낙제생이라는 말이 있다. 이러한 말이 나오게 된 것은 노년기에 죽음이라는 사건을 가장 많이 경험하게 되기 때문일 것이다. 노인에게 죽음은 피할 수 없는 주제임에도 불구하고, 많은 노인들이 죽음과 관련되어 언급하는 것을 상당히 불편해하고 회피하곤 한다. 이러한 죽음에 대한 태도는 죽음불안과 밀접하게 관련되어 있다.

일반적으로 죽음불안은 주로 스트레스가 큰 환경에 처하거나, 생

[*] 이 원고는 임연옥, 허남재. (2017). 노년기 죽음불안과 영성, 낙관성의 관계. 지역사회학, 18(3), 101-121. 에 실린 논문을 재수록한 것임.

명을 위협하는 질병을 진단받거나 또는 가까운 사람의 죽음을 경험하는 경우에 일어난다(Lehto, Stein, 2009). 그런데 죽음이 점점 더 가까워짐을 인식하는 노인들은 죽음의 불가피성을 인지하고 수용하면서 지난 삶을 돌아보고 주변에 감사하고 용서하고 화해하며 삶을 잘 마무리하기도 하지만, 다른 연령층과 동일하게 죽음에 대해 불안해하고 죽음을 부정하고 분노하기도 한다(최영희 외, 2009).

노인이 느끼는 죽음불안은 자신이 현재 경험하고 살아가는 방식에 영향을 미칠 뿐만 아니라, 결국에는 자신의 죽음을 맞이하는 모습에도 영향을 미친다(Neimeyer and Van Brunt, 1995). 죽음불안은 그 수준이 약하거나 본인의 능력으로 조절 가능한 수준일 경우에는 현재의 삶에 더욱 충실할 수 있는 촉매제가 되기도 하지만, 죽음불안을 과도하게 느끼면 현재 삶조차도 흔들리게 되고, 심지어는 자살이라는 극단적인 선택을 하게 되기도 한다(Minerar & Brush, 1981). 따라서 노년기에 경험하는 죽음불안을 어떻게 조절하는가 하는 문제는 삶의 마지막 단계에서의 삶의 질과 직결된다.

그렇다면 노년기에 경험하는 죽음불안을 낮추기 위해서는 어떻게 해야 할까? 이러한 질문으로부터 죽음불안에 영향을 미칠 수 있는 요인에 대해 관심을 갖고 본 연구는 출발하였다. 죽음불안에 관한 다수의 연구들이 성별이나 연령, 학력, 종교, 직업경험 등과 같은 인구사회학적 특성에 따른 죽음불안의 차이를 밝히는데 집중해왔다. 그리고 죽음불안에 영향을 미치는 심리사회적 요인을 규명하기 위해 시도된 여러 선행연구들은 사회적 지지(장호익, 2007; Madnawat and Kachhawa, 2007; Hugenberg, 1999; Mary, 2000; 윤현숙·임연옥·고윤순·범경아, 2015)와 같은 사회적 요인과 우울(남기민·

박현주, 2010; 오미나·최외선, 2005; 이현지·조계화, 2006; Templer, 1971; Fortner and Neimeyer, 1999), 자아통합감(권오균, 2008; 최외선, 2007; Fortner and Neimeyer, 1999), 자아존중 감(오미나·최외선, 2005), 영적 안녕(김경희 외, 2010), 성격 특성과 낙관성(Davis, Miller, Johnson, McAuley & Dinges, 1992) 등과 같은 심리적 요인들이 죽음불안 과 유의미하게 관련을 맺고 있음을 보고하고 있다.

본 연구는 질병 진단이나 가까운 사람들과의 사별 또는 노년기에 경험하는 여러 환경 요인이 스트레스로 작용하여 죽음불안이라는 결과를 가져올 수 있으므로 스트레스원-대처자원-결과간의 관계를 포함하고 있는 스트레스 과정 모델을 기반으로 하고, 죽음불안에 영 향을 미치는 많은 요인들 중 최근 긍정심리학에서 스트레스에 대한 대처자원으로 강조되고 있는 영성과 낙관성에 초점을 맞추었다.

따라서 본 연구는 노인이 스트레스 상황에서 활용하는 중요한 심 리적 대처 자원인 영성과 낙관성이 죽음불안을 조절하는 데 영향을 미칠 수 있음에 주목하여 노년기 영성, 낙관성과 죽음불안 간의 영 향관계를 실증적으로 검증하고 노년기 죽음불안을 조절 방안을 제 시함으로써 삶의 질 향상에 기여하는 것을 목적으로 하였다.

Ⅱ. 선행연구 고찰

1. 죽음불안

노년기에는 죽음이 가까워 오고 있으며 더 이상 죽음을 연기할 수

없다는 사실을 인지하고 그로 인한 불안을 피할 수 없다. 그러나 노
년기에 죽음을 어떻게 수용하는지 또는 죽음에 대해 어떠한 의미를
부여하는지, 즉 죽음불안에 대해 대처하는 모습에 따라 남은 여생동
안의 삶의 질이 좌우된다.

죽음에 대한 태도는 죽음불안(death anxiety), 죽음공포(fear of death), 죽
음수용(death acceptance), 죽음 스트레스(death stress) 등으로 구체화되는
데, 그 중 죽음불안은 죽음과 관련된 공포, 위협, 불편함과 다른 부정
적인 감정들의 집합으로 정의된다(Neimeyer, 1997; 이한나·강은나·김세원,
2010 재인용). 죽음불안에 대한 연구는 서구의 경우 1950년도부터 시작
되어 1970년대 후반에 확대되었으며(Neimeyer, Wittkowski, Moser, 2004) 국
내에서는 1990년대 초반부터 시작되었다.

죽음불안에 영향을 미치는 인구학적 요인으로 성별, 연령, 건강,
경제상태, 사별경험, 학력, 종교 등이 다루어져 오고 있는데, 그 연구
결과들은 일관적이지 않고 혼재되어 있다. 노년기 죽음불안을 다룬
연구들은 여성이 남성에 비해 죽음불안이 더 크다는 선행연구들이
더 많지만(조계화·송병숙, 2012; 최외선, 2007; Madnawat & Kachhawa, 2007; Neimeyer
& Fortner, 1995; Lesterm, Templer & Abdel-Khalek, 2006), 남성의 죽음불안이 더
높음을 보고한 연구들도 있다(서혜경, 2007; 서혜경·윤민석, 2008).

다수의 연구들은 노인이 젊은 사람에 비해 죽음불안수준이 낮음을
보고하고 있고(Russac, Gotliff, Reece, & Spottswood, 2007) 노인이 젊은 사람에 비
해 죽음불안 수준이 더 높지 않음을 보고하고 있기도 하다(Kastenbaum,
2000). Cicirelli(2002) 연구에서 노년기 죽음불안은 노년기 초기(65-74세)와
후기(85-89세)보다 노년기 중기(75-84세)에 최고점에 도달하는 역U자형을

보였고, 권영숙과 김정남(2003)의 연구에서도 75-79세 연령집단이 다른 연령대의 노인에 비해 죽음불안 수준이 높음을 보여 노년기 중기가 죽음불안의 전환기임을 제시하였다(이한나 외, 2010) 그러나 다른 몇몇 연구(김연숙·김지미, 2009; Wu et al., 2002)에서는 노년 초기의 죽음불안이 가장 높은 것으로 나타나 연령별 연구도 일관된 결과를 보여주지 못하고 있다.

종교와 사후 세계를 굳게 믿거나 단호하게 믿지 않는 사람들은 그러한 가치 체계를 덜 공유하는 사람들에 비해 죽음불안이 덜하다는 주장도 있는 반면(Wink & Scott, 2005), 종교적 신념이 강하거나 종교 활동을 활발히 하는 것이 죽음불안 수준을 낮게 하는 것과 관련이 없다는 주장도 제기되고 있다(Kastenbaum, 2000). 국내 연구에서는 종교유형별로 죽음불안에 차이가 발견되었는데 기독교가 천주교, 불교, 기타, 무교에 비해 죽음불안 수준이 더 낮았다(권영숙·김정남, 2003).

혼자 사는 노인이 부부끼리 사는 노인이나 자녀와 함께 사는 노인에 비해 죽음불안 수준이 높았으며(권영숙·김정남, 2003), 학력이 높거나 사회경제적 수준이 높은 사람이 죽음불안 수준이 낮았다(Kastenbaum, 2000). 노년기 영성, 낙관성과 죽음불안 간의 관계를 실증적으로 검증하기 위한 본 연구에서는 이상에서 살펴본 인구사회학적 변인들을 통제한 상태에서 그 관계를 검증하고자 한다.

2. 영성과 죽음불안

인간은 영적 존재로써 영적인 안녕을 추구하고자 하는 욕구를 가지고 있고, 그 욕구를 충족시키기 위한 영적 활동을 통해 영성을 발달시킨다. 여기서 영성이란 종교적 신념이나 종교적 행위를 의미하는 그 이상을 의미하는데, 개인을 초월하여 절대자, 자신, 이웃과 의미 있는 관계를 가질 수 있도록 연결하여 희망, 의미, 사랑과 같은 삶의 최상의 가치를 완성하도록 하는 능력이며, 신체적, 정신적, 사회적 영역을 통합하는 힘을 말한다(오복자, 1997). 그리고 한 사람의 영성은 삶의 현실을 바라보는 중요한 신념과 믿음의 체계와 관련 되어 있으며, 이 신념 체계들은 삶의 경험들 가운데 질병의 고통을 겪는 것까지 포함하여 인간에게 삶의 의미를 부여해 준다(Swinton, 2009). 따라서 영성은 인생의 의미, 개별성, 조화의 추구, 최상의 잠재력에 도달하려는 원동력이며(Tanyi, 2002), 심리, 사회적 측면과 함께 인간의 전체성을 구성하는 중요한 요소라고 할 수 있다(Sperry, 2003).

영성은 죽음에 대해 직관적인 통찰과 인식을 갖게 하고 고난을 극복하는 원천으로 작용하여 임종을 앞둔 혹은 죽음에 직면하고 있는 환자가 그들의 상황을 좀 더 나은 상황으로 인지하고 죽음에 대한 불안을 극복할 수 있도록 하는데 중요한 요인으로 작용한다(강성례, 2006; 윤매옥, 2009). 그리고 Cicirelli(2002)는 공포관리이론을 통해 신앙심이 죽음불안에 영향을 미치는 것으로 보고하여 영성과 죽음불안이 관련 있음을 밝히고 있다. 국내 선행연구들은 영성이 일반 노인뿐만 아니라 임종을 맞이하는 환자나 노인이 죽음에 직면하여 경험하는 여러 심리 문제에 대처하고 죽음불안을 극복하는 중요한 요인으로 작용함을 보고하고 있다(강성례, 2006; 김순성·강영숙, 2007; 윤매옥, 2009; 권영숙·김정남, 2003; Chochinov and Cann, 2005). 또한 이한나 외(2010)도 노년기의 죽음불안을 효과적으로 다루기 위해서는 가족 요인과 영적 요인에 동시적으로 개입하는 통합적 관점을 가져야 함을 제언하고 있다.

이와 같이 여러 선행연구들이 죽음불안과 영성 간의 관련성을 보고하고 있음에도 불구하고 김숙남과 최순옥(2010)의 연구에서는 죽음불안과 영성 간에 상관관계가 없으며, 윤현숙 외(2015)는 영성이 죽음불안에 직접적으로 영향을 미치지 않으며 다른 요인들을 매개하여 죽음불안에 영향을 미침을 보고하고 있다.

3. 낙관성과 죽음불안

낙관성은 노년기 삶의 질, 신체적 및 심리적 안녕감, 신체 건강에 대한 지각, 사망 원인과 관련이 깊은 심리적 자원(Diener & Chan, 2011; Terrill, Ruiz & Garofalo, 2010; Rasmussen, Scheier & Grennhouse, 2009)으로 노년기에 겪는 신체적, 심리적, 사회적 어려움에 따른 문제들을 해결하는 능력에 영향을 미친다.

낙관성은 성격 특성과 깊은 관계를 맺고 있는데, 미래에 대해 전반적으로 긍정적인 기대, 즉 나쁜 일보다는 좋은 일이 일어날 것이라고 믿는 성향을 말한다(Scheier & Carver, 1985). Scheier와 그 동료들(1994)은 낙관적인 사람들이 비관적인 사람들에 비해 심리적 불편감을 덜 느끼기 때문이 아니라 문제 상황에 효과적으로 대처하는 전략 때문에 스트레스 상황에 잘 적응할 수 있다고 주장한다. 즉 역경 속에서도 희망적인 태도를 가지고 적극적인 대처 전략을 사용했을 때 역경을 더 잘 극복한다고 볼 수 있다. 이러한 연구를 통해서 낙관적인 사람들이 개인의 성격 특성뿐만 아니라 낙관적이고 적극적인 태도와 같은 대처 전략을 함께 사용함으로써 죽음불안을 조절할 수 있음을 예측할 수 있다.

4. 영성과 낙관성

긍정심리학에서는 낙관성이 영성과 정신건강의 관계에서 매개할 수 있음을 제안하고 있는데, Salsman과 동료들(Salsman, Brown, Brechting, & Carlson, 2005)은 영성이 낙관성을 매개로 하여 심리적 고통을 낮추고, 삶의 만족을 높임을 밝히고 있다. 그리고 임연옥과 그 동료들(2015) 역시 항암화학요법 치료를 하는 노인 암 환자의 정신건강에 영성이 직접적으로 영향을 미치기보다 낙관성을 매개로 하여 간접적으로 영향을 미침을 보고하였다. 또한 손은정과 그 동료들(2009)은 영성의 개념과 맥락을 같이하는 삶의 의미, 즉 삶에 대한 목적의식과 일관성을 나타내는 삶의 의미가 낙관성을 매개로 안녕감에 영향을 미침을 밝히고 있다. 이러한 선행연구들을 근거로 영성과 낙관성간의 관계 또한 밀접하며, 영성이 낙관성을 매개하여 죽음불안에 영향을 미칠 수 있음을 추정할 수 있다.

Ⅲ. 연구방법

1. 연구모형

본 연구는 노인의 영성, 낙관성과 죽음불안 간의 관계를 실증적으로 밝히기 위해, 영성과 낙관성이 직접적으로 죽음불안에 영향을 미치고, 영성이 낙관성을 매개로 하여 죽음불안에 영향을 미칠 수 있다는 선행 연구 결과들을 근거로 아래와 같은 연구모형을 제안하였다(<그림 1> 참조).

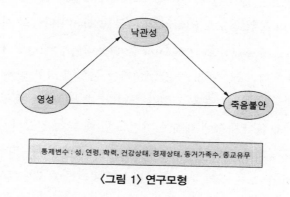

<그림 1> 연구모형

2. 조사 방법 및 조사대상자

본 연구의 연구대상자는 춘천시에 거주하는 65세 이상의 노인이다. 조사대상자 선정은 춘천시를 구성하고 있는 1개 읍, 9개 면, 15개 동의 성과 연령 분포에 따라 조사대상자 수를 할당하는 비례할당표집방법을 활용하여 이루어졌으며, 총 2,000명을 표집하였다. 설문조사 방법을 통해 자료를 수집하였으며 자료수집과 관련하여 발표자가 속한 대학교의 연구윤리위원회에서 승인을 받았다(HIRB-2016-10). 설문조사는 훈련을 받은 전문조사원에 의해 2016년 9월부터 11월까지 구조화된 설문지를 이용하여 일대일 면접조사방식으로 실시되었다.

3. 측정도구

1) 죽음불안

죽음불안은 '습득된 자살수행능력 척도(Acquired Capability for Suicide Scale)' 중 의 하위 척도로 Ribeiro와 동료들(2014)이 타당화 시킨 '죽음공포(Fearlessness about Death(ACSS-FAD))'를 활용하여 측정하였다. 죽음공포는 7개 문항 '나는 내가 죽을 것이라는 사실에 영향 받지 않는다', '나는 죽는 과정에서 겪을 고통이 겁난다', '나는 죽는 것이 매우 두렵다', '사람들이 죽음에 대한 이야기를 할 때 나는 긴장하지 않는다' 등으로 구성되어 있다. 7개 문항은 0점에서 4점까지의 리커트 척도로 측정하였고, 세 개의 문항은 역점수로 처리한 후 7개 문항에 대한 총점을 계산하였으며, 점수가 높을수록 죽음에 대한 공포가 적음을 의미한다. 7개 문항의 신뢰도 Cronbach's α는 0.715이었다.

2) 영성

영성은 한국판 세계보건기구 삶의 질 척도(민성길, 김광일, 박일호, 2002)인 WHOQOL 중 영성을 측정하는 4문항을 활용하였다. 영성 4개 문항의 내용은 '개인적 신앙(신념)이 어르신의 삶에 의미를 주고 있습니까?', '자신의 삶이 어느 정도 의미 있다고 느끼십니까?', '개인적 신앙(신념)은 어르신이 어려움에 맞설 수 있는 힘을 어느 정도 주고 있습니까?', '개인적 신앙(신념)은 삶에서 생기는 어려움을 이해하는 데 어느 정도 도움이 됩니까?'이었으며, '전혀 그렇지 않다'를 1점, '매우 그렇다'를 5점으로 하는 리커트 척도로 측정하였다. 4개 문항의 신뢰도 Cronbach's α는 0.936이었다.

3) 낙관성

낙관성은 Scheier, Carver와 Bridges(2002)의 Life Orientation Test-Revised 척도를 5점 리커트 척도로 측정하였다. 본 연구에서는 낙관성 3개 문항만을 활용하고, 3개 문항의 내용은 '불안한 상황에서도 나는 보통 결과가 좋을 것이라고 기대한다', '나는 항상 내 미래에 대해 낙관적이다', '전반적으로 볼 때 나에게 나쁜 일보다는 좋은 일이 일어날 것이라고 예측한다'이었으며, '전혀 그렇지 않다'를 1점, '매우 그렇다'를 5점으로 하는 리커트 척도로 측정하였다. 낙관성 3개 문항의 신뢰도 Cronbach's α는 0.842이었다.

4) 통제변수

조사대상자의 인구사회학적 특성으로 성, 연령, 동거가족 수, 건강상태, 경제상태, 학력, 종교 등의 특성을 조사하였다. 연령은 출생년도를 조사하여 만 나이로 환산하였으며, 학력은 교육을 받은 총 햇수를 조사하였다. 동거가족 수는 자신을 제외하고 함께 사는 배우자와 자녀 및 손자녀의 수를 조사하였다. 건강상태는 신체적 통증수준으로 측정하였으며, 평소 신체적 통증을 어느 정도 느끼는지를 전혀 통증을 느끼지 않는 상태를 0점, 극심한 통증을 느끼는 상태를 10점으로 하는 11점 등간척도로 측정하였다. 주관적 경제상태는 응답자가 인지하고 있는 본인의 사회적 계층을 '상층' 1점에서 '하층' 5점으로 측정하였고, 점수가 높을수록 본인이 인지하는 사회적 계층이 낮음을 의미한다. 종교는 불교, 개신교, 천주교, 유교, 기타, 종교 없음으로 측정한 후 종교 유무로 재 구분하였다.

4. 분석방법

수집된 자료는 PASW statistics 18과 Amos 18 프로그램을 이용하여 분석하였다. 측정도구의 신뢰도를 검증하기 위해 Cronbach's α, 조사대상자의 인구사회학적 분포와 주요 변수의 특성을 파악하고 지표변수와 측정변수의 정규분포를 확인하기 위한 기술통계분석을 PASW statistics 18을 사용하여 실시하였다.

본 연구자들이 제시한 연구모형의 모형적합도를 검증하고, 경로계수를 밝히기 위해 AMOS 18 프로그램의 구조방정식모형을 활용하였다. 또한 구조방정식 모형을 이용한 경로분석에서 밝혀진 매개효과를 Sobel test를 통하여 검증하였다.

Ⅳ. 연구결과

1. 조사대상자의 인구사회학적 특성

본 연구에 참여한 조사대상자 2,000명 중 남성은 784명(39.2%)이었고, 여성 1,216명(60.8%)이었다(<표 1> 참조). 연령은 최저 65세부터 최고 95세까지 분포하였고, 평균 75.2세이었다. 조사대상자의 학력은 평균 7년 정도이었으며, 무학인 사람이 347명(17.4%)이었다. 이러한 성, 연령, 학력 분포는 춘천 노인의 인구특성을 잘 대표한다고 할 수 있다. 종교는 무교인 사람이 847명(42.4%)로 가장 많았고, 개신교 463명(23.2%), 불교 446명(22.3%), 천주교 213명(10.7%) 순이었다. 경제적 수준은 중하층 686명(34.4%), 중층 602명(30.1%), 하층 581명(29.1%)이 었으며, 중상층과 상층은 모두 107명으로 5.4%밖에 되지 않았다. 건강상태를 보여주는 신체 통증 수준은 10점 기준 4.13점으로 중증도 수준이었다. 동거하는 가족의 수는 평균 1.13명이었다.

〈표 1〉 조사대상자 인구사회학적 특성 분포

변인		평균(SD) / 명(%)	변인		평균(SD) / 명(%)
성	남성	784(39.2%)	연령	평균	75.2년(±6.22)
	여성	1216(60.8%)		65-69세	446(22.3%)
경제적 수준	평균	3.88(±.90)		70-79세	1069명(53.5%)
	상층	6(.3%)		80세 이상	485(24.3)
	중상층	101(5.1%)	종교	불교	446(22.3%)
	중층	602(30.1%)		기독교	463(23.2%)
	중하층	686(34.3%)		천주교	213(10.7%)
	하층	581(29.1%)		유교	15(.8%)
	모르겠음	24(1.2%)		기타	16(.8%)
교육수준		7년.(±4.68)	종교 없음		847(42.4%)
동거가족 수		1.13명(±1.24)	통증		4.13(±0.90)
계		2,000(100.0%)	계		2,000(100.0%)

2. 주요 변수의 특성: 영성, 낙관성, 죽음불안

조사대상자의 죽음불안, 영성과 낙관성의 수준을 파악하기 위해

기술통계분석을 실시하였다(<표 2> 참조). 그 결과 조사대상자가 느끼
는 죽음불안은 최저 7점부터 최고 28점의 범위에서 평균 19.37점으
로 중간 수준을 조금 넘었다. 영성 역시 최저 5점에서 최고 20점의
범위에서 평균 11.12점으로 중간 수준이었으며, 낙관성은 최저 3점
에서 최고 15점의 범위에서 평균 10.66점으로 중상 정도 되었다.

〈표 2〉 주요 변수 및 지표 변수의 분포

변인/지표변수		평균(표준편차)	왜도	첨도
죽음불안*	총합**	19.37(±6.33)	-.69	-.14
	문항1	2.76(±1.11)	-.72	-.35
	문항2	2.74(±.99)	-.61	-.38
	문항3	2.79(±.91)	-.40	-.49
	문항4	2.79(±1.12)	-.76	-.21
영성	총합	11.12(±4.42)	.28	-.77
	영성1	2.71(±1.25)	.29	-.95
	영성2	2.94(±1.08)	.08	-.60
	영성3	2.75(±1.24)	.20	-.96
	영성4	2.73(±1.24)	.23	-.99
낙관성	총합	10.66(±2.07)	-.28	.13
	낙관성1	3.52(±.77)	-.38	.27
	낙관성2	3.55(±.85)	-.51	.26
	낙관성3	3.59(±.75)	-.35	.37

* 죽음불안의 경우 문항수가 7개로 7개 문항을 모두 측정변수로 활용하기에 많은 편이었
  다. Brown과 Cudeck(1992)에 따르면 측정변수가 많을 경우 측정오차는 감소하지만 추정
  오차가 증가하므로 측정변수의 수를 줄이는 과정이 필요하다. 따라서 7개 문항의 평균
  을 계산하여 평균보다 높은 문항과 낮은 문항을 짝을 지어 더한 후 평균을 내는 방식
  (item parceling)으로 4개의 지표변수로 축소하였다.
** 총합은 죽음불안 7개 문항, 영성 4개 문항, 낙관성 3개 문항의 합을 계산한 것이다.

지표 변수들 간의 상관관계를 살펴보면(<표 3> 참조) 영성1, 영성3,
영성4의 3개 문항은 죽음불안 4개 지표변수와 상관관계가 모두 유
의미하지 않았으며, 영성2는 죽음불안2와 유의미하지 않았다. 낙관

성 3개 문항은 죽음불안1과 유의미하지 않았다. 15개의 상관관계를 제외한 다른 변수들 간의 상관관계는 최저 0.099부터 최고 0.943까지 나타났으며, p<.001 수준에서 모두 통계적으로 유의미하였다.

〈표 3〉 지표변수 간의 상관관계

	죽음불안1	죽음불안2	죽음불안3	죽음불안4	영성1.	영성2	영성3	영성4	낙관성1	낙관성2
죽음불안2	.755**	1								
죽음불안3	.685**	.813**	1							
죽음불안4	.560**	.685**	.665**	1						
영성1	.034	.009	.022	-.001	1					
영성2	.045*	.024	.062**	.054*	.685**	1				
영성3	.026	.019	.022	.018	.873**	.665**	1			
영성4	.026	.013	.018	.022	.871**	.653**	.943**	1		
낙관성1	.038	.101**	.118**	.099**	.169**	.297**	.182**	.185**	1	
낙관성2	.040	.110**	.141**	.117**	.179**	.294**	.183**	.184**	.657**	1
낙관성3	.040	.112**	.130**	.134**	.137**	.286**	.161**	.156**	.614**	.656**

*, p<.01; **, p<.001

3. 영성과 죽음불안 간의 관계에서 낙관성의 매개역할

본 연구는 선행연구 고찰을 통해 노년기 영성이 죽음불안에 직접적으로 영향을 미치는 경로와 낙관성을 매개하여 죽음불안에 영향을 미치는 경로에 인구사회학적 특성을 통제하는 연구모형으로 설정하였고, 이 연구모형이 실제 자료에 잘 부합하는지 확인하기 위해 구조방정식 모형을 적용하여 검증하였다. 경로모형에 대한 검증에 앞서 죽음불안의 경우 문항수가 7개로 측정변수가 비교적 많은 편이어서 4개의 지표변수로 만들어 활용하였다. 그리고 죽음불안의 지표변수들과 영성과 낙관성의 측정변수들에 대한 기술통계 분석 결과 왜도 2 이하, 첨도 4 이하로 정상분포 조건을 충족시켜 구조방정식 모형을 적용할 수 있는 조건임을 확인하였다(홍세희, 2007).

측정모형의 모형적합도를 확인한 결과 TLI=0.961, CFI=0.969. RMSEA=0.070(.065~.074)로 좋은 적합도 수준을 보였고, 연구모형의 모형적합도도 역시 TLI=0.958, CFI=0.976. RMSEA=0.049(.045~.053)로 좋은 적합도 수준을 보였다(<표4> 참조). 그리고 각 지표변수 및 측정변수가 영성, 낙관성, 죽음불안의 잠재변수에 이르는 경로(요인부하량)들이 모두 유의미하여 각 지표들이 잠재변수를 적합하게 측정하고 있음을 확인하였다.

〈표 4〉 연구모형의 모형적합도

모형	X^2	DF	TLI	CFI	RMSEA
측정모형	759.258	71	.961	.969	.070(.065~.074)
연구모형	565.108	97	.958	.976	.049(.045~.053)

먼저, 통제변수와 영성, 낙관성, 죽음불안 간의 관계를 살펴보았다(<표 5> 참조). 통제변수가 영성에 미치는 영향을 살펴보면, 남성이 여성에 비해 영성 수준이 낮았고(b=-0.162, p<.01), 학력 수준이 높아질

수록(b=0.024, p<.001), 종교가 있는 사람이(b=1.231, p<.001), 통증이 클수록 영성 수준이 높았으며(b=0.035, p<.001), 주관적인 경제적 수준을 열악 하게 인식할수록(b=-0.133, p<.001), 영성수준이 낮아졌다.

통제변수가 낙관성에 미치는 영향은 연령이 높아질수록(b=-0.010, p<.001), 종교가 있는 사람이(b=-0.081, p<.01), 통증이 클수록(b=-0.016, p<.001), 주관적으로 인식하는 경제적 수준이 낮아질수록(b=-0.146, p<.001) 낙관적인 성향이 줄어들었다. 그러나 학력이 높아질수록 (b=0.012, p<.001) 낙관적인 성향은 더 높아졌다.

죽음불안에 통제적 변수가 미치는 영향은 남성이(b=0.217, p<.001), 연령이 높아질수록(b=0.061, p<.001), 주관적으로 인식하는 경제적 수준 이 낮을수록(b=1.231, p<.001) 죽음에 대한 불안 수준이 낮아짐을 확인 하였다.

〈표 5〉 연구모형에서의 경로계수

경로			b	β	S.E.	C.R.
주요 경로	영성	→ 낙관성	.117***	.233	.013	8.778
	낙관성	→ 죽음불안	.222***	.153	.043	5.119
	영성	→ 죽음불안	.009	.013	.021	.441
통제 변수	성(남성=1)	→ 영성	-.162**	-.066	.055	-2.977
	연령	→ 영성	-.002	-.011	.004	-.534
	학력	→ 영성	.024***	.095	.006	3.904
	종교유무(있음=1)	→ 영성	1.231***	.505	.048	25.746
	통증	→ 영성	.035***	.076	.010	3.670
	경제적 수준	→ 영성	-.133***	-.100	.029	-4.607
	동거가족수	→ 영성	.011	.011	.019	.556
	성(남성=1)	→ 낙관성	-.052	-.042	.031	-1.680

경 로			b	β	S.E.	C.R.
통제 변수	연령	→ 낙관성	-.010***	-.106	.002	-4.497
	학력	→ 낙관성	.012***	.095	.004	3.446
	종교유무(있음=1)	→ 낙관성	-.081*	-.066	.031	-2.587
	통증	→ 낙관성	-.061***	-.260	.006	-10.924
	경제적 수준	→ 낙관성	-.146***	-.217	.017	-8.743
	동거가족수	→ 낙관성	-.005	-.011	.011	-.481
	성(남성=1)	→ 죽음불안	.217***	.121	.048	4.551
	연령	→ 죽음불안	.014***	.096	.004	3.842
	학력	→ 죽음불안	.005	.026	.006	.873
	종교유무(있음=1)	→ 죽음불안	-.009	-.005	.048	-.195
	통증	→ 죽음불안	-.017	-.049	.009	-1.889
	경제적 수준	→ 죽음불안	.061*	.063	.026	2.341
	동거가족수	→ 죽음불안	-.016	-.023	.017	-.960

* $p<.05$; ** $p<.01$; *** $p<.001$***

인구사회학적 변인들의 영향력을 통제한 후 주요 변인들 간의 경로들을 살펴보았다(<표 5> 참조). 영성이 죽음불안에 미치는 영향은 b=0.009(p>.05)로 유의미하지 않았으나 영성이 낙관성에는 통계적으로 유의미한 영향을 미치는 것으로 나타나(b=0.117, p<.001) 영성이 높아질수록 낙관적인 성향도 커졌다. 그리고 낙관성은 죽음불안에 통계적으로 유의미한 영향을 미침(b=0.222, p<.001)을 확인하여 낙관적인 성향이 커질수록 죽음불안 수준이 낮아짐을 알 수 있었다. 따라서 영성이 죽음불안에 직접적으로 영향을 미치기보다는 낙관성을 매개로 하여 죽음불안에 간접적으로 영향을 미침을 알 수 있다.

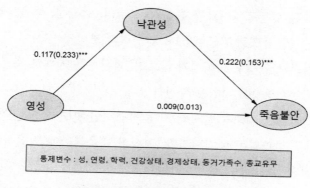

〈그림 2〉 연구모형의 경로계수

노인의 영성과 죽음불안 간의 관계에서 낙관성의 매개효과는 0.026으로, Sobel test를 실시한 결과 Z=4.478로 p<.001 수준에서 통계적으로 유의미하였다. 이것은 영성이 높아질수록 낙관적인 성향이 커지고, 따라서 죽음불안이 낮아지는 간접 경로가 통계적으로 유의미함을 의미한다.

V. 결론 및 제언

본 연구는 노년기 죽음불안이 노년기 삶의 질과 상당히 밀접한 관련이 있음에 주목하고, 노년기 죽음불안을 조절하기 위한 방안을 모색하기 위해 스트레스 상황에서 심리적 대처요인으로 다루어져온 영성과 낙관성이 죽음불안에 미치는 영향 관계를 밝히고자 시도되었다. 이를 위해 춘천에 거주하는 노인 2,000명을 대상으로 2016년에 수집된 설문조사자료를 활용하여 영성, 낙관성, 죽음불안 간의 관계를 실증적으로 검증하였다. 연구결과 노인의 영성이 죽음불안에 직접적으로 영향을 미치지 않으며, 낙관성을 매개로 죽음불안에 간접적으로 영향을 미침을 확인하였다.

본 결과는 영성과 죽음불안 간의 직접적인 관련성을 주장한 여러 선행연구 결과와는 배치되지만, 영성이 죽음불안에 직접적인 영향을 미치지 않음을 주장한 김숙남과 최순옥(2010)과 윤현숙 외(2015)의 연구결과를 지지하는 것이다. 그리고 본 연구결과는 항암화학요법 치료를 받은 노인 암 환자를 대상으로 한 연구에서 낙관성이 영성과 정신건강상태를 대변하는 우울 간의 영향관계에서 매개역할을 함을 밝힌 임연옥 외(2014) 연구와 영성이 낙관성을 매개로 하여 심리적 고통을 낮추고, 삶의 만족을 높임을 밝힌 Salsman과 동료들(Salsman, Brown, Brechting, & Carlson, 2005)의 연구결과와 맥을 같이 한다. 이러한 결과는 노인의 영성을 높이는 것이 즉각적으로 죽음불안을 낮추는 효과를 가져오기 보다는 영성을 향상시킴으로써 노년기에 부딪히는 여러 스트레스 상황에 대해 낙관적으로 대처할 수 있는 역량이 커지게 되면 노년기 죽음불안이 경감될 수 있음을 의미한다.

최근 낙관성에 대한 비판으로 스트레스를 극복하기 위해 긍정적인 사고, 즉 적절한 낙관적 성향은 필요하지만, 비현실적이거나 과도한 낙관성은 스트레스 상황에 대해 근거 없는 안도감이나 잘못된 믿음을 제공하여 개인의 삶에 장기적으로는 부정적인 영향을 미칠 수 있음이 지적되고 있다. 따라서 단순히 무비판적으로 낙관성을 향상시켜 죽음불안을 경감시키려고 할 경우 예상치 못한 부작용이 발생할 수 있으므로 본 연구결과를 반영하여 영성 계발을 바탕으로 낙관성을 높여 죽음불안을 경감시키는 접근이 더 타당하다고 여겨진다.

본 연구자가 영성을 주로 다루는 신학자나 심리학자가 아니므로 영성에 대해 깊이 다루기에 여러모로 부족하지만, 보편적인 영성에 대해 간단히 언급하면서 노년기 영성 계발의 중요성을 강조하고자 한다. 일반적으로 '영성'이라는 단어를 들으면 특정 종교에 국한시켜 생각하는 경우가 많지만 영성은 보다 넓은 범위에서 다루어질 수 있다. 영성의 본질은 '성스러운 것에 대한 추구'(Pargament, 1999)로 반드시 신이나 초월자를 믿는 것을 의미하는 것이 아니다. 영성을 사회과학적 용어로 정의하면 자연, 예술, 우주, 실제 인물, 위대한 사상이나 지적인 이념 등과 같은 자신보다 더 차원이 높은 존재와의 관계에서 삶의 의미 또는 존재의 의미를 탐구하는 내면 과정이다. 즉 영성은 의미와 목적을 추구하는 지속적인 자기성찰의 과정을 통해 존재하는 것과 사랑의 관계를 맺고, 인간의 고통과 소외를 이해하게 된다(Edward R. Canda).

따라서 영성 계발 또는 영적 성장을 바탕으로 노년기에 겪는 여러 스트레스 상황에 대해 긍정적이고 낙관적으로 대처하게 될 때 죽음불안을 낮출 수 있음에 주목하고, 노년기 영성 계발에 중점을 두어야 할 것이다. 이를 위해서 먼저 노년기 영성 계발을 위한 프로그램의 개발이 요구되는데, 영성의 개념이 광범위하고 추상적이므로 영성학자나 심리학자들과의 협력 연구를 통해 노년기 영성에 포함되어야 할 영역이나 유형들을 규명하는 노력이 우선되어야 할 것이다. 그리고 개발된 영성 계발 프로그램이 노인복지 현장에서 보편적으로 확산되기 위한 체계적인 노력 또한 필요하다.

참고문헌

강성례. 2006. "영적 간호의 개념분석." ≪대한간호학회지≫ 36(5): 803-812.

권영숙·김정남. 2003. "노인의 영적 안녕과 죽음불안 간의 관계." ≪지역사회간호학회지≫ 14(1): 132-143.

김순성·강영숙. 2007. "말기 한센병 환자의 영성과 죽음의 태도에 관한 연구." ≪정신보건과 사회사업≫ 25: 41-73.

김연숙·김지미. 2009. "노년기 죽음불안과 삶의 질." ≪한국생활환경학회지≫ 16(5): 275-285.

남기민·박현주. 2010. "노인의 종교활동과 사회활동 참여가 삶의 만족도에 미치는 영향." ≪노인복지연구≫ 49: 405-428.

민성길·김광일·박일호. 2002. 「한국판 세계보건기구 삶의 질 척도 지침서」. 하나의학사.

서혜경. 2007. "죽음불안도에 영향을 미치는 요인들에 대한 탐색적 연구; 죽음불안 4가지 영역에 따른 노년층과 비노년층의 차이를 중심으로." ≪한국보건교육건강증진학회≫ 24: 109-125.

서혜경·윤민석. 2008. "성별과 배우자 유무가 죽음불안 4가지 세부영역에 미치는 영향에 관한 연구." ≪노인복지연구≫ 39: 249-272.

손은정·홍혜영·이은경. 2009. "종교성과 안녕감 간의 관계에서 삶의 의미와 낙관성의 매개역할." ≪한국심리학회: 상담 및 심리치료≫ 21(2): 465-480.

오미나·최외선. 2005. "재가노인과 시설노인의 자아존중감, 죽음불안 및 우울에 관한 연구." ≪대한가정학회지≫ 43(3): 105-118.

오복자. 1997. "암환자의 영적 안녕과 삶의 질과의 관계연구." ≪성인간호학회지≫ 9(2): 189-198.

유은상. 2004. 「낙관주의 및 귀인방식과 건강의 관계」. 연세대학교 석사학위논문.

윤매옥. 2009. "암환자를 돌보는 간호사의 영적안녕과 영적간호 수행." ≪한국호스피스완화의료학회지≫ 12(2): 72-79.

윤현숙·임연옥·고윤순·범경아. 2015. "노인의 영성, 사회적지지, 우울이 죽음불안에 영향을 미치는 경로 분석." ≪한국지역사회복지학≫ 6(1): 229-254.

이한나·강은나·김세원. 2010. "노년기 죽음불안 영향요인 연구: 가족기능, 영적 안녕감 및 자아통합감의 효과 검증." ≪노인복지연구≫ 49: 311-332.

이현지·조계화. 2006. "노인의 죽음불안과 우울이 자살생각에 미치는 영향." ≪한국노년학≫ 26(4): 717-731.

임연옥·윤현숙·남일성·김여진·이현주·최경원. 2014. "항암화학요법 치료 노인 암환자가 우울에 이르는 스트레스 과정." ≪한국노년학≫ 34(4): 821-842.

장호익. 2007. 「노인이 인지하는 사회적 지지가 죽음불안에 미치는 영향」. 한양대학교 임상간호전문대학원 석사학위논문.

조계화·송병숙. 2012. "가족응집력과 주관적 행복감이 한국 노인의 죽음불안에 미치는 영향요인." ≪대한간호학회지≫ 42(5): 680-688.

최영희·신경림·고성희·공수자·공은숙·김명애·김미영·김순이·김옥수·이영희·조명옥·하례정·한수정. 2009. 「노인과 건강」. 서울: 현문사.

최외선. 2007. "노인의 자아통합감과 죽음불안에 대한 연구." ≪한국노년학≫ 27(4): 755-773.

홍세희. 2007. 「구조방정식 모형의 이론과 응용, 2007 고급연구방법론 워크샵 시리즈 1」, 연세대학교 사회복지대학원.

Cicirelli, V. 2002. "Fear of death in older adults: Predictions from the terror management theory." *Journal of Gerontology* 57: 358-366.

Chochinov, H. M., & Cann, B. J. 2005. "Interventions to enhance the spiritual aspects of dying." *Journal of Palliative Medicine* 8(1): 103-115.

Davis, S. F., Miller, K. M., Johnson, D., McAuley, K. & Dinges, D. 1992. "The relationship between optimism-pessimism, loneliness, and death anxiety." *Bulletin of the Psychonomic Society* 30(2): 135-136.

Diener, E. & Chan, M. Y. 2011. "Happy people live longer: Subjective well-being contributes to health and longevity." *Applied Psychology: Health and Well-Being* 3: 1-43.

Fortner, B. and Neimeyer, R. 1999. "Death anxiety in order adults: a quantitative review." *Death Studies* 23(5): 387-411.

Frazier, P. H. & Foss-Goodman, D. 1989. "Death Anxiety and Personality: Are they Truly Related?." *Journal of Death and Dying* 19(3): 265-274.

Hugenberg, A. F. 1999. Death anxiety and coping strategies of caregivers. California State University.

Kastenbaum, R. J. 2000. The Psychology of Death. Springer Publishing Company.

Kuperman, S. K. 1978. "Personality correlates of attitude toward death." *Journal of Clinical Psychology* 34(3): 661-663.

Lehto R. H. and Stein K. F. 2009. "Death Anxiety: An Analysis of an Evolving Concept." *Research and Theory for Nursing Practice: An International Journal* 23(1): 23-41.

Loo. 1984. "Personality correlates of the fear of death and dying scale." *Journal of Clinical Psychology* 40(1): 120-122.

Madnawat, A. V. S. and Kachhawa, P. S. 2007. "Age, gender, and living circumstances: Discriminating older adults on death anxiety." *Death Studies* 31: 763-769.

Minear, J. D. and Brush, L. R. 1981. "The Correlations of Attitudes toward Suicide with Death Anxiety, Religiosity, and Personal Closeness to Suicide." *Journal of Death and Dying* 11(4): 317-324.

Nelson, L. D. 1980. "Structural Conduciveness, Personality Characteristics and Death Anxiety." *Journal of Death and Dying* 10(2): 123-133.

Neimeyer, R. A. and Van Brunt, D. 1995. Death anxiety, In H. Wass & R. A. Neimeyer (Eds.), Dying: facing the facts (3rd ed.). New York: Taylor & Francis.

Rasmussen, H. N., Scheier, M. F. & Greenhouse, J. B. 2009. "Optimism and physical health: A meta-analytic review." *Annals of Behavioral Medicine* 37: 239-256.

Ribeiro, J. D. et al. 2014. "Fearlessness about Death: The psychometric properties and construct validity of the revision to the Acquired Capability for Suicided Scale." *Psychological Assessment* 26(1): 115-126.

Russac, R. J., Gatliff, C., Reece, M., & Spottswood, D. 2007. "Death anxiety across the adult years: an examination of age and gender effects." *Death Studies* 31(6): 549-561.

Salsman, J. M., Brown, T. L., Brechting, E. H. and Carlson, C. R. 2005. "The link between religion and spirituality and psychological adjustment: The mediating role of optimism and social support." *Personality and Social Psychology Bulletin* 31: 522-535.

Scheier, M. F. & Carver, C. S. 1985. "Optimism, coping, and health: Assessment and implications of generalized outcome expectancies." *Health Psychology* 4: 219-247.

Scheier M. F., Carver C. S. and Bridges M. W. 1994. "Distinguishing optimism from neuroticism (and trait anxiety, self-mastery, and self-esteem): A reevaluation of the life orientation test." *Journal of Personality and Social Psychology* 67: 1063-1078.

Sperry, L. 2003. "Integrating spiritual direction functions in the practice of psychotherapy." *Journal of Psychology and Theology* 31(1): 3-13.

Tany, R. A. 2002. "Towards clarification of the meaning of spirituality." *Journal of Advanced Nursing* 39(5): 500-509.

Templer, D. I. 1971. "Death Anxiety as Related to Depression and Health of Retired Persons." *Journal of Gerontology* 25(4): 521-523.

Terrill, A. L., Ruiz, J. M. & Garofalo, J. P. 2010. "Look on the bright side: Do the bene fits of optimism depend on the social nature of the stressor?." *Journal of Behavioral Medicine* 33: 399-414.

Thorson, J. A. 1977. "Variations in Death Anxiety Related to College Students' Sex, Major Field of Study, and Certain Personality Traits." *Psychological Report* 40(3): 857-858.

Wu, A., Tang, C. and Kwok, T. 2002. "Death anxiety among Chinese elderly people in Hong Kong." *Aging Health* 14(1): 42-56.

Wink, P. & Scott, J. 2005. "Does religiousness buffer against the fear of death and dying in late adulthood? Findings from a longitudinal study." *Journal of Gerontology: Psychological Sciences* 60B(4): 207-214.

제8장

노인의 영성, 사회적지지, 우울이 죽음불안에 영향을 미치는 경로분석[*]

윤현숙(한림대학교)
임연옥(한림대학교)
고윤순(한림대학교)
범경아(한림대학교)

●●●●

Ⅰ. 서론

노년기에 접어들면 은퇴와 경제적 불안정, 만성질환 관리와 건강 악화, 정서적-사회적 관계망의 축소 등으로 인해 소외감, 고독감, 우울 등을 느끼게 된다(김형수, 2002). 이와 함께 배우자를 비롯한 주변 친구나 친척의 죽음을 지켜보게 되고, 자신에게 닥쳐오는 질병과 신체 변화를 절감하게 되면서 죽음을 더 많이 지각하게 된다. 그런데 죽

---

* 이 원고는 윤현숙, 임연옥, 고윤순, 범경아.(2015). 노인의 영성, 사회적지지, 우울 이 죽음불안에 영향을 미치는 경로분석. 한국지역사회복지학, 53, 229-254. 에 실 린 논문을 재수록한 것임.

음이란 인간이라면 피할 수 없는 보편적 사건이며 자연스러운 삶의 과정을 이루는 한 부분이다. 죽음을 맞이할 시점이 점점 더 가까워지는 노년기에 들어선 노인은 일반적으로 죽음에 대한 불안이나 공포를 갖고 있음과 동시에 죽임의 불가피성을 인지하고 수용하려는 태도를 가지고 있다(최성재, 장인협, 2008). 즉, 죽음을 인식하게 된 노인들은 지난 삶을 돌아보고 주변에 감사하기도 하지만(이지영, 이가옥, 2004), 실제로 다른 어떤 연령대와 마찬가지로 죽음에 대해 불안해하고 분노하고 부정하기도 한다(최영희 외, 2009). 이러한 죽음과 관련된 공포, 혐오감, 파멸감, 거부, 부정적인 감정들을 통틀어서 죽음불안으로 정의할 수 있다(임송자, 송선희, 2012).

죽음불안은 사람들이 현재 경험하고 살아가는 방식에 영향을 미치므로(Neimeyer and Van Brunt, 1995), 노인이 느끼는 죽음불안은 노년기 삶의 질 또는 삶의 만족을 결정하는 주요 요인으로 작용하며, 최종적으로는 개인이 죽음을 맞이하는 모습에도 영향을 미친다. 그리고 노인의 죽음불안은 단순히 노인 개인의 삶에만 영향을 미치는데 그치지 않고 가족을 비롯한 주변 사람들의 삶과 죽음에 대한 태도에 영향을 미쳐 사회적 차원까지 파급된다. 따라서 노년기 죽음불안 경감의 개입 방안을 모색하기 위한 본 연구는 노인 인구가 급증하여 고령사회를 목전에 두고 있는 시점에서 노인 개인 뿐 아니라 사회적 차원에서도 상당히 의의가 있다고 여겨진다.

죽음불안에 영향을 미치는 요인을 규명하기 위해 시도된 여러 선행연구에서 사회적 지지(Hugenberg, 1999; Mary, 2000), 우울(남기민, 박현주, 2010; 오미나, 최외선, 2005; 이현지, 조계화, 2006; Fortner and Neimeyer, 1999), 영적 안녕(김경희 외, 2010), 자아통합감(권오균, 2008; 최외선, 2007; Fortner and Neimeyer, 1999), 자아존중감(오미나, 최외선, 2005), 죽음에 대한 태도(임송자, 송선희, 2012) 등이 죽음불안에 영향을 미치는 유의미한 변인으로 다루어져 왔다. 그런데 선행연구들은 각 요인이 죽음불안에 미치는 직접적인 영향을 제시할 뿐 요인들 간의 상호 관련성을 다루지 않고 있어 죽음불안에 영향을 미치는 경로를 분명하게 제시하지 못하는 한계를 지니고 있다.

선행연구들을 들여다보면 사회적 지지와 영성은 노인의 스트레스 반응에 대한 주요 대처 자원으로 노인의 적응을 도와 노인의 우울을 낮추는 역할을 함과 동시에 죽음불안에도 영향을 미친다. 우울 역시 죽음불안과 직접적으로 관련되어 있다. 또한 영성은 사회적 지지를 매개로 하여 심리적 고통에 간접적으로 영향을 미치고 있음을 보고하고 있다(Salsman et. al., 2005).

따라서 본 연구는 선행연구들로부터 제시된 노년기 죽음불안과 영성, 사회적 지지, 우울 간의 관계를 모두 포함한 경로모형을 설정하고 이를 검증하고자 한다. 이를 통해 노인의 죽음불안에 영향을 미치는 영성, 사회적 지지, 우울 등의 변수들 간의 역동적인 관계를 동시에 포괄적으로 파악하여 이론 모형을 제시하고, 죽음불안을 낮추는 유의미한 경로를 파악하여 노인의 죽음불안을 감소시킬 수 있는 실천적인 개입 방안을 제안하는데 기여하고자 한다.

이러한 목적을 달성하기 위해 다음과 같은 연구문제를 설정하였다.

1. 노년기의 영성, 사회적 지지, 우울, 죽음불안은 어느 정도이며,
   성별과 연령에 따라 차이가 있는가?
2. 노인이 지닌 영성, 사회적 지지, 우울이 죽음불안에 영향을 미
   치는 경로를 구조화한 연구모형이 실제 자료를 설명하기에 적
   합한가?
3. 노인이 지닌 영성, 사회적 지지, 우울이 죽음불안에 직접 또는
   간접적으로 어떠한 영향을 미치는가?

Ⅱ. 선행연구 고찰

1. 죽음불안

죽음에 대한 태도는 죽음불안(death anxiety), 죽음공포(fear of death), 죽
음수용(death acceptance), 죽음 스트레스(death stress) 등으로 구체화되는데,
그 중 죽음불안은 죽음과 관련된 공포, 위협, 불편함과 다른 부정적인
감정들의 집합으로 정의된다(이한나 외, 2010). 죽음불안에 대한 연구는
서구의 경우 1950년도부터 시작되어 1970년대 후반에 확대되었으
며(Neimeyer et al., 2004) 국내에서는 1990년대 초반부터 시작되었다.

Lehto와 Stein(2009)는 Rodgers의 진화적 개념분석방법(evolutionary
method of concept analysis)을 적용하여 1980년에서 2007년까지의 연구문
헌에 나타난 죽음불안의 개념을 개념의 속성(attributes)과 죽음불안을
일으키는 선행사건(antecedents), 죽음불안을 경험한 결과(consequences)로

나누어 분석하였다. 죽음불안을 일으키는 선행사건으로는 스트레스 환경과 예상치 못한 사건의 발생, 생명을 위협하는 질병이나 사건, 가까운 사람의 죽음과 죽음과정을 겪는 경험으로 제시하였다. 죽음불안의 결과는 크게 적응적인 결과와 부적응적인 결과로 나누어 설명하였다.

이미 서두에서 밝혔듯이 노년기에는 죽음불안을 일으키는 선행사건을 타 연령대보다 더 많이 경험하게 되는데, 노년기 죽음불안에 영향을 미치는 인구사회학적 요인을 살펴보면, 여성이 남성에 비해 죽음불안이 더 크다는 선행연구들이 더 많지만(조계화, 송병숙, 2012; 최외선, 2007; Madnawat, Kachhawa, 2007; Neimeyer, Fortner, 1995), 남성의 죽음불안이 더 높음을 보고한 연구들도 다수 보고되고 있다(서혜경, 2007; 서혜경, 윤민석, 2008).

Cicirelli(2002) 연구에서 노년기 죽음불안은 노년기 초기(65-74세)와 후기(85-89세)보다 노년기 중기(75-84세)에 최고점에 도달하는 역U자형을 보여 노년기 중기가 죽음불안의 전환기임을 제시하였으나(이한나외, 2010) 다른 몇몇 연구(김연숙, 김지미, 2009; Wu et al., 2002)에서는 노년 초기의 죽음불안이 가장 높은 것으로 나타나 연령별 연구도 일관된 결과를 보여주지 못하고 있다.

2. 죽음불안의 영향요인

1) 영성

영성은 종교적 신념이나 종교적 행위를 의미하는 그 이상으로 개인을 초월하여 절대자, 자신, 이웃과 의미 있는 관계를 가질 수 있도록 연결하여 희망, 의미, 사랑과 같은 삶의 최상의 가치를 완성하도록 하는 능력이며, 신체적, 정신적, 사회적 영역을 통합하는 힘이다(오복자, 1997). 즉, 영성은 인생의 의미, 개별성, 조화의 추구, 최상의 잠재력에 도달하려는 원동력(Tanyi, 2002)이며, 심리, 사회적 측면과 함께 인간의 전체성을 구성하는 중요한 요소(Sperry, 2003)로써 죽음을 수용하고 준비하는데 영향을 미친다(최선화, 2004).

Cicirelli(2002)는 공포관리이론을 통해 신앙심이 죽음불안에 영향을 미치는 것으로 보고하여 영성과 죽음불안이 관련됨을 제안하였다. 국내 연구에서는 영적 안녕감이 노년기의 불안과 우울을 낮추고 삶의 질을 높이며(염형욱 외, 2005), 자아통합감에 긍정적인 영향을 주며 죽음불안을 감소시킨다고(최금주, 2009) 보고하고 있다. 이한나 외(2010)도 노년기의 죽음불안을 효과적으로 다루기 위해서는 가족 요인과 영적 요인에 동시 개입하는 통합적 관점을 가져야 함을 제언하고 있다. 영성은 임종을 맞이하는 환자나 노인들이 죽음에 직면하여 경험하는 여러 심리적 문제에 대처하고 죽음불안을 극복하는 중요한 요인으로 작용한다(강성례, 2006; 김순성, 강영숙, 2007; 윤매옥, 2009; Chochinov and Cann, 2005).

그런데 다수의 선행연구들이 죽음불안과 영성 간에 상관관계를 보고함에도 불구하고 김숙남과 최순옥(2010)의 연구에서는 죽음불안과 영성 간에 상관관계가 없음을 보고하고 있다.

2) 사회적 지지

사회적 지지란 한 개인이 가진 대인관계로부터 얻을 수 있는 모든 긍정적인 자원을 의미하는데(Balada, 2005), 노년기에 경험하는 스트레스나 위기 상황에 대한 대처자원으로 중요한 역할을 한다. Hugenberg (1999)와 Mary(2000) 그리고 임승희와 노승현(2011)의 연구에서 사회적 지지가 노년기 죽음불안의 대처요인으로써 제시되고 있으며, 한혜경과 김정이(2003) 그리고 장덕희와 이승민(2007)은 사회적 지지를 많이 받을수록 죽음불안이 낮아짐을 보고하고 있다.

그런데 장호익(2007)의 연구에서는 사회적 지지가 높을수록 죽음불안이 높아졌고 가족과 함께 살면서 지지를 많이 받는 노인의 죽음불안이 높아짐을 밝히고 있는데(Madnawat and Kachhawa, 2007) 이는 사회적 지지를 많이 받음에 따라 죽음불안의 한 요소인 사랑하는 사람과의 이별에 대한 불안이 커짐에 따른 것으로 해석된다(Micheal,1979). 사회적 지지와 죽음불안 간의 관계성에 대한 방향에 대해서는 일관성 있는 결과가 제시되지 않고 있지만, 사회적 지지가 노년기 죽음불안과 밀접한 관련이 있음을 알 수 있다.

3) 우울

우울은 정상적인 기분 변화로부터 병적 상태까지의 연속선상에 있으며, 근심, 침울함, 무력감 및 무가치함을 반복해서 호소하는 신경증으로 세계보건기구(WHO)는 우울을 21세기 인류를 위협하는 대표적인 질병으로 다루고 있다(배진희, 2009). 더욱이 우울은 노인에게 나타나는 보편적이고 흔한 증상으로, 노인의 주요 사망위험인자로 언급된다(Atchley, 1994). 노년기에 경험하는 신체적 기능 감퇴 및 질병 발생, 배우자의 죽음, 경제 사정의 악화, 사회로부터의 고립 및 일상 생활에 대한 통제 불능 등은 우울증을 유발시키는 요인으로, 이중 여러 요인들이 동시다발적으로 노년기에 발생될 가능성이 매우 높다(박순천, 2005).

우울이 지속되면 자기파괴적인 악순환의 고리가 이어져 죽음에 대한 공포가 극대화되므로(김경희 외, 2010) 우울은 죽음불안을 증가시키는 요인으로 작용한다. 다수의 선행연구는 우울증상이 심해질수록 노인의 죽음불안이 커짐을 보고하고 있다(김경희 외, 2010; 여인숙, 김춘경, 2005; 오미나, 최외선, 2005; 이현지, 조계화, 2006; Neimeyer and Fortner, 1999). 이와 같은 선행연구를 통하여 우울과 죽음불안이 밀접한 관련이 있음을 알 수 있다.

4) 영성, 사회적 지지, 우울 간의 관계

죽음불안에 영향을 미치는 요인으로 언급된 영성, 사회적 지지, 우울 간의 관계를 선행연구들을 통해 살펴보면, 영성과 사회적 지지는 스트레스 반응에 대한 대처 자원으로 노인의 적응을 도와 노인의 우울을 낮추는 역할을 한다. 영성은 개인의 삶의 의미와 목적을 부여하는 것으로 노년기에 겪게 되는 부정적인 경험과 사건에 대해 해석의 틀을 제공해 주어 우울을 감소시키므로(Chamberlain and Zika, 1988) 노인의 영성이 깊을수록 우울 증상이 감소한다고 알려져 있다(염형욱 외, 2005). 그런데 김소남과 이상복(2013)은 영성을 종교적 영성과 실존적 영성으로 구분하고, 이중 실존적 영성만이 우울에 영향을 미침을 보고하였다. 한편, 중년여성을 대상으로 한 홍주연과 윤미(2013) 연구와 일반 노인을 대상으로 한 윤현숙과 원성원(2010) 연구에서는 영성이 우울에 직접적으로 영향을 미치지 않는 것으로 나타났다.

사회적 지지와 우울과의 관계에서는 노인이 지각하는 사회적 지지가 낮을수록 우울정도가 높아졌으며(윤현숙, 구본미, 2009) 미국 노인의 경우에도 자녀에게서 받은 정서적 지지가 높을수록 우울이 낮게 나타났다(Silverstein and Bengston, 1994).

긍정심리학에서는 영성과 정신건강 간의 관계에서 사회적 지지가 매개할 수 있음을 제안하고 있는데, 대학생을 대상으로 한 Salsman과 동료들(2005)의 연구에서 영성이 사회적 지지를 매개로 하여 심리적 고통을 낮추는 것으로 확인되었다. 이를 통해 영성이 사회적 지지를 매개로 우울과 죽음불안에 영향을 미침을 알 수 있다.

Ⅲ. 연구방법

1. 연구모형

본 연구는 노인의 죽음불안과 영성, 사회적 지지, 우울간의 경로를 밝히고자 시도되었다. 이를 위해 선행연구 고찰을 통해 영성이 직접적으로 죽음불안에 영향을 미치고, 대처 자원인 사회적 지지와 영성이 각각 우울과 죽음불안에 영향을 미치며, 영성이 사회적 지지를 매개로 우울과 죽음불안에 영향을 미칠 수 있음을 확인하고, 이를 바탕으로 연구모형을 제안하였다.

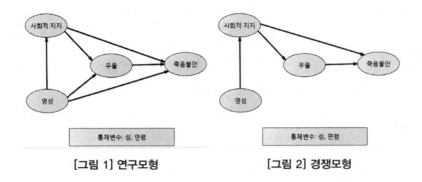

[그림 1] 연구모형   [그림 2] 경쟁모형

그리고 죽음불안과 영성 간에 상관관계가 없음을 보고한 김숙남과 최순옥(2010)의 연구결과와 영성이 우울에 직접적으로 영향을 미치지 않음을 보고한 홍주연과 윤미(2013), 윤현숙과 원성원(2010)의 연구결과를 반영하여 이 경로들을 삭제한 경쟁모형을 만들었다. 본 연구자들은 연구모형과 경쟁모형 간의 모형비교를 통해 실제 자료에 더 부합한 모형을 찾고자 하였다. 그리고 죽음불안, 우울, 영성, 사회적 지지에 영향을 미치는 성과 연령을 통제변수로 연구모형과 경쟁모형에 포함시켰다.

2. 연구대상

본 연구는 한림고령자패널[1] 3차 자료 1,009명 중 춘천에 거주하는

---

1 한림고령자패널은 서울과 춘천에 거주하는 40세 이상 2,529명을 대상으로 2003년부터 2009년까지 2년 간격으로 진행된 종단 조사연구이다. 한림고령자패널의 2003년도 1차 조사에서 조사대상자는 구(區)별로 층화표집(Stratified sampling)과 구내의 동, 통에 대한 집락표집(Cluster sampling), 그리고 조사구 내에서 동사

65세 이상 노인 540명을 대상으로 하였다. 연구대상자 중 남자 240명(44.4%), 여자 300명(55.6%)이었고, 연령은 65세부터 93세까지 분포하여 평균 73.92세(표준편차 5.34세)이었다. 이러한 남녀 집단 간 연령 차이는 통계적으로는 유의미하지 않았다(<표 1> 참조).

<표 1> 성별에 따른 연령 비교

항목	사람 수	평균	표준편차	t
남자	240	73.80	5.159	-.425
여자	299	74.00	5.469	

조사대상자 중 현재 혼인상태에 있는 사람은 319명(59.1%), 배우자와 사별한 사람은 210명(38.9%)이었다. 종교가 없는 사람이 241명(44.7%)이었으며, 종교를 지닌 사람은 299명(55.3%)로 종교별로 살펴보면 불교 131명(24.3%), 기독교 99명(18.3%), 천주교 56명(10.4%), 기타 13명(2.3%)의 순이었다.

월 가구소득 수준을 모른다고 답한 102명을 제외한 437명의 소득 분포를 살펴보면 50만원 미만인 사람이 164명(37.5%)로 가장 많았으며, 100만원 미만이 99명(22.7%), 150만원 미만이 46명(10.5%), 200만원 미만이 38명(8.7%), 200만원 이상 300만원 미만이 47명(10.8%), 300만원 이상이 43명(9.8%)이었다. 현재 건강상태에 대해 매우 좋지 않다라고 답한 사람이 67명(12.4%), 별로 좋지 않다라고 답한 사람이

무소의 협조를 얻어 해당 동/통의 주민등록 명부를 구하여 조사대상자 모집단을 선정한 후, 이들 중 일정한 규칙에 따라서 계통표집(Systematic sampling) 방법을 사용하여 선정하였다.

195명(36.1%)로 48.5%가 건강상태가 좋지 않은 것으로 지각하고 있었다.

3. 측정도구

1) 죽음불안

본 연구에서는 죽음불안을 죽음과 관련된 두려움으로 정의하고, Wong, Recker과 Gesser(1994)가 죽음에 대한 태도를 측정한 20개 문항 중 죽음과 관련된 두려움을 측정한 4개 문항, 자신의 죽음에 대한 두려움, 배우자나 친구의 죽음에 대한 두려움, 죽음의 고통에 대한 두려움, 사후에 대한 두려움을 활용하였다. '매우 그렇다'를 5점, '전혀 그렇지 않다'를 1점으로 하는 5점 리커트 척도로 측정하였으며, 점수가 높을수록 죽음불안이 큼을 의미한다. 본 연구에서 사용된 죽음불안 척도 신뢰도는 Cronbach's α=0.653이었다.

2) 영성

영성은 Gorsuch와 McPerson(1989)이 수정하여 제시한 Intrinsic/Extrinsic Measurement 중 Intrinsic 척도 8개 문항을 사용하여 5점 리커트 척도로 측정되었다. 8개 문항 중 '사람이 착하면 됐지 무슨 종교를 믿느냐는 중요치 않다', '나는 일상생활에서 종교에 얽매이지 않는다', '내 인생에서 종교가 전부는 아니다'의 3개 문항은 역점수로 처리하여 사용하였다. 본 연구에서 사용된 영성 척도의 Cronbach's α값은 0.928이었다.

3) 사회적 지지

사회적 지지는 Zimet, Dahlem, Zimet과 Farley(1988)가 개발한 Multidimensional Scale of Perceived Social Support(MSPSS)의 12개 문항 중에서 가족, 친구, 의미 있는 타인의 지지에 관한 문항으로 '나는 내 문제를 가족과 상의할 수 있다', '나는 내 문제를 친구들과 상의할 수 있다', '내 감정을 헤아려 주는 사람이 있다'와 같은 6개 문항을 활용하여 측정하였다. 각 문항은 '매우 그렇다'를 5점, '전혀 그렇지 않다'를 1점으로 하는 5점 리커트 척도로 측정되었다. 본 연구에서 사용된 MSPSS의 Cronbach's α값은 0.780로 나타났다.

4) 우울

우울은 한국판 CES-D(Center for Epidemiologic Studies Depression Scale) 척도를 사용하였다(전겸구, 이민규, 1992). 이 척도는 우울 정서를 중심으로 4점 척도의 20문항으로 구성되어 있고, 총점을 계산하여 활용하였으며, 우울 척도의 Cronbach's α값은 0.859이었다.

4. 분석방법

수집된 자료는 PASW statistics 18과 Amos 18 프로그램을 이용하여 분석하였다. 측정도구의 신뢰도를 검증하기 위해 Cronbach's α, 조사대상자의 인구사회학적 분포와 주요 변수의 특성을 파악하고 지표변수와 측정변수의 정규분포를 확인하기 위해 기술통계분석, 성과 연령 집단에 따른 주요 변수의 차이를 검증하기 위해 t-test

와 ANOVA 분석 등을 PASW statistics 18을 사용하여 실시하였다.

본 연구자들이 제시한 연구모형와 경쟁모형의 모형적합도를 검증하고, 경로계수를 밝히기 위해 AMOS 18 프로그램의 구조방정식 모형을 활용하였다. 또한 구조방정식 모형을 이용한 경로분석에서 밝혀진 매개효과를 Sobel test를 통하여 검증하였다.

Ⅳ. 연구결과

1. 주요 변수의 특성

연구모형을 검증하기에 앞서 영성, 사회적 지지, 우울의 경우 문항수가 6개~20개로 측정변수가 비교적 많은 편이어서 3개~5개의 지표변수로 만들어 활용하였다[2]. 그리고 죽음불안의 측정변수들과 영성, 사회적 지지, 우울의 지표변수들에 대한 기술통계 분석을 실시하였고, 그 결과를 표 2로 제시하였다. 분석결과 왜도(skewness) 2이하, 첨도(kurtosis) 4이하로 정상분포 조건을 충족시켜 구조방정식 모형을 적용할 수 있는 조건임을 확인하였다(홍세희, 2007).

---

2 Brown과 Cudeck(1992)에 따르면 측정변수가 많을 경우 측정오차는 감소하지만 추정오차가 증가하므로 측정변수의 수를 줄이는 과정이 필요하다. 따라서 영성, 사회적 지지, 우울을 측정하는 6개~20개 문항들의 평균을 계산하여 평균이 높은 문항과 낮은 문항을 짝지어 더하는 방식으로 측정변수를 3개~5개의 지표변수로 축소하였다(홍세희, 2007에서 재인용).

〈표 2〉 지표변수와 측정변수의 기술통계

영역	측정변수		평균	표준편차	왜도	첨도
영성	전체[3]		2.41	1.08	.285	-.91
		영성1	2.40	1.11	.22	-.87
		영성2	2.38	1.16	.40	-.72
		영성3	2.31	1.25	.56	-.86
		영성4	2.56	1.22	.31	-.97
사회적 지지	전체		3.46	.83	-.50	.19
		지지1	3.44	1.09	-.54	-.37
		지지2	3.59	.94	-.55	.05
		지지3	3.36	.86	-.33	.28
우울	전체		36.04	9.16	.75	.33
		우울1	1.89	.60	.57	-.23
		우울2	1.71	.58	.91	.56
		우울3	2.03	.52	.46	.30
		우울4	1.74	.54	.68	.01
		우울5	1.67	.52	1.08	1.26
죽음 불안	전체		2.67	1.00	.190	-.536
	자신의 죽음에 대한 두려움		2.04	1.35	.89	-.77
	배우자/친구 죽음의 두려움		2.97	1.47	-.27	-1.49
	주음의 고통		3.52	1.46	-.79	-.85
	사후에 대한 두려움		2.13	1.45	.81	-.94

측정모형의 모형적합도는 x^2=197.377, TLI=.967, CFI=.977, RMSEA=.043(.035~.052)로 좋은 수준이었으며, 지표변수와 측정변수에서 잠재변수에 이르는 요인계수도 모두 통계적으로 유의미함을 확인하였다.

---

3 표 2의 영성, 사회적 지지, 우울의 전체에서 제시된 통계치는 영성 8개문항, 사회적 지지 6개문항, 우울 20개 문항의 총합을 계산한 것을 바탕으로 통계처리된 것이다.

측정모형에 포함된 주요 개념, 즉 잠재변수들 간의 상관관계를 분석한 결과(<표 3> 참조), 죽음불안은 우울(r=0.284, p<.001)과 유의미한 정적 상관관계를 가지고 있었지만, 죽음불안은 사회적 지지와 영성과의 상관관계에서는 유의미하지 않았다. 영성은 사회적 지지(r=0.132, p<.01)와 정적으로 유의미한 상관관계를 보였지만 우울과는 유의미한 상관관계를 보이지 않았다. 그리고 사회적 지지와 우울간의 관계는 부적으로 유의미한 상관관계(r=-0.378, p<.001)를 보였다.

〈표 3〉 주요변수(잠재변수)간의 상관관계

	죽음 불안	영성	사회적 지지
영성	.001		
사회적 지지	.102	.132**	
우울	.284***	.002	- .378***

*, p<.05; **, p<.01; ***, p<.001

2. 성과 연령에 따른 죽음불안과 영성, 사회적 지지, 우울

연구문제1에서 제시된 연구대상자의 성과 연령에 따른 영성, 사회적 지지, 우울, 죽음불안의 차이를 살펴보기 위해 t-test와 ANOVA 분석을 실시하였다. 본 연구대상자의 죽음불안 정도는 5점 만점에 평균 2.67점(SD 1.00점) 정도로 '그저 그렇다'에 해당하는 3점 보다 낮은 수준이었으며, 여성 노인의 죽음불안은 2.83점으로 남성 노인 2.46점에 비해 통계적으로도 유의미하게 높았다(t=-4.428, p<.001). 그러나 연령집단 간 죽음불안의 차이는 통계적으로 유의미

하지 않았다. 연구대상자의 영성수준은 5점 만점에 평균 2.41점(SD 1.08점)이었고, 여성 노인의 영성이 2.61점으로 남성 노인 2.17점 보다 높았으며, 이러한 차이는 통계적으로 유의미하였다(t=-4.857, p<.001). 그러나 연령 집단 간 영성의 차이는 발견되지 않았다.

〈표 4〉 성별 죽음불안, 영성, 사회적 지지, 우울 비교

변인	성	평균	표준편차	t
죽음불안	남	2.46	.960	-4.428***
	여	2.83	1.006	
영성	남	2.17	1.012	-4.857***
	여	2.61	1.088	
사회적 지지	남	3.54	.773	1.908
	여	3.40	.873	
우울	남	32.83	7.783	-7.615***
	여	38.63	9.374	

*, p<.05; **, p<.01; ***, p<.001

〈표 5〉 연령집단별 죽음불안, 영성, 사회적 지지, 우울 비교

변인	연령 집단	평균	표준편차	F
죽음불안	70세 이하	2.58	.97	.886
	71-75세	2.65	.99	
	76-80세	2.74	1.03	
	81세 이상	2.78	1.06	
영성	70세 이하	2.42	1.08	.139
	71-75세	2.40	1.06	
	76-80세	2.38	1.11	
	81세 이상	2.48	1.06	

변인	연령 집단	평균	표준편차	F
사회적 지지	70세 이하[a]	3.52[ab]	.72	4.281**
	71-75세[b]	3.58[a]	.84	
	76-80세[c]	3.33[bc]	b.88	
	81세 이상[d]	3.23[c]	.92	
우울	70세 이하	34.68	8.00	1.762
	71-75세	36.50	10.10	
	76-80세	36.38	8.72	
	81세 이상	37.25	9.36	

사후검증 결과는 Duncan을 실시한 것임. *, p<.05; **, p<.01; ***, p<.001.

연구대상자들이 지각한 사회적 지지 수준은 평균 3.46점(SD 0.83점)이었으며, 남성 노인이 지각하는 사회적 지지가 3.54점으로 여성 노인의 3.40점보다 약간 높았으나 통계적으로 유의미한 차이는 발견되지 않았다(t=1.908, p>.05). 연령대별로 살펴보면 70세 이하 집단 3.52점, 71세부터 75세 이하 집단 3.58점, 그리고 76세부터 80세 이하 3.33점, 81세 이상의 집단 3.23점으로 연령대가 높아질수록 사회적 지지를 덜 받으며, 이러한 차이가 통계적으로 유의미하였다(F=4.281, p<.01).

우울정도는 10점에서 40점까지 분포하는데 평균 36.04점(SD 9.16점)으로 상당히 높게 나타났으며, 여성 노인의 우울정도는 38.63점으로 남성 노인의 32.83점보다 통계적으로 유의미하게 높았다(t=-7.615, p<.001). 그러나 연령 집단별로 우울정도에는 통계적으로 유의미한 차이는 없었다.

이상에서 살펴 본 바와 같이 죽음불안, 영성, 우울은 성별에 따라, 사회적 지지는 연령집단에 따라 통계적으로 유의미한 차이가 나타나, 연구모형을 검증함에 있어서 성과 연령을 통제하도록 하였다.

3. 연구모형과 경쟁모형 비교

　연구문제2를 해결하기 위해 연령과 성을 통제한 상황에서 영성과 사회적 지지가 죽음불안에 직접적으로 영향을 미치고, 영성과 사회적 지지가 우울을 매개로 죽음불안에 간접적으로 영향을 미치며, 영성이 사회적 지지를 매개로 우울에 영향을 미치는 경로구조를 설정하고 이를 구조방정식 모형으로 분석하였다(<표 6> 참조). 연구모형의 모형적합도 지수를 살펴본 결과 TLI=0.955, CFI=0.968로 좋은 적합도를 보였고, RMSEA도 0.046으로 좋은 적합도를 보였다.

　본 연구자가 제안한 연구모형과 경쟁모형 간의 모형비교를 실시하였고, 다른 적합도 지수들도 참고하였다. 연구모형과 경쟁모형간의 모형비교를 한 결과 경쟁모형이 이론모형에 비해 자유도가 2만큼 큰데 두 모형간의 χ^2 차이는 1.953으로 두 모형 중 간명모형인 경쟁모형이 채택되었다. 그리고 CFI와 TLI, RMSEA는 두 모형 간에 동일하였다. 따라서 영성이 죽음불안과 우울에 직접적으로 영향을 미치는 경로가 삭제된 경쟁모형이 실제 자료에 더 부합됨을 확인하였다.

〈표 6〉 연구모형과 경쟁모형 간의 모형적합도 비교

모형	χ^2	df	TLI	CFI	RMSEA
연구모형	261.766	122	.955	.968	.046(.038-.054)
경쟁모형	263.749	124	.956	.968	.046(.038-.053)

4. 죽음불안에 이르는 경로분석

연구문제3을 해결하기 위해 경쟁모형에 포함된 경로들을 살펴보면 두 변수들 간의 직접경로계수들은 표 7과 같으며, [그림3]은 유의미한 직접 경로만을 제시하였다.

<표 7> 경쟁모형1의 경로계수

경로			비표준화	표준화	S.E.	C.R.
영성	→	사회적 지지	.095***	.162	.028	3.379
사회적 지지	→	우울	-.239***	-.339	.035	-6.920
우울	→	죽음불안	.533***	.326	.113	4.732
사회적지지	→	죽음불안	.291***	.251	.074	3.906
성	→	영성	-.452***	-.211	.094	-4.822
연령	→	영성	.003	.016	.009	.367
성	→	사회적 지지	.164**	.131	.058	2.831
연령	→	사회적 지지	-.020***	-.175	.005	-3.847
성	→	우울	-.249***	-.282	.038	-6.587
연령	→	우울	.005	.059	.003	1.411
성	→	죽음불안	-.226**	-.156	.080	-2.836
연령	→	죽음불안	.010	.074	.007	1.421

성: 남=1, 여=0으로 더미변수화 함. 연령: 역연령을 사용함.
*, p<.05; **, p<.01; ***, p<.001

두 변수간의 직접 경로계수를 살펴보면, 영성이 사회적 지지에 영향을 미쳐서(b=.095, p<.001) 영성이 높을수록 사회적 지지를 더 많이 받는 것으로 지각하고 있었다. 사회적 지지는 우울에 부적인 영향을 미쳐(b=-.239, p<.001), 사회적 지지를 많이 받는다고 지각할수록 우울 수준이 낮아짐이 확인되었다. 그리고 우울은 죽음불안에 정적으로

영향을 미치는 것으로 나타나(b=.533, p<.001), 우울수준이 높을수록 죽음불안을 크게 느꼈다. 사회적 지지는 죽음불안에 정적으로 영향을 미쳐(b=.291, p<.001), 사회적 지지를 많이 받는다고 지각할수록 죽음불안을 크게 느끼는 것으로 밝혀졌다.

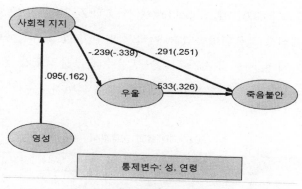

[그림 3] 경쟁모형의 유의미한 경로

5. 매개효과 분석

두 변인 간의 직접효과가 유의미하게 나타난 경로들을 바탕으로 영성에서 죽음불안에 이르는 2개의 간접경로에서 간접효과가 발생함을 확인하였다. 하나는 영성과 죽음불안 간에 사회적 지지가 매개하는 경로이며, 다른 하나는 영성과 죽음 불안 간에 사회적 지지와 우울이 이중으로 매개하는 경로이었다(<표8> 참조).

영성이 사회적 지지를 거쳐 죽음불안에 영향을 미치는 매개효과는 0.028이었으며, 이 매개효과를 확인하기 위해 Sobel test를 한 결

225

과 Z=2.568로 p<.01 수준에서 통계적으로 유의미하게 나타났다. 따라서 노인의 영성수준이 높아질수록 사회적 지지를 더 많이 지각하게 되며, 사회적 지지를 많이 지각할수록 죽음불안이 높아짐을 의미한다.

그리고 노인의 영성과 죽음불안 간에 사회적 지지와 우울의 이중매개효과는 -0.012로, Sobel test를 한 결과 Z=2.979로 p<.01수준에서 통계적으로 유의미하였다. 따라서 영성이 높을수록 사회적 지지는 높아지며, 사회적 지지를 많이 받을수록 우울정도가 낮아지고, 낮아진 우울 수준은 죽음불안을 낮추게 됨을 의미한다.

〈표 8〉 매개효과 경로분석

경로	계수	Z
영성 → 사회적 지지 → 죽음불안	0.028	2.568**
영성 → 사회적 지지 → 우울 → 죽음불안	-0.012	2.979**

*, p<.05; **, p<.01; ***, p<.001

V. 결론 및 제언

본 연구는 노인의 죽음불안과 관련된 영성, 사회적 지지, 우울 간의 관계를 동시에 포괄적으로 다루는 이론 모형을 제시하고, 노인의 죽음불안 경감을 위한 개입 방안을 제안하기 위해 시도되었다. 이를 위해 선행연구에 대한 고찰을 바탕으로 영성, 사회적 지지, 우울이 죽음불안에 영향을 미치는 관계를 연구모형을 제안하고 검증하였다.

본 연구자들이 제안한 연구모형의 모형적합도가 좋았지만, 영성에서 우울과 죽음불안에 이르는 2개의 직접 경로를 삭제한 경쟁모형이 연구모형에 비해 더 간명하게 실제 자료를 부합됨을 확인하였다. 따라서 경쟁모형에서 제시된 주요연구결과를 살펴보고 논의를 하면 다음과 같다.

첫째, 연구대상자의 죽음불안 수준은 5점 기준에 2.67점으로 중간보다 낮은 수준이었고, 영성도 2.48점으로 중간보다 약간 낮은 수준이었으며, 연구대상자가 지각하는 사회적 지지는 3.23점으로 중간을 약간 상회하는 수준이었다. 그러나 우울은 40점 기준에 36.04점으로 상당히 높은 것으로 드러났다.

분석결과 여성 노인이 남성에 비해 죽음불안을 더 많이 느끼고 더 우울하며, 영성 수준은 더 높았다. 그리고 연령대가 높아질수록 사회적 지지를 덜 받는 것으로 지각하였다. 여성에게서 죽음불안이 더 높다는 본 연구결과는 다수의 선행연구결과(조계화, 송병숙, 2012; 최외선, 2007; Madnawat and Kachhawa, 2007; Neimeyer and Fortner, 1995)를 지지하는 것이다. 따라서 죽음불안에 관한 개입을 함에 있어서 고령의 여성 노인을 주요 목표 집단으로 접근해야 할 것이다.

둘째, 경쟁모형은 영성, 사회적 지지, 우울이 죽음불안에 직접적으로 영향을 미치고, 영성과 사회적 지지가 우울에 영향을 미치며, 영성이 사회적 지지를 매개로 우울에 영향을 미치는 경로를 포함한 연구모형에서 영성이 죽음불안과 우울에 영향을 미치는 직접 경로 2개를 삭제한 모형이다. 다수의 선행연구에서 영성이 우울과 영성에 영향을 미치는 것으로 보고됨에도 불구하고 본 연구에서 이를 지

227

지하지 않는 결과가 나온 것은 영성을 측정하는 문항의 특성이 반영된 것으로 이해된다. Commerford와 Reznikoff(1996)는 영성을 측정함에 있어서 종교적인 활동정도를 양적으로 측정하는 Extrinsic 문항을 통해 영성을 측정할 경우 우울과 관련성이 높게 나타나는 반면 본 연구처럼 Intrinsic 문항을 활용하여 영성을 측정할 경우에는 우울에 영향을 미치지 못한다고 설명하고 있다.

셋째, 본 연구에서 밝혀진 노인의 죽음불안에 영향을 미치는 2개의 경로 중 하나는 노인의 영성수준이 높을수록 사회적 지지를 더 많이 받는 것으로 지각하고 이는 오히려 죽음불안을 더 크게 느끼게 하는 것으로 드러났다. 이러한 결과는 사회적 지지를 많이 받을수록 죽음불안이 낮아짐을 보고한 다수의 선행연구들(임승희, 노승현, 2011; 한혜경, 김정이, 2003; 장덕희, 이승민, 2007; Hugenberg, 1999; Mary, 2000)과 상반된 것이다.

하지만 장호익(2007)과 Madnawat와 Kachhawa(2007)의 연구에서는 사회적 지지가 높을수록 죽음불안이 높아짐을 보고하고 있고, 그 이유로써 사회적 지지를 많이 받는 사람은 죽음으로 인해 사랑하는 사람들과의 이별에 대한 불안이 커질 수 있음을 밝히고 있다(Micheal, 1979). 더욱이 본 연구에서 사회적 지지를 측정하기 위해 활용한 Multidimensional Scale of Perceived Social Support(MSPSS)가 '나는 내 문제를 가족과 상의할 수 있다', '나는 내 문제를 친구들과 상의할 수 있다', '내 감정을 헤아려 주는 사람이 있다'와 같은 가족, 친구, 의미 있는 타인으로부터 받는 지지정도를 묻는 문항으로 구성되어 있으며, 죽음불안 척도에 배우자나 친구의 죽음에 대한 두려움을 측정하는 문항이 포함되어 있어 Michael(1979)의 설명이 상당히 설득력 있다고 여겨진다.

넷째, 노인의 죽음불안에 영향을 주는 다른 경로 하나는 영성이 사회적 지지와 우울을 차례로 이중매개하여 죽음불안을 낮추는 것이다. 즉 영성 수준이 높을수록 사회적 지지를 더 많이 지각하고, 이는 우울을 낮추며, 이에 따라 죽음불안 또한 줄어듦을 의미한다. 이러한 죽음불안에 영향을 미치는 이중매개 경로는 다른 선행연구에서는 도출된 바가 없는 새로운 결과이다.

최근 긍정심리학에서 스트레스에 대한 대처 자원으로써 중요하게 언급되는 영성의 본질은 '성스러운 것에 대한 추구'이다(Pargament, 1999). 여기서 말하는 성스러운 것에 대한 추구는 반드시 신이나 초월자를 믿는 것을 의미하는 것이 아니며, 자연환경, 위인과 같은 실제 인물, 위대한 사상이나 지적인 이념, 직업이나 자녀양육 또는 결혼생활과 같은 역할, 음악이나 문학 등의 문화적 활동 등 어떤 대상을 성스러운 것으로 인식하는 심리적인 과정을 말한다. 따라서 영성이 높아지면 자신을 지지해주는 사람과 그러한 사회관계에 대해 의미를 부여하고 행복감을 느끼게 된다(권석만, 2011). 이러한 맥락에서 본다면 본 연구결과는 영성이 계발되면 자신이 받는 사회적 지지에 의미를 부여하게 되고, 이에 따라 우울감이 해소되고 죽음불안을 떨어버릴 수 있게 되는 일련의 과정을 실증적으로 제시한 것이며, 이러한 개념들간의 관계를 하나의 이론 모형으로 제시한 것이다.

한편, 본 연구결과를 바탕으로 죽음불안을 경감시킬 수 있는 실천적 방안을 제언하고자 한다. 죽음준비는 죽음을 인식하고 긍정적으로 받아들일 수 있도록 함으로써 죽음불안에 대처할 수 있도록 돕는 정신적인 죽음준비와 웰다잉을 위해 행동적으로 구체화된 실제적인 준비를 하는 물질적인 죽음준비가 함께 이루어져야 한다(김미순 외, 2011). 그러한 대표적인 예로써 죽음준비교육 프로그램이 노인복지관이나 대학, 시민단체, 문화센터 등에서 실시되고 있다. 그런데 현재 실시되고 있는 대다수의 프로그램은 죽음의 의미, 유언과 상속, 존엄사와 사전의료의향서, 호스피스, 장기기증 및 종신기부, 유언장 작성, 버킷리스트, 장례문화 견학 등과 같이(http://www.nowonsenior.or.kr) 실제적으로 죽음을 준비하는 내용만을 중심으로 구성되어 있을 뿐 정신적으로 죽음을 준비할 수 있도록 돕는 내용은 다루어지지 못하고 있다.

본 연구결과 영성이 사회적 지지와 우울을 이중 매개하여 노년기 죽음불안을 낮춘다는 사실이 실증되었으므로 노년기 영성 계발, 즉 정신적 측면에서의 죽음준비에 대해 관심을 높여야 한다. 본 연구결과를 반영하여 실천적 제안을 한다면 실제적인 죽음준비를 돕는 현재의 죽음준비교육 프로그램 내용과 병행하여 노인의 영성을 높이기 위한 마음챙김과 같은 명성이나 삶의 의미와 의지, 희망, 믿음, 사랑, 용서와 수용 등의 영적 수준을 높이는 프로그램이 다루어져야 할 것이다. 이와 같이 영적 수준을 높이기 위한 노력들은 노인으로 하여금 자신이 받는 사회적 지지와 지지원이 되는 사회적 관계에 대해 올바르게 의미를 부여하게 되고 감사함을 느끼게 되며, 이로 인해 우울에서 벗어나고 죽음불안으로부터 벗어나도록 도울 것이다.

이상에서 살펴본 바와 같이 본 연구는 노인의 죽음불안과 영성,

사회적 지지, 우울 간의 역동적인 관계를 통합적으로 이해할 수 있는 이론적 모형을 제시하고, 죽음불안을 경감시키기 위한 실천적 개입 방안의 방향을 제시하였다는 점에서 의의가 있다.

　마지막으로 본 연구가 지닌 제한점을 밝히고 향후 연구를 위한 제언을 하고자한다. 첫째, 본 연구는 춘천 노인들을 대상으로 국한하였기 때문에 결과를 일반화하는데 한계가 있다. 따라서 향후 연구대상자의 범위를 확대하여 연구를 하는 것을 제언한다.

　둘째, 본 연구는 패널자료를 활용함에 따라 변수를 선정함에 있어서 한계가 있었다. 즉 영성을 Intrinsic 문항을 사용하여 측정하여 종교적 활동 정도를 측정하는 Extrinsic 측면을 포함하지 못하였고, 실존적 영성과 종교적 영성 중 실존적 영성을 반영하지 못하였다. 그리고 사회적 지지를 가족, 친구, 의미 있는 타인 등과 같은 사회적 지지 제공자를 중심으로 측정함에 따라 정서적, 평가적, 도구적, 정보적, 물질적 지지 등 같은 사회적 지지의 기능적 측면을 다루지 못하였다. 또한 죽음불안을 죽음에 대한 두려움 4개 문항으로만 측정함에 따라 죽음불안을 구성하는 존재상실불안과 죽음과정불안 등과 같은 하위 영역을 측정하지 못하였다. 따라서 추후연구에서는 영성, 사회적 지지, 죽음불안의 다양한 측면을 포괄하여 다룬다면 변인들 간의 관계를 더욱 명료하게 밝힐 수 있을 것으로 기대된다.

참고문헌

강성례. 2006. "영적간호의 개념분석". 대한간호학회지. 36(5): 803-812.

권석만. 2011. 『긍정심리학』. 서울: 학지사.

권오균. 2008. "노인복지시설 거주노인의 죽음불안 결정요인에 관한 연구". 노인복지
연구. 41: 27-50.

김경희·권혜진·최미혜·박윤자·김수강. 2010. "심리적·영적 요인이 재가노인의 죽음
불안에 미치는 영향". 정신간호학회지. 19(1): 96-105.

김미순·하춘광·김효순. 2011. "내세관과 죽음준비도 및 생활만족도에 관한 연구". 한
국가족복지학. 16(1): 111-136.

김소남·이상복. 2013. "지역사회 거주 노인의 영적 안녕, 사회적 지지, 생활만족도 및
우울의 관계". 동서간호학연구지. 19(2): 186-194.

김숙남·최순옥, 2010. "간호사의 죽음불안과 영성". 한국간호교육학회지. 101-110.

김순성·강영숙. 2007. "말기 한센병 환자의 영성과 죽음의 태도에 관한 연구". 정신보
건과 사회사업. 25: 41-73.

김연숙·김지미. 2009. "노년기 죽음불안과 삶의 질". 한국생활환경학회지. 16(5):
275-285.

김태현·손양숙. 1984. "노인의 죽음에 대한 태도 연구". 한국노년학. 4: 3-19.

김형수. 2002. "한국 노인의 자살생각과 관련요인 연구". 한국노년학, 22(1): 159-172.

남기민·박현주. 2010. "노인의 종교활동과 사회활동 참여가 삶의 만족도에 미치는 영
향". 노인복지연구. 49: 405-428.

박순천. 2005. "노인의 자살생각에 영향을 미치는 요인에 관한 연구". 이화여자대학교
대학원. 석사학위논문.

배진희. 2009. "노인의 상실, 학대경험, 우울이 자살생각에 미치는 영향". 노인복지연
구. 49-69.

서혜경. 1987. "한미 노인의 죽음에 대한 태도연구". 한국노년학회지. 7: 39-58.

서혜경. 2007. "죽음불안도에 영향을 미치는 요인들에 대한 탐색적 연구: 죽음불안 4
가지 영역에 따른 노년층과 비노년층의 차이를 중심으로". 한국보건교육
건강증진학회. 24: 109-125.

서혜경·윤민석. 2008. "성별과 배우자 유무가 죽음불안 4가지 세부영역에 미치는 영
향에 관한 연구". 노인복지연구. 39: 249-272.

여인숙·김춘경. 2006. "생애회고적 이야기치료 집단 프로그램이 노인의 자아통합감
증진에 미치는 효과". 대한가정학회지. 44(5): 157-169.

염형욱·정성덕·서완석·구본훈·배대석. 2005. "노년기 영성과 불안·우울 및 삶의 질
과의 관계". 영남의대학술지. 22(1): 27-42.

오미나·최외선. 2005. "재가노인과 시설노인의 자아존중감·죽음불안 및 우울에 관한
연구". 대한가정학회지. 43(3): 105-118.

오복자. 1997. "암환자의 영적 안녕과 삶의 질과의 관계연구". 성인간호학회지. 9(2): 189-198.

윤매옥. 2009. "암환자를 돌보는 간호사의 영적안녕과 영적간호 수행". 한국호스피스완화의료학회지. 12(2): 72-79.

윤현숙·구본미. 2009. "노인의 건강상태가 우울에 미치는 영향에 대한 사회적 지지의 매개효과". 한국사회복지학. 61(2): 304-324.

윤현숙·원성원. 2010. "노인의 영성과 종교활동이 생활만족도와 우울에 미치는 영향". 한국노년학. 30(4): 1077-1093.

이지영·이가옥. 2004. "노인의 죽음에 대한 인식". 한국노년학. 24(2): 193-215.

이한나·강은나·김세원. 2010. "노년기 죽음불안 영향요인 연구: 가족기능, 영적 안녕감 및 자아통합감의 효과 검증". 노인복지연구. 49: 311-332.

이현지·조계화(2006). "노인의 죽음불안과 우울이 자살생각에 미치는 영향". 한국노년학. 26(4): 717-731.

임송자·송선희. 2012. "죽음에 대한 태도가 죽음불안에 미치는 영향". 한국콘텐츠학회논문지. 12(5): 243-255.

임승희·노승현. 2011. "노인의 주관적 삶의 질 모형연구: 죽음 불안의 매개효과를 중심으로". 한국노년학. 31(1): 1-14.

장덕희·이승민. 2007. "가족요인이 노인의 죽음불안에 미치는 영향". 노인복지연구. 37: 89-110.

장호익. 2007. "노인이 인지하는 사회적 지지가 죽음불안에 미치는 영향". 한양대학교 임상간호전문대학원 석사학위논문.

전겸구·이민규. 1992. "한국판 CES-D 개발 연구". 한국심리학회지: 임상. 11(1). 65-76.

조계화·송병숙. 2012. "가족응집력과 주관적 행복감이 한국 노인의 죽음불안에 미치는 영향요인". 대한간호학회지. 42(5): 680-688.

최금주. 2009. "노인의 영적 웰빙이 자아통합과 죽음불안에 미치는 영향". 대구카톨릭대학교 대학원 박사학위논문.

최선화. 2004. "죽음에 대한 체계적 서비스를 위한 시론적 고찰". 여성연구논집, 15: 109-126.

최성재·장인협. 2008. 『노인복지학』. 서울대학교출판부.

최영희·신경림·고성희·공수자·공은숙·김명애·김미영·김순이·김옥수·이영희· 조명옥·하례정·한수정. 2009. 『노인과 건강』. 서울: 현문사.

최외선. 2007. "노인의 자아통합감과 죽음불안에 대한 연구". 한국노년학, 27(4): 755-773.

한혜경·김정이(2003). "가정 호스피스에서의 사회적 지지 활동이 노인의 죽음 불안에 미치는 영향". 한국노년학. 171-185.

홍세희. 2007. 『구조방정식 모형의 이론과 응용. 2007 고급연구방법론 워크샵 시리즈 1』, 연세대학교 사회복지대학원.

홍주연·윤미. 2013. "중년여성의 영성이 행복과 우울에 미치는 영향". 한국심리학회지: 여성. 18(1). 219-242.

Atchley. R. 1994. "Social Forces and Aging." California: Wads worth Publishing Co.

Balada. F. A. 2005. "A training manual for improving the quality of life elders in Adult Day Centers." Alliant International University, San Francisco.

Chamberlain, K. and Zika, S. 1988. "Religiosity, life meanings and wellbeing: Some relationships in a sample of women." Journal for the Scientific Study of Religion, 27, 411-420.

Chochinov, H. M., and Cann, B. J. 2005. "Interventions to enhance the spiritual aspects of dying." J Palliat Med, 8(1): 103-115.

Cicirelli, V. 2002. "Fear of death in older adults: Predictions from the terror management theory." Journal of Gerontology, 57: 358-366.

Commerford, M. C. and Reznikoff, M. 1996."Relationship of Religion and Perceived Social Support to Self-Esteem and Depression in Nursing Home Residents." Journal of Psychology: Interdisciplinary and Applied, 30(1): 35-50.

Fortner, B. and Neimeyer, R. 1999. "Death anxiety in order adults: a quantitative review." Death Studies. 23(5): 387-411.

Gorsuch., R. L. and McPherson, E. 1989. "Intrinsic/Extrinsic Measurement: I/E-Revised and Single-Item Scales." Journal for the Scientific Study of Religion. 28: 348-354.

Hugenberg, A. F. 1999. Death anxiety and coping strategies of caregivers. California State University.

Lehto R. H. and Stein K. F. 2009. "Death Anxiety: An Analysis of an Evolving Concept." Research and Theory for Nursing Practice: An International Journal, 23(1): 23-41.

Madnawat. A. V. S. and Kachhawa, P. S. 2007. "Age, gender and living circumstances: Discriminating older adults on death anxiety." Death Studies, 31: 763-769.

Mary, N. 2000. Coping mechanisms used by nursing home residents to deal with death anxiety. California State University.

Michael, A. S. 1979. Dying facing the facts-social and psychological aspects of dying. New York: Hemisphere Publishing Corporation.

Neimeyer, R.A., Wittkowski, and Moser R. P.. 2004. "Psychological research on death attitudes; an overview and evaluation." Death Studies, 28(4): 309-340.

Neimeyer, R. A. and Fortner, B. V. 1995. Death anxiety in the elderly. In G. Madox(Ed.) Encyclopedia of aging(2nd ed.). New York: Springer.

Neimeyer, R. A., and Van Brunt, D. 1995. Death anxiety. In H. Wass and R. A. Neimeyer (Eds.). Dying: facing the facts (3rd ed.). New York: Taylor and Francis.

Pargament, K. I. 1999. "The psychology of religion, spirituality? Yes, no." International Journal of Psychology of Religion. 9: 3-16

Salsman, J. M., Brown, T. L., Brechting, E. H. and Carlson, C. R. 2005. "The link between religion and spirituality and psychological adjustment: The mediating role of optimism and social support." Personality and Social Psychology Bulletin. 31: 522-535.

Siverstein, M., and Bengston, V. L. 1994. "Does intergenerational social support influence the psychological well-being of older parents? The contingencies of declining health and widowhood." Social science and medicine. 38(7): 943-57.

Sperry, L. 2003. "Integrating spiritual direction functions in the practice of psychotherapy." Journal of Psychology and Theology. 31(1): 3-13.

Tanyi, R. A. 2002. "Towards clarification of the meaning of sprituality." Journal of Advanced Nursing. 39(5): 500-509.

Wong, P. T. P., Recker, G. T., and Gesser, G. 1994. "Death attitude profile-revised: A multidimensional measure of attitudes toward death." In R. A. Neimeyer(Ed.). Death Anxiety Handbook. Washington. DC: Taylor and Francis. 121-148.

Wu, A., Tang, C., and Kwok, T. 2002. "Death anxiety among Chinese elderly people in Hong Kong." Aging Health. 14(1): 42-56.

Zimet, G. D., Dahlem, N. W., Zimet, S. G., and Farley G. K. 1988. "The Multidimensional Scale of Perceived Social Support." Journal of Personality Assessment. 52(1): 30 - 41

제9장

정신적 웰빙이 노인의 자살위험에 미치는 영향[*]
K-MHC-SF의 하위요인을 중심으로

이정은(한림대학교)
유지영(한림대학교)

● ● ● ●

I. 서론

우리나라는 2017년 8월 말을 기준으로 65세 이상 노인이 전체 인구에서 차지하는 비율이 14%를 넘어가는 고령사회(aged society)에 진입하였다(행정안전부, 2017). 노인인구의 빠른 증가와 더불어 노인자살자의 수와 자살률 역시 매우 높게 나타나고 있다. 우리나라는 2003년 이후 12년 간 OECD 최대의 자살국가라는 오명을 벗지 못

* 이 원고는 이정은, 유지영.(2018). 정신적 웰빙이 노인의 자살위험에 미치는 영향: K-MHC-SF의 하위요인을 중심으로. 지역사회학, 19(1), 195-219. 에 실린 논문을 재수록한 것임.

하고 있으며, 노인자살률은 2010년 인구 10만 명당 81.9명으로 역사상 가장 높은 수치를 기록하였다. 다행히 2012년 69.8명, 2013년 64.2명, 2014년 55.5명(통계청, 2014)으로 노인자살률은 다소 감소하는 추세를 보이고 있으나, 65세 이상 노인의 자살률은 여전히 다른 연령대에 비해 압도적으로 매우 높게 나타나고 있다(2016 자살예방백서, 2016).

현재 우리나라 65세 이상 고령자 인구의 급속한 증가속도를 본다면 노인자살은 우리 사회를 위협하는 심각한 문제로 볼 수 있다. 노인자살의 원인으로 1990년대에는 가정문제가 대다수를 차지하였으나, 2000년대 이후에는 건강문제로 인한 자살이 증가하였으며, 2010년 이후에는 건강문제뿐만 아니라 가정문제와 빈곤, 독거 등이 자살의 원인으로 지목되고 있다. 이처럼 노인의 자살문제는 단순하지 않으며, 복합적으로 작용하는 다양한 요인들을 고려해야 하는 필요성이 대두되고 있다(이미란, 2017).

자살문제의 심각성과 함께 국내에서는 노년기 자살에 영향을 미치는 요인을 살펴본 다양한 연구가 수행되었다(구춘영·김정순·유정옥, 2014; 김경희·김지수·이봉숙·이은경·안영미·최미혜, 2010; 김미령, 2010; 김현경·고성희·정승희, 2010; 김형수, 2002; 문동규, 2012; 박금숙·김영희·이경완·유영수·정헌영, 2014; 송영달·손지아·박순미, 2010; 이정은·유지영, 2017; 임춘식·장금섭·정명숙, 2013).

여러 요인들 중에서도 특히 심리적 건강상태는 대다수의 연구를 통해 자살생각과 관련이 높은 것으로 알려져 있으며 선행연구 결과는 다음과 같다. 심리적 건강상태는 부정적인 측면과 긍정적인 측면을 모두 포괄하는 개념임에도 불구하고(George, 2006), 대부분의 연구는 우울이나 불안, 절망감, 스트레스 등 자살을 유발하는 부정적 측면의 정신건강상태를 살펴보는 것에 치중되어 왔다(강상경, 2010; 김윤정·강현정, 2014; 김창진·황진수, 2008; 박선애·허준수, 2013; 배진희, 2009; 이현지·조계화, 2006; 장미희·김윤희, 2005; 최연희·김수현, 2008; 추경진·이승연, 2012). 반면, 자살의 보호요인이 될 수 있는 긍정적 측면의 정신건강상태에 관한 연구는 상대적으로 많이 수행되지 않았다(노상선·조용래, 2015; 박지은·정영, 2005; 백우진·서태수, 2010; 황미구·김은주, 2008).

긍정적 측면의 정신건강상태를 나타내는 정신적 웰빙은 자살의 위험성을 줄일 수 있는 보호요인으로 알려져 있으며(Bates & Bowles, 2011; 노상선·조용래, 2015), 정서적 웰빙, 심리적 웰빙, 사회적 웰빙의 세 가지 하위개념으로도 구분이 된다(Keyes·Wissing·Potgieter·Temane·Kruger, 2008). 키이스(Keyes, 2002, 2003)는 행복한 삶의 조건을 이 세 가지 측면에 주목하여 설명하였고, 이는 각각의 측면에 따라 노인의 자살위험 또한 달라질 수 있음을 의미한다. 하지만, 정신적 웰빙의 세부개념을 중심으로 노인의 자살생각을 설명한 연구는 아직까지 알려진 바 없다. 따라서 본 연구에서는 정신적 웰빙의 하위요인에 따른 노인의 자살생각을 살펴봄으로써 보다 더 다각적인 측면에서 노인의 자살생각을 설명하고자 한다.

II. 이론적 배경 및 선행연구 검토

1. 정신적 웰빙(mental well-being)의 개념

세계보건기구(WHO)는 '개인이 자신의 능력을 실현하고, 삶에서 겪는 일상적인 스트레스에 대처하며, 생산적으로 일을 수행하고, 자신이 속한 공동체에 기여하는 상태'를 긍정적 정신건강이라고 정의하고, 긍정적인 정신건강이 '개인과 공동체의 웰빙과 효과적으로 기능함에 있어서 기초'가 된다고 선언하였다(WHO, 2004).

긍정적인 정신건강은 정책 및 학술적 연구에서 정신적 웰빙(mental well-being)이라고 통용된다(Tennant·Hiller·Fishwick·Platt·Joseph·Scott·Parkinson·Secker·Stewart-Brown, 2007). 전통적 패러다임에서 정신건강은 정신장애의 유무와 정도에 따른 단일차원으로 생각되어 왔으나, 최근의 연구들은 정신장애와 더불어 정신적 기능과 웰빙을 강조하고 있다. 키이스(Keyes, 2002)는 정신장애의 유무와 정신적 웰빙에 따른 정신건강의 유형을 분류하였으며, 정신적 웰빙을 정서적·심리적·사회적 웰빙의 세 가지 하위요인으로 구분하였다.

정서적 웰빙(emotional well-being)은 개인이 긍정적인 감정으로 삶을 평가하는 다양한 방법을 모두 포괄(Diener & Tov, 2012)하는 주관적 안녕의 개념으로 볼 수 있으며, 이는 고대 그리스 철학에서 유래한 쾌락주의적 전통(hedonism)을 따르고 있다. 다양한 방식으로 살아가고 서로 다른 삶의 가치를 추구하면서 생활해 나가는 인류 모두에게 보편적으로 좋은 삶(good life)이라 지칭할 수 있는 행복의 모습은 쾌를 추구하고 고통은 멀리하는 것을 의미한다. 즉, 모든 인간은 쾌를 제공하는 대상을 원하고 고통을 부여하는 대상을 피하려고 노력하는 행동을 선택한다는 것이다(Keyes·Annas, 2009).

행복을 추구하는 안녕이라는 구성개념을 통해 이해하려고 했던 일반적 연구 동향에서 새로운 행복 이론이 등장하게 되는데, 이 이론에서는 심리적 웰빙(psychological well-being; Ryff, 1989)이라는 개념을 사용하였다. 이 이론의 주창자들은 행복을 주관적 안녕이라는 개념의 틀에서 설명하게 되면 지나치게 행복의 정서적 측면만을 강조하게 된다고 주장하였다. 인간이 자신에 대해서 평가할 때 정서적 요소도 중요하지만, 그에 못지않게 기능적 요소도 필수불가결하다는 것이 심리적 웰빙 개념의 창안자인 리프(Ryff, 1989)의 견해이다. 예를 들어, 정서적으로 즐겁고 편안한 상태에 있거나 우울하고 불안한 상황에 놓여 있다는 점을 평가하는 것도 중요하지만, 우리가 타인과 잘 지내고 있고 자율적으로 의사결정을 하고 있으며 외부 상황을 잘 통제하면서 지내고 있다는 자기 평가도 중요하다는 것이다.

심리적 웰빙을 행복의 주요 구성요소의 하나로 보는 견해는 고대 그리스의 자기실현적 행복 이론에서 유래한다(Ryff, 1989). 이른바 유데모니아(eudaimonia)로서의 행복을 설파했던 아리스토텔레스에 의하면, 행복은 이 세상에 가지고 태어난 자신의 잠재력과 성품을 온전히 발휘하는 것 자체이다. 아리스토텔레스는 쾌락주의적 행복이론에 대해 의문을 가지면서, 모든 상황에서 쾌를 추구하고 고통을 피하는 것이 능사가 아니며, 우리에게는 마땅히 고통을 경험해야 하는 순간이 있고, 쾌의 만끽을 절제해야 할 상황이 있다고 주장하였다.

우리의 성품과 덕성을 올곧게 펼쳐나가는 과정에서 도움이 될 때에
만 쾌의 추구와 고통의 회피가 가치 있는 것이라고 아리스토텔레스
는 덧붙이고 있다(Keyes·Annas, 2009).

행복의 단위가 개인이라고 생각하는 사람이 있는가 하면 어떤 사
람들은 집합적 사회를 행복을 경험하는 최소 단위라고 여긴다. 집단
주의 사회에서 개인의 행동은 개인이 속한 집단의 목표에 의해 결정
되며, 개인의 목표와 집단의 목표가 갈등을 일으키면 집단의 목표가
우위를 점하게 된다(김주엽, 2004). 집단주의 특성이 강한 사회 속의 개
인은 자신이 속한 집단의 행복이 곧 자신의 행복이라고 간주하는 경
향이 있다. 즉, 개인의 행복과 만족보다는 개인이 속한 사회의 번영
과 번성을 보다 중요하게 생각하는 사람이 적지 않다. 그들에게 있
어 진정한 행복은 개인적 행복과 더불어 사회의 번성이 함께 이루어
질 때 도달하는 것이라 할 수 있다. 행복 단위의 개인차에 대한 견해
를 받아들여 키이스(Keyes, 1998)는 사회적 웰빙(social well-being)의 개념
을 주장하였다. 사회적 웰빙에서는 한 개인이 자신이 포함된 사회가
가지는 기능에 대해서 주관적인 평가를 내리는 것을 중요하게 여기
고 있다.

2. 정서적 웰빙(emotional well-being)과 자살생각

정서적 웰빙은 단일 구성개념에 의해서 이루어진 것이 아니라 서
로 구별되는 세 구성개념의 통합체로서 개념화된 것이다. 자신의 삶
에 대한 느낌의 주관적 평가를 의미하는 정서적 웰빙은 일상생활 속

에서 긍정적 감정을 경험하여 행복감을 느끼는 것(전정미·하영미, 2016)이며, 즐거움, 편안함 등의 긍정정서(positive affect)를 강하게 경험하고, 슬픔, 괴로움, 분노 등의 부정정서(negative affect)를 드물게 느끼는 상태(임낭연·이화령·서은국, 2010)를 말한다.

키이스 외(Keyes et al., 2008)는 정서적 웰빙을 긍정적 정서의 존재와 부정적 정서의 부재, 삶에 대한 만족감으로 분류하였는데, 정서적 웰빙을 나타내는 행복감은 일상생활 속에서 부딪치는 상황에 따른 개인의 주관적인 정서경험으로 알려져 있다(Ryan, 2002). 이경숙·이경희(2017)의 연구에 따르면 행복감과 자살생각은 부적 상관관계를 보이는데, 이는 행복감이 높으면 자살생각이 줄어든다는 결과를 뒷받침함과 동시에 노인의 자살생각 감소를 위한 행복감 증진의 필요성을 보여준다.

정서적 웰빙의 구성개념중 하나인 삶의 만족도는 개인의 생활 전반에서 욕구와 욕망이 충족되었을 때의 감정이며, 삶에 대한 주관적인 평가이다(Neugarten·Havinghurst·Tobin, 1961). 메들리(Medly, 1976)는 개인의 정신건강을 결정짓는 중요한 요소를 삶의 만족도라고 주장하였고, 박지은·정영(2005)의 연구에서는 노인의 삶의 만족도와 자살생각의 부적 상관관계를 밝혀냈다. 즉, 삶의 만족도가 높을수록 자살생각이 낮아지므로 노인의 삶의 만족도를 높일 수 있는 다양한 지지 프로그램의 개발 및 제공의 필요성이 제시되었다. 박재산·이정찬·김귀현·문재우(2009)의 연구에서도 노인의 삶에 대한 주관적 만족감이 자살충동의 가능성을 낮춘다고 보고하였다. 권자영·전희정(2017)은 일반 노인군, 자살행동 잠재위험군, 자살행동 고위험군의 자살행동 결정요인을 살펴보았는데, 자살행동 고위험군의 경우 삶의 만족이 유의미하게 영향을 미치는 것으로 나타났다.

이와 같이 선행연구들을 통해 정서적 웰빙의 개별 구성요소들이 자살생각이나 자살위험과 관련이 있는 것이 밝혀졌다. 하지만, 세 가지 구성요소들의 정통합체로서 개념화된 정서적 웰빙(Keyes et al., 2008)을 사용하여 자살을 설명한 연구는 아직까지 없으므로 본 연구를 통해 정서적 웰빙과 노인의 자살생각을 살펴볼 필요가 있다.

3. 심리적 웰빙(psychological well-being)과 자살생각

심리적 웰빙은 자신의 삶을 수용하고 긍정적인 인간관계를 맺는 것(전정미·하영미, 2016)으로써, 심리적 웰빙 개념의 창안자인 리프(Ryff, 1989)는 정서적 웰빙과 더불어 타인과의 관계, 자율적 의사결정, 외부 상황을 통제할 수 있는 기능적 요소에 대한 자기 평가를 나타내는 심리적 웰빙의 중요성을 강조하였다.

키이스 외(Keyes et al., 2008)는 자기수용, 환경에 대한 통제, 긍정적 대인관계, 개인적 성장, 자율성, 삶의 목적을 심리적 웰빙의 구성요소로 보았다. 심리적 웰빙의 주요한 평가항목인 자기수용은 자기가 갖고 있는 심리적, 신체적, 또는 행동적 측면에 있어서의 특징이나 특성들에 대해 비판이나 왜곡을 하지 않고 있는 그대로 인정하고 받아들이는 것(양돈규, 2013)을 말하는데, 자아존중감 또한 자기 자신에 대해 긍정적으로 수용하고 가치 있는 사람으로 인지 평가하는 것(Taft, 1985)이라는 점에서 자기수용과 밀접한 관계가 있다. 자기수용과 자살생각

의 관계를 설명한 연구는 거의 없었지만, 많은 선행연구를 통해 자아
존중감이 낮을수록 자살생각이 증가한다는 것이 밝혀졌다(공혜선·이명
선, 2012; 김현순·김병석, 2007; 서희숙·정인숙, 2010; 송민선·양남영, 2014; 황미구·김은주,
2008). 특히 김현순·김병석(2007)의 연구에서는 자아존중감이 직접적
으로 자살생각에 영향을 미칠 뿐만 아니라 우울을 매개하여 간접적
으로도 자살생각에 영향을 미치는 것으로 나타났다.

심리적 웰빙의 구성요소 중 환경에 대한 통제로 볼 수 있는 스트
레스 대처는 개인의 삶과 관련된 요구가 자신이 처한 환경 및 적응
능력과 상호작용을 하면서 생기는 긴장, 갈등, 부담을 극복하거나
감소시키려는 과정(Bell, 1977)이다. 스트레스 대처방안과 노인자살의
관계를 살핀 선행연구들(송영지·손지현·남희은, 2013; 이미애·남기민, 2007; 정명
희, 2014)을 통해 스트레스 대처방식이 스트레스 요인을 매개하여 자
살생각에 영향을 미치는 것으로 확인되었다. 육성필(2002 미간행)의 연
구에서도 스트레스 대처 능력의 결함이 자살생각에 간접적인 영향
을 준다고 보고하고 있다.

심리적 웰빙의 또 다른 요소인 삶의 목적은 자신의 삶이 목적과
의미가 있다는 믿음을 의미한다(원두리·김교헌, 2006). 프랭클(Frankl, 1963)
에 의하면 인간은 자신의 삶에서 의미를 찾는 선천적 추동으로써
'삶에 대한 의지(will to meaning)'를 갖는데, 삶의 의미를 찾는데 실패할
경우 심리적 고통이 수반된다고 하였다. 또한, 국내외 선행연구를
통해 삶의 의미와 자살생각이 부적 상관관계가 있음이 보고되었다
(Bonner·Rich, 1990; Linehan, Goodstein·Nielsen·Chiles, 1983; 김현지·권정혜, 2012).

심리적 웰빙의 나머지 구성요소인 긍정적 인간관계와 자율성은

즐거움과 행복감에 영향을 미친다는 연구는 보고되었지만(샤오 샤오리·
안도희, 2016; 정은이, 2011), 자살생각과의 관계를 살펴본 선행연구는 찾아
볼 수 없었다.

이와 같이 선행연구들을 통해 심리적 웰빙의 일부 구성요소들이
자살생각이나 자살위험에 직접 또는 간접적인 영향을 미침을 알 수
있다. 하지만, 심리적 웰빙의 구성요소들을 이용해 자살생각을 설명
한 연구들은 제한되어 있고, 더 나아가 전체적인 개념의 심리적 웰
빙(Keyes et al., 2008)으로 노인의 자살생각을 설명한 연구는 현재까지
없는 추세이다.

4. 사회적 웰빙(social well-being)과 자살생각

사회적 웰빙은 건강의 개인적 접근을 넘어 사회적 상호작용과 사
회통합 등의 사회적 측면에서의 기능적 지위를 강조한 것이다(이재
열·박상희, 2017). 이는 정신건강에 대한 정의를 질병이나 신체적 증상
으로 설명하기 어려운 경우가 많기 때문에 사회학적 개념을 활용해
사회적 기능의 결여나 손상 등으로 설명한 것으로 볼 수 있다.

키이스(Keyes, 1998)는 사회적 웰빙을 '자신의 주변 환경과 사회 내
에서의 역할에 대한 평가'라고 정의하고, 그 구성요소로 사회적 통합,
사회적 기여, 사회적 실현, 사회적 일치성, 사회적 수용을 제안하였다.
사회적 웰빙의 주요한 평가항목인 사회적 통합은 뒤르켐(Durkheim,
1951)의 이론에서도 주요하게 설명되고 있다. 뒤르켐은 사회통합이
론을 통해 자살은 한 개인이 자신이 속한 사회 속에 결속되지 못하

고 사회적 고립감을 느낄 때 발생하는 현상이며, 단순한 개인적 병리현상으로만 설명될 수 있는 것이 아니라 개인이 속한 사회의 통합정도와 관계가 있다고 보았다. 김형수(2002)는 사회적 통합이 자살에 직접적으로 영향을 주는 것이 아니라, 사회적 통합이 약화되었을 때 우울이 유발되어 이것이 자살을 유도할 수 있다고 설명하였다.

사회적 지지는 대인관계의 질적인 측면을 의미하는 긍정적 인간관계와는 달리 대인관계 구조의 양적인 측면을 의미하며(House & Khan, 1985), 관계망 속에서 사람들 간의 관심, 이해, 위로, 실질적인 도움 등을 교환하는 것(이인정, 2011)으로써 사회적 통합 관점에서 이해될 수 있다. 사회적 지지는 자살생각의 억제요인 중 하나이며(이정은·유지영, 2017), 특히 우울이나 상실을 경험한 사람들, 신체적·정신적 질환에 의해 고통받는 사람들, 경제력을 상실한 사람들에게 자살을 예방하는 보호요인이 될 수 있다(권규일·강덕지·함근수·표주연, 1997). 선행연구에 따르면, 가족으로부터의 사회적 지지는 자살생각을 감소시키는 것으로 나타났고(이인정, 2011; 조계화·김영경, 2008), 친구들로부터의 사회적 지지도 우울이 자살생각에 미치는 부정적 영향을 완충하는 효과가 있는 것으로 나타났다(배지연·김원형·윤경아, 2005; 서인균·고민석, 2011). 또한, 사회적 지지 수준이 높은 노인일수록 우울감이 낮고 자살생각도 적게 나타나는 것으로 보고되었다(강월숙·문재우, 2013; 조추용, 2013). 이민숙(2005)의 연구에서도 사회적 지지의 약화가 노인의 자살생각에 영향을 미치는 것으로 규명되었으며, 사회적 지지가 우울을 매개로 노인의 자살생각에 영향을 미치는 것이 확인되었다.

사회적 웰빙의 구성요소 중 사회적 기여와 사회적 실현을 위한 사회참여는 노년기에 경험하는 역할상실과 사회적 차별로 인한 사회적 고립감을 감소시켜 노인의 자살생각을 줄이는 것으로 알려져 있다(이묘숙, 2012). 김명일·신혜리(2013)의 연구를 통해 사회활동에 활발히 참여할수록 우울이 자살생각에 미치는 영향력이 완화됨이 밝혀졌으며, 이는 사회참여가 우울과 자살생각의 관계를 조절하는 것을 의미한다. 정일영(2013)의 연구에서는 사회참여가 사회적 지지를 통해 간접적으로 노인의 자살생각에 영향을 미치는 것으로 나타났으며, 조추용(2013)의 연구에서도 사회참여는 사회적 지지와 자기효능감이라는 매개변수를 통해 노인의 자살생각에 간접적인 영향을 미치는 것으로 나타났다.

이와 같이 선행연구들을 통해 사회적 웰빙의 일부 구성요소들이 노인의 자살생각에 직접적인 효과가 있을 뿐만 아니라 매개 또는 조절의 효과도 있음이 나타났다. 하지만, 사회적 웰빙이라는 통합적 개념을 중심으로 수행된 연구는 없는 바, 통합적 개념으로서의 사회적 웰빙이 노인의 자살생각에 미치는 영향력을 살펴볼 필요성이 제기된다.

키이스 외(Keyes et al., 2008)는 정신적 웰빙을 정서적 웰빙, 심리적 웰빙, 사회적 웰빙의 세 가지 하위개념으로 구분하였다. 이로 인해 정신적 웰빙의 개념을 보다 체계적으로 살펴볼 수 있는 발판이 마련된 셈이다. 그러나 선행연구들을 고찰한 결과, 각 하위개념의 일부 구성요소들에 대한 연구들은 어느 정도 수행되었지만, 각 하위개념 자체를 통합적으로 살펴본 연구는 현재까지 없는 것으로 파악되었다. 이에 본 연구에서는 정신적 웰빙의 통합적 관점에서 뿐만 아니라 정서적·심리적·사회적 웰빙이라는 각 하위개념의 통합적 관점에서도 노인의 자살생각을 설명하고자 한다. 이러한 연구목적에 따라 설정된 본 연구의 연구문제는 다음과 같다.

<연구문제 1> 정신적 웰빙상태는 노인의 자살생각과 어떠한 관계가 있는가?
<연구문제 2> 정신적 웰빙의 하위개념에 따른 노인의 자살생각은 어떠한가?

Ⅲ. 연구방법

1. 연구 대상

본 연구에서는 2014년 강원도 춘천지역에 거주하는 만 65세 이상의 노인을 대상으로 실시한 춘천노인실태조사 자료를 이용하였다. 연구대상자는 행정구역별 성, 연령 인구 비율에 근거한 층화군집 표집방법(stratified cluster sampling)을 사용하여 추출하였다. 개별 면접설문을 통해 인구통계학적 요인, 건강, 사회, 심리적 요인, 자살생각 등을 조사하였으며, 설문에 모두 응답하고 자료에 결측치가 없는 2,004명을 분석에 사용하였다.

2. 측정도구

1) 자살생각

본 연구의 종속변수인 자살생각은 오스만·바게·구티에레즈·코닉·카퍼·바리오스(Osman·Bagge·Gutierrez·Konick·Kopper·Barrios, 2001)가 고안한 자살행동 가능성 지표(Suicidal Behaviors Questionnaire-Revised, SBQ-R)의 4문항을 이용하여 측정하였다. 문항 내용은 "자살을 생각하거나 시도한 경험", "지난 일 년 동안 자살생각 여부", "자살관련 얘기를 타인에게 한 경험", "자살을 시도할 가능성"으로 구성되었으며, 총합이 높을수록 자살행동 가능성이 높은 것을 의미한다. 가능한 점수의 범위는 3-18점이며, 본 연구에서는 자살위험이 높은 개인을 선별하기 위해 절단점이 7점 이상인 경우를 자살위험군으로 분류하였다 (Osman et al., 2001). 본 연구에서 자살생각 척도의 내적일치도인 크론바하 알파(Cronbach's α)는 .814로 나타났다.

2) 정신적 웰빙

본 연구의 독립변수인 정신적 웰빙은 키이스(Keyes, 2006)가 개발한 척도를 임영진·고영건·신희천·조용래(2010)가 한국어로 번안, 타당화한 한국판 정신적 웰빙 척도(Korean version of the Mental Health Continuum-Short Form, K-MHC-SF)의 14문항을 이용하여 측정하였다. 각 문항은 6점 리커트(Likert) 척도로 평정하며 총점이 높을수록 정신적 웰빙이 높은 것을 의미한다. 총점의 가능한 점수의 범위는 0-70점이다. 정신적 웰빙 척도는 정서적 웰빙, 사회적 웰빙, 심리적 웰빙의 세 가지 하위

요인으로 구성되어 있으며, 정서적 웰빙은 문항 1~3번의 행복감, 삶에 대한 흥미, 만족감을 통해 평가되었고, 사회적 웰빙은 문항 4~8번의 사회적 공헌, 사회적 통합, 사회적 실현, 사회적 수용 및 사회적 일치를 통해 평가되었으며, 심리적 웰빙은 문항 9~14번의 자기수용, 환경적 숙달감, 긍정적 대인관계, 개인적 성장, 자율성, 삶의 목적의식을 통해 평가되었다. 본 연구에서 정신적 웰빙 척도의 내적일치도인 크론바하 알파(Cronbach's α)는 .937, 하위요인별로는 정서적 웰빙은 .960, 사회적 웰빙은 .888, 심리적 웰빙은 .901로 나타났다.

3) 통제변수

본 연구에서는 연령, 성별(1=여성), 거주지역(1=도시), 교육년수, 소득수준(1=월 평균 가구소득 100만원 이상), 독거여부(1=독거), 주관적 건강상태(1=나쁨/매우 나쁨), 우울점수(CES-D 단축형)을 통제변수로 사용하였다.

3. 분석방법

본 연구에서는 우선 기술통계분석을 통해 연구대상자의 특성을 파악하였다. 또한, t-검정과 카이제곱 검정을 통해 대상자의 특성에 따른 자살위험여부를 파악하였다. 다음으로 상관관계 분석을 실시하여 변수들 간의 상관관계를 살펴보았다. 마지막으로 정신적 웰빙의 총점, 정신적 웰빙의 하위요인별 총점을 각각 독립변수로 사용하여 통제변수를 보정한 상태에서 종속변수인 자살위험과의 관련성을 로지스틱회귀분석을 이용하여 분석하였다. 수집된 자료는 PASW Statistics 19.0 version(SPSS Inc., Chicago, IL, USA)을 이용하여 분석하였으며, 통계적 유의수준은 0.05로 설정하였다.

Ⅳ. 연구결과

1. 연구대상자의 특성

본 연구대상자의 특성은 <표 1>과 같다. 본 연구의 주요변수인 자살생각의 수준은 3.8점(SD=1.96)으로 나타났으며, 자살위험군으로 분류된 연구대상자는 8.1%(163명)였다. 또한, 연구대상자의 정신적 웰빙은 32.9점(SD=13.00), 하위영역인 정서적 웰빙은 7.1점(SD=3.69), 사회적 웰빙은 11.2점(SD=5.43), 심리적 웰빙은 14.6점(SD=5.85)의 수준을 보였다. 연구대상자의 평균 연령은 75.3세(SD=6.28)였고, 여성은 58.3%를 차지하였다. 연구대상자의 74.8%는 도시에 거주하고 있었으며, 평균 교육년수는 6.5년(SD=4.82)이었다. 월평균가구소득이 100만 원 이상인 대상자는 53.2%로 나타났고, 혼자 사는 대상자는 30.1%로 나타났다. 주관적 건강상태가 나쁘거나 매우 나쁘다고 대답한 대상자는 44.9%, 평균 우울점수(CES-D 10)는 4.4점(SD=4.69)이었다.

〈표 1〉 연구대상자의 특성(N=2,004)

변수명	평균(SD)	N(%)
자살생각 총점 (3-18)	3.8(±1.96)	
정신적 웰빙 (0-70)	32.9(±13.00)	
정서적 웰빙 (0-15)	7.1(±3.69)	
사회적 웰빙 (0-25)	11.2(±5.43)	
심리적 웰빙 (0-30)	14.6(±5.85)	
연령 (66-99)	75.3(±6.28)	
교육년수 (0-21)	6.5(±4.82)	
우울 (0-30)	4.4(±4.69)	
자살위험군		163(8.1%)
여성		1,169(58.3%)
도시거주		1,498(74.8%)
월평균 가구소득 100만원 이상		1,066(53.2%)
독거		603(30.1%)
주관적 건강상태 나쁨/매우 나쁨		900(44.9%)

2. 연구대상자의 특성과 자살위험의 관계

본 연구의 대상자 특성에 따른 자살위험여부를 t-검정과 카이제곱 검정을 통해 살펴본 결과는 <표 2>와 같다. 자살위험군의 정신적 웰 빙 점수는 자살비위험군에 비해 약 10점 정도 낮은 것으로 나타났다 (p<.001). 자살위험군의 경우, 정신적 웰빙의 하위영역에서도 점수가 모두 낮은 것으로 나타났다(p<.001). 이외에도 교육수준(p=.017), 월평 균 가구소득(p<.001), 독거여부(p<.001), 주관적 건강상태(p<.001), 우울수 준(p<.001)에 있어 자살위험군과 자살비위험군의 특성이 매우 다른 것으로 나타났다.

<표 2> 연구대상자의 특성과 자살위험의 관계(N=2,004)

변수명	자살위험군 M(SD)	자살비위험군 M(SD)	t/F
정신적 웰빙 (0-70)	23.7(11.26)	33.7(12.83)	-10.802***
정서적 웰빙 (0-15)	4.2(3.05)	7.4(3.63)	-12.519***
사회적 웰빙 (0-25)	8.4(4.39)	11.4(5.44)	-8.309***
심리적 웰빙 (0-30)	11.1(5.39)	14.9(5.78)	-8.172***
연령 (66-99)	74.8(5.94)	75.3(6.30)	-1.090
여성	55.7%	58.6%	.458
도시거주	74.1%	74.8%	.029
교육년수 (0-21)	5.6(4.71)	6.6(4.8)	-2.395*
월평균 가구소득 100만원 이상	32.9%	55.0%	29.386***
독거	42.1%	29.0%	12.193***
주관적 건강상태 나쁨/매우 나쁨	72.4%	42.5%	54.075***
우울 (0-30)	10.2(6.64)	3.9(4.11)	11.890***

M: 평균, SD: 표준편차, * p<.05, *** p<.001

3. 주요변수간의 상관관계

본 연구에 사용된 변수들 간의 상관관계를 알아보기 위해 피어슨 상관관계분석을 한 결과는 <표 3>과 같다. 분석결과, 정신적 웰빙의 하위요인들 간의 상관관계는 정서적 웰빙과 사회적 웰빙(r=.511), 정서적 웰빙과 심리적 웰빙(r=.671), 심리적 웰빙과 사회적 웰빙(r=.669)로 상대적으로 높은 것으로 나타났다. 하지만, 심층적인 다중공선성을 진단하기 위해 다중회귀분석에서 분산팽창지수(Variance inflation factor: VIF)를 살펴본 결과에서는 값의 범위가 1.091~2.545로 나타나 다중공선성에는 문제가 없는 것으로 판단하였다.

주요 변수들과 자살위험의 상관관계를 분석한 결과는 다음과 같다. 정신적 웰빙(r=−.212, p<.001), 정서적 웰빙(r=−.235, p<.001), 사회적 웰빙(r=−.153, p<.001), 심리적 웰빙(r=−.180, p<.001)은 모두 자살위험과 부적 상관관계를 보이는 것으로 나타났다. 이외에도 교육년수(r=−.053, p<.05), 월평균 가구소득(r=−.121, p<.001)은 자살위험과 부적 상관관계를, 독거여부(r=.078, p<.001), 나쁜 주관적 건강상태(r=.164, p<.001), 우울(r=.366, p<.001)은 자살위험과 정적 상관관계를 보이는 것으로 나타났다.

〈표 3〉 주요 변수들 간의 상관관계(N=2,004)

	1	2	3	4	5	6	7	8	9	10	11	12
1. 자살위험	1											
2. 정서적 웰빙	−.235 ***	1										
3. 사회적 웰빙	−.153 ***	.511 ***	1									
4. 심리적 웰빙	−.180 ***	.671 ***	.669 ***	1								
5. 연령	−.024	−.089 ***	−.099 ***	−.111 ***	1							
6. 여성	−.016	−.083 ***	−.069 **	−.137 ***	.114 ***	1						
7. 도시거주	−.005	.101 ***	.192 ***	.164 ***	−.025	.016	1					
8. 교육년수	−.053 *	.214 ***	.262 ***	.280 ***	−.404 ***	−.450 ***	.193 ***	1				
9. 가구소득	−.121 ***	.184 ***	.138 ***	.154 ***	−.206 ***	−.164 ***	.034	.340 ***	1			
10. 독거여부	.078 ***	.124 ***	−.085 ***	−.119 ***	.135 ***	.292 ***	.025	−.243 ***	−.436 ***	1		
11. 주관적 건강	.164 ***	−.234 ***	−.261 ***	−.269 ***	.210 ***	.225 ***	−.083 ***	−.309 ***	−.223 ***	.167 ***	1	
12. 우울	.366 ***	−.484 ***	−.387 ***	−.450 ***	.121 ***	.118 ***	−.033	−.219 ***	−.240 ***	.224 ***	.359 ***	1

* p<.05, ** p<.01, *** p<.001

4. 정신적 웰빙과 자살위험의 관계

정신적 웰빙과 자살위험의 관계를 로지스틱 회귀분석으로 살펴본 결과는 <표 4>와 같다. Model 1에서 전체적인 정신적 웰빙과 자살위험의 관계를 살펴본 결과, 정신적 웰빙이 높을수록 자살위험은 낮아지는 것으로 나타났다(OR=.976, p<.01). Model 2에서 정신적 웰빙의 하위요인별 자살위험을 살펴본 결과, 정서적 웰빙은 자살위험과 유의미한 관계를 보이는 것으로 나타났으나(OR=.848, p<.001), 다른 하위요인인 사회적 웰빙이나(OR=.997, p>.05) 심리적 웰빙은(OR=1.023, p>.05) 자살위험과 유의미한 관계가 없는 것으로 나타났다.

이외에도 Model 2에서는 연령(OR=.949, p<.01), 성별(OR=.587, p<.05), 주관적 건강상태(OR=1.932, p<.01), 우울(OR=1.150, p<.001)이 자살위험과 관련이 있는 것으로 나타났다.

〈표 4〉 로지스틱 회귀분석 결과(N=2,004)

변수명	Model 1		Model 2	
	OR	95% CI	OR	95% CI
정신적 웰빙 (0-70)	.976**	.959~.993		
정서적 웰빙 (0-15)			.848***	.786~.915
사회적 웰빙 (0-25)			.997	.949~1.046
심리적 웰빙 (0-30)			1.023	.974~1.075
연령 (66-99)	.949**	.918~.980	.949**	.918~.980
여성	.595*	.397~.893	.587*	.390~.884
도시거주	1.112	.738~1.677	1.053	.696~1.593
교육년수 (0-21)	.990	.942~1.041	.987	.939~1.037
월평균 가구소득 100만원 이상	.630*	.411~.968	.660	.430~1.013

변수명	Model 1		Model 2	
	OR	95% CI	OR	95% CI
독거	.997	.659~1.508	.980	.647~1.483
주관적 건강상태 나쁨/매우 나쁨	1.903**	1.257~2.882	1.932**	1.276~2.927
우울 (0-30)	1.163***	1.123~1.204	1.150***	1.110~1.191
-2 Log 우도	901.008		886.655	

OR: Odds Ratio, CI: Confidence Interval, *p<.05, **p<.01, ***p<.001

V. 결론 및 논의

본 연구에서는 65세 이상 지역사회 노인을 대상으로 긍정적 정신건강으로서의 정신적 웰빙과 하위요인인 정서적·심리적·사회적 웰빙이 자살위험에 보호요인으로 작용하는지를 규명하고자 하였다. 연구결과는 다음과 같다.

첫째, 정신적 웰빙과 자살위험의 관계를 살펴본 결과 정신적 웰빙이 높을수록 자살위험은 낮아지는 것으로 나타났다. 이는 자살행동과 관련이 있는 다른 변인들(학력, 가구형태, 빈곤, 신체질환 및 우울증상)의 영향을 통제했을 때에도 정신적 웰빙이 자살행동에 유의미하게 기여함을 보여주며, 정신적 웰빙이 우리나라 노인들의 자살행동을 줄이는 보호요인으로 작용할 수 있음을 시사하는 노상선·조용래(2015)의 연구에 의해 지지된다. 정신적 웰빙 수준에 따른 주관적 신체건강의 차이를 살펴본 김현정·고영건(2016)의 연구에 의하면 정신적 웰빙이 높은 집단이 정신적 웰빙이 낮은 집단에 비해 주관적 신체건강을 더 양호하다고 보고하는 것으로 나타났다. 이는 노화로 인한 주관적 신체건강이 노인의 자살생각을 유발하는 요인임을 감안하였을 때, 정신적 웰빙으로 인해 신체건강상태를 더 좋게 지각한다면 자살생각 또한 감소시킬 수 있다는 것을 시사한다.

둘째, 정신적 웰빙의 하위요인 중에서는 정서적 웰빙이 높을수록 자살위험이 낮아지는 것으로 나타났다. 이는 정서적 웰빙을 평가하는 긍정정서와 자살생각과의 상관관계를 살펴본 이경숙·이경희(2017)의 연구결과와 일치한다. 박지은·정영(2005)의 연구에서도 정서적 웰빙의 구성요인인 삶의 만족도와 자살생각간의 부적상관관계를 밝힌 바 있다.

본 연구의 결과는 정서적 웰빙의 구성요소를 개별적으로 살펴본 기존의 연구들과 달리 통합적 개념에서의 정서적 웰빙 또한 노인의 자살생각과 관련성이 있음을 검증하였다고 볼 수 있다. 이에 정서적 웰빙을 높일 수 있는 다양한 프로그램을 개발하고 이를 통한 위기개입과 지역사회 연계 시스템 구축의 필요성이 제기된다.

셋째, 정신적 웰빙의 하위요인 중 심리적 웰빙은 노인의 자살위험에 유의미한 영향을 미치지 않는 것으로 나타났다. 이는 심리적 웰빙의 일부 구성요소들이 자살생각이나 자살위험에 간접적인 영향을 미친다는 선행연구의 결과와 일치한다(송영자·손지현·남희은, 2013; 육성필, 2002: 이미애·남기민, 2007; 정명희, 2014). 또한 심리적 웰빙의 요소인 자기수용이 정서적 웰빙의 요소인 긍정적 정서경험과 삶의 만족도에 영향을 미치는 중요한 요인이라는 다수의 선행연구들(김금순·유성모, 2010; 김혜원·김명소, 2000; 류정희·이명자, 2007)에 근거한다면, 심리적 웰빙은 정서적 웰빙을 통해 간접적으로 노인의 자살위험을 감소시키는 요인이라 볼 수 있다.

넷째, 정신적 웰빙의 하위요인 중 사회적 웰빙 역시 본 연구에서는 노인의 자살위험에 유의미한 영향을 미치지 않는 것으로 나타났다. 이는 우울을 통제하였을 경우 사회적 지지가 자살에 거의 영향을 미치지 않는다는 이민숙(2005)의 연구와 일치하며, 정일영(2013), 조추용(2013)의 연구에서도 사회적 웰빙의 평가요소들이 노인의 자살위험에 직접적으로 유의하기보다는 조절 및 매개효과로서 유의함을 보여줌으로써 본 연구의 결과를 지지한다고 볼 수 있다.

이상의 결과를 통해 살펴본 연구의 의의는 다음과 같다.

첫째, 본 연구는 정신건강을 병리적인 요소를 중심으로 살펴보았던 기존의 연구와는 달리 긍정적 정신건강, 즉 정신적 웰빙이라는 포괄적인 차원에서 노인의 자살생각을 감소시킬 수 있는 요인을 살펴보았다는 데에 의의가 있다.

둘째, 기존의 연구에서는 정신적 웰빙의 하위척도를 중심으로 노인의 자살생각을 설명한 연구가 없는 바, 본 연구가 국내에서는 최초로 노인의 자살생각을 정신적 웰빙의 하위요인인 정서적·심리적·사회적 웰빙을 통해 다각적이고 통합적으로 살펴보았다는 데에 의의가 있다.

셋째, 본 연구에서 정신적 웰빙의 하위요인 중 정서적 웰빙이 노인의 자살생각과 유의미한 관계가 있는 것으로 나타난 바, 노인들의 긍정적인 정서를 함양하고 증진시킬 수 있는 개입프로그램의 도입 및 확장과 지역사회 연계시스템의 구축 마련이 노인의 자살위험을 낮출 수 있다는 이론적 근거를 제시하였다는 데에 의의가 있다.

본 연구의 제한점과 후속 연구를 위한 제언은 다음과 같다.

첫째, 본 연구에서는 정신적 웰빙의 하위요인 세 가지 중 정서적 웰빙만이 노인의 자살위험을 감소시키는 데에 직접적인 영향이 있는 것으로 나타났다. 선행연구를 통해 심리적 웰빙과 사회적 웰빙은 노인의 자살생각에 간접적인 영향력이 있는 것으로 알려졌음에도 불구하고 본 연구에서는 이를 검증하지 못하였다는 한계가 있다. 따라서, 향후 후속 연구를 통해 심리적 웰빙과 사회적 웰빙이 노인의 자살생각에 미치는 간접적인 영향력을 검증해야 할 필요가 있음을 제언한다.

둘째, 본 연구는 강원도 춘천지역에 거주하는 만 65세 이상의 지역사회 노인을 대상으로 진행된 연구이기에 표본의 대표성에 한계가 있을 수 있다. 이에 향후 연구에서는 지역을 확대하여 대표성을 가지고 검증을 한다면 노인의 자살생각의 보호요인인 정신적 웰빙 및 하위요인에 대해 보다 더 구체적이고 폭 넓은 이해와 연구가 진행될 수 있을 것으로 사료된다.

셋째, 본 연구는 횡단연구로서 정신적 웰빙과 자살생각 간의 인과관계를 규명하는데 한계가 있다. 이에 종단설계에 의한 후속연구의 필요성을 제언한다.

참고문헌

강상경. 2010. "우울이 자살을 예측하는가? 우울과 자살태도 관계의 성별·연령 차이." ≪사회복지연구≫ 41(2): 67-100.

강월숙·문재우. 2013. 노인의 자살 충동에 영향을 미치는 요인. ≪한국케어매니지먼트연구≫ 8:75-96.

공혜선·이명선. 2012. 노인의 사회적 지지와 자아존중감이 자살생각에 미치는 영향. ≪한국학교보건교육학회지≫ 13(3):113-125.

구춘영·김정순·유정옥. 2014. 노인의 성별에 따른 자살생각 영향요인. ≪지역사회간호학회지≫ 25(1):24-32.

권규일·강덕지·함근수·표주연. 1997. 자살에 관한 연구. 「국립과학수사연구소연보」 29: 175-193.

권자영·전희정. 2017. 노인의 자살행동을 결정하는 영향 요인에 관한 연구: 농촌지역 영구임대아파트 거주 노인을 중심으로. ≪한국사회복지조사연구≫ 52: 199-223.

김경희·김지수·이봉숙·이은경·안영미·최미혜. 2010. 한국 노인의 자살생각 영향 요인. ≪정신간호학회지≫ 19(4):391-399.

김금순·유성모. 2010. 자기효능감, 스트레스 대처능력 및 심리적 안녕감이 주관적 안녕감에 미치는 영향. ≪뇌교육연구≫ 6:19-53.

김명일·신혜리. 2013. 노인의 우울과 자살 생각 간 관계에서 사회참여와 과거노후준비가 가지는 조절효과. ≪서울도시연구≫ 14(4):185-201.

김미령. 2010. 노인의 자살생각에 미치는 사회적·심리적 영향. ≪노인복지연구≫ 47(3):113-136.

김윤정·강현정. 2014. 우울감과 자살위험간의 관계에서 가족결속도의 완충효과. ≪한국콘텐츠학회≫ 14(3):241-249.

김주엽. 2004. 개인주의와 집단주의. ≪연세경영연구≫ 41(1):171-186.

김창진·황진수. 2008. 노인성 질환과 우울증이 노인자살 생각에 미치는 영향의 연구. ≪한국노년학≫ 28:425-442.

김현경·고성희·정승희. 2010. 노인의 자살 생각과 위험요인. ≪한국보건간호학회지≫ 24(1):82-92.

김현순·김병석. 2007. 노인의 자살생각에 대한 경로분석. ≪한국심리학회지: 상담 및 심리치료≫ 19(3):801-818.

김현정·고영건. 2016. 정신건강과 일반적 신체건강 간 관계. ≪한국심리학회지: 건강≫ 21(4):815-828.

김현지·권정혜. 2012. 노인의 삶의 의미와 자살생각 간의 관계-지각된 사회적 지지와 회피적 대처양식의 매개효과. ≪한국심리학회지: 임상≫ 31(2):589-606.

김형수. 2002. 노인과 자살. ≪노인복지연구≫ 10:25-45.

김형수. 2002. 한국노인의 자살생각과 관련요인 연구. ≪한국노년학≫ 22(1):159-172.
김혜원·김명소. 2000. 심리적 안녕감의 구성개념 타당도에 관한 연구. 「한국심리학회
　　학술대회 자료집」 2000(1):210-211.
노상선·조영래. 2015. Keyes의 완전정신건강모형을 통해 본 노인의 정신건강과 자살
　　행동의 관계. ≪한국심리학회지: 임상≫ 34(4):1059-1078.
류정희·이명자. 2007. 청소년의 심리적, 사회적 안녕감: 그 구조 및 주관적 안녕감과의
　　관계. ≪한국심리학회지: 학교≫ 4(1):55-77.
문동규. 2012. 노인의 자살생각과 관련된 유발변인의 메타회귀분석. ≪노인복지연구
　　≫ 55:133-157.
박금숙·김영희·이경완·유영수·정헌영. 2014. 지역사회 노인의 자살생각에 영향을 미
　　치는 요인. ≪동의신경정신과학지≫ 26(1):39-48.
박선애·허준수. 2013. 노인의 우울이 자살생각에 미치는 영향에 대한 종교성 조절효
　　과. ≪노인복지연구≫ 62:79-108.
박재산·이정찬·김귀현·문재우. 2009. 우리나라 노인의 자살충동에 영향을 주는 관련
　　요인 연구. ≪보건과 사회과학≫ 26:115-136.
박지은·정영. 2005. 노인의 삶의 만족도와 자살생각에 영향을 미치는 요인. ≪지역발
　　전연구≫ 10(1):39-59.
배지연·김원형·윤경아. 2005. 노인의 우울 및 자살생각에 있어서 사회적지지의 완충
　　효과. ≪한국노년학≫ 25(3):59-73.
배진희. 2009. 노인의 상실, 학대경험, 우울이 자살생각에 미치는 영향. ≪노인복지연
　　구≫ 44:49-69.
보건복지부. 2016. "2016 자살예방백서."
샤오 샤오리·안도희. 2016. 부모와 교사의 자율성 지지, 청소년의 기본심리욕구 및 안
　　녕감 간의 관계: 한중 청소년 비교. ≪비교교육연구≫ 26(6):27-53.
서인균·고민석. 2011. 학대경험이 노인의 자살생각에 미치는 영향과 스트레스, 우울,
　　사회적 지지의 매개효과. ≪보건사회연구≫ 31(1):127-157.
서희숙·정인숙. 2010. 재가노인의 자아존중감과 가족지지 및 자살생각의 관계. ≪노
　　인간호학회지≫ 12(1):1-9.
송민선·양남영. 2014. 노인의 건강상태, 건강증진행위, 자아존중감 및 자살생각 간의
　　관계. ≪가정간호학회지≫ 21(2):139-146.
송영달·손지아·박순미. 2010. 독거노인의 자살생각에 영향을 미치는 생태체계적 요
　　인분석. ≪한국노년학≫ 30(2):643-660.
송영지·손지현·남희은. 2013. 노인 스트레스가 자살생각에; 미치는 영향-스트레스 대
　　처방식의 매개효과를 중심으로. ≪한국사회복지조사연구≫ 37:71-92.
양돈규. 2013. 「심리학 사전」. 박학사,
원두리·김교헌. 2006. 심리적 웰빙을 어떻게 추구할 것인가. ≪한국심리학회지: 건강
　　≫ 11(1):125-145.
육성필. 2002. "자살관련변인의 탐색과 치료 프로그램개발." 고려대학교 대학원 심리

학과 박사학위논문(미간행).

이경숙·이경희. 2017. 일지역주민의 정신건강, 자기효능감, 행복감이 자살생각에 미치는 영향. ≪한국콘텐츠학회논문지≫ 17(5):677-685.

이묘숙. 2012. 노인의 사회참여활동은 사회적 고립과 자살생각 간의 관계를 매개하는 가?. ≪정신보건과 사회사업≫ 40(3):231-259.

이미란. 2017. 노인자살을 키워드로 검색한 국내 인터넷 신문의 내용분석. ≪예술인문사회융합멀티미디어논문지≫ 7(6):613-620.

이미애·남기민. 2007. 스트레스 대처방안을 매개로 한 노인의 스트레스와 우울 및 자살생각 간의 관계. ≪사회복지연구≫ 34:307-325.

이민숙. 2005. 노인의 우울과 자살에 대한 사회적 지지의 영향. ≪임상사회연구≫ 2(3):191-212.

이인정. 2011. 노인의 우울과 자살생각의 관계에 대한 위기사건, 사회적 지지의 조절효과. ≪보건사회연구≫ 31(4):34-64.

이재열·박상희. 2017. 사회적 웰빙 개념의 이론적 재구성. ≪보건과 사회과학≫ 44:5-43.

이정은·유지영. 2017. 노인의 자살생각에 영향을 미치는 요인군에 대한 메타분석. ≪한국노년학≫ 37(3):601-616.

이현지·조계화. 2006. 노인의 죽음불안과 우울이 자살생각에 미치는 영향. ≪한국노년학≫ 26:717-731.

임낭연·이화령·서은국. 2010. 한국에서의 Diener의 삶의 만족 척도 사용 연구 개관. ≪한국심리학회지: 일반≫ 29(1):21-47.

임영진·고영건·신희천·조용래. 2010. 정신적 웰빙 척도(MHC-SF)의 한국어판 타당화 연구. ≪한국심리학회지: 일반≫ 31(2):369-386.

임춘식, 장금섭, 정명숙. 2013. 독거노인의 자살생각에 영향을 미치는 요인연구. ≪사회과학연구≫ 22:192-223.

장미희·김윤희. 2005. 노인의 스트레스, 우울 및 자살생각간의 관계, ≪정신간호학회지≫ 14(1):33-42.

전정미·하영미. 2016. 청소년의 낙관성, 대처, 또래관계가 정신적 웰빙에 미치는 영향. ≪한국학교보건학회지≫ 29(1):33-41.

정명희. 2014. 노인의 건강요인이 자살생각에 미치는 영향 연구: 대처양식의 매개효과를 중심으로. ≪한국케어매니지먼트 연구≫ 11:47-76.

정일영. 2013. 사회참여가 노인 자살생각에 미치는 영향. ≪한국콘텐츠학회논문지≫ 13(9):164-177.

정은이. 2011. 개별성-관계성 및 대인관계 유능성이 심리적 안녕에 미치는 영향. ≪한국교육학연구≫ 17(2):97-120.

조계화·김영경. 2008. 한국노인의 우울, 자살생각 및 삶의 만족도 영향 요인. ≪한국간호교육학회지≫ 14(2):176-187.

조추용. 2013. 노인의 우울과 사회적 지지가 자살생각에 미치는 영향: 생태체계적 관점

중심으로. ≪한국케어매니지먼트연구≫ 8:1-21.

최연희·김수현. 2008. 재가 노인의 우울에 따른 자살생각과 관련요인. ≪한국노년학≫ 28:345-355.

추경진·이승연. 2012. 인식된 짐스러움, 절망, 우울 및 자살생각의 관계. ≪한국심리학회지: 발달≫ 25(3):31-53.

통계청. 2014. 사망원인통계.

행정안전부. 2017. "보도자료(2017. 9. 3)."

황미구·김은주. 2008. 노인의 주관적인 삶의 질과 자아존중감이 자살사고에 미치는 영향: 우울을 매개변인으로 하여. ≪한국노년학≫ 28(4):865-885.

Bates, M. J., and Bowles, S. V. 2011. "Review of well-being in the context of suicide prevention and resilience." *Defense Centers of Excellence for Psychological Health and Traumatic Brain Injury Silver Spring MD.*

Bell, J. M. 1977. "Stressful life events and coping method in mental illness and illness behavior." *Nursing Research Res.* 26(2):136-141.

Bonner, R. L., and Rich, A. R. 1990. "Psychological vulnerability, life stress, and suicide ideation in jail population: A cross-validation study." *Suicide and Life-Threatening Behavior* 20(3):213-224.

Diener, E., and Tov, W. 2012. "National Accounts of Well-Being." Pp. 137-157 in Handbook of Social Indicators and Quality of Life Research edited by Land et al. New York: Springer.

Durkheim, E. 1951. *Suicide: A Study in Sociology.* New York: Free Press.

Frankl, V. E. 1963. *Man's Search for Meaning: An Introduction to Logotherapy.* New York: Washington Square Press.

George, L. K. 2006. "Perceived quality of life." Pp. 320-336 in *Handbook of Aging and the Social Sciences* edited by Binstock, R. and George, L. New York: Academic Press.

House, J. S., and Kahn, R. L. 1985. "Measures and Concepts of Social Support." Pp. 83-108 in Social support and Health edited by Cohn, S. and Syme, S. L. New York: Academic Press.

Keyes, C. L. M. 1998. "Social Well-Being." *Social Psychology Quarterly* 61(2): 121-140.

Keyes, C. L. M. 2002. "The mental health continuum: From languishing to flourishing in life." *Journal of Health and Social Behavior* 43:207-222.

Keyes, C. L. M. 2003. "Complete mental health: An agenda for the 21st century." Pp. 293-312 in *Flourishing: Positive psychology and the life well-lived* edited by C. L. M. Keyes and J. Haidt. Washington, DC: American Psychological Association.

Keyes, C. L. M. 2006. "The subjective well-being of America's youth: Toward a comprehensive assessment." *Adolescent & Family Health* 4:3-11.

Keyes, C. L. M. and Annas J. 2009. "Feeling good and functioning well: distinctive concepts in ancient philosophy and contemporary science." *The Journal of Positive Psychology* 197-201.

Keyes, C. L. M., Wissing, M., Potgieter, J. P., Temane, M., Kruger, A., and van Rooy, S. 2008. "Evaluation of the mental health continuum-short form (MHC-SF) in setswana speaking South Africans." *Clinical Psychology & Psychotherapy* 15(3):181-192.

Linehan, M. M., Goodstein, J. L., Nielsen, S. L., and Chiles, J. A. 1983. "Reasons for staying alive when you are thinking of killing yourself: The Reasons for Living Inventory." *Journal of Consulting and Clinical Psychology* 51(2):276-286.

Medly, M. L. 1976. "Satisfaction with life among persons sixty-five years and older." *Journal of Gerontology* 31(4):448-455.

Neugarten, B. L., Havinghurst, R. J. and Tobin, S. S. 1961. "The measurement of life satisfaction." *Journal of Gerontology* 16(2):134-143.

Osman, A., Bagge, C. L., Gutierrez, P. M., Konick, L. C., Kopper, B. A., and Barrios, F. X. 2001. "The suicidal behaviors questionnaire-revised: validation with clinical and nonclinical samples." *Assessment,* 8(4):443-454.

Ryan, R. M. 2002. "On happiness and human potentials: a review of research in hedonic and eudaimonic well-being." *Annual Review of Psychology,* 52:141-166.

Ryff, C. D. 1989. "Happiness is everything, or is it? Explorations on the meaning of psychological well-being." *Journal of Personality and Social Psychology* 57(6):1069-1081.

Taft, L. B. 1985. "Self esteem in later life: A nursing perspective." *Advanced in Aging Science* 8(1):77-84.

Tennant, R., Hiller, L., Fishwick, R., Platt, S., Joseph, S., Scott, W., Parkinson, J., Secker, J., and Stewart-Brown, S. 2007. "The Warwick-Edinhurgh Mental Well-being Scale(WEMWBS): development and UK validation." *Health and Quality of Life Outcomes* 2007 5:63

World Health Organization. 2004. Promoting Mental Health; Concepts emerging evidence and practice. Summary report Geneva; World Health Organization.

저자소개

김영범	한림대학교 고령사회연구소 교수
유지영	한림대학교 고령사회연구소 HK교수
임연옥	한림대학교 고령사회연구소 HK연구교수
남일성	성공회대학교 사회복지학과 교수
허남재	한림대학교 고령사회연구소 연구원
윤현숙	한림대학교 사회복지학부 교수
고윤순	한림대학교 사회복지학부 교수
범경아	한림대학교 일반대학원 사회복지학과 박사과정
이정은	한림대학교 일반대학원 생명교육융합학과 박사과정

생사학연구총서 3

노년의 모습
― 삶과 죽음 ―

초 판 인 쇄	2018년 05월 04일
초 판 발 행	2018년 05월 15일
엮 은 이	한림대학교 고령사회연구소
저 자	김영범·유지영·임연옥·남일성·허남재·윤현숙·고윤순·범경아·이정은
발 행 인	윤석현
발 행 처	도서출판 박문사
책 임 편 집	최인노
등 록 번 호	제2009-11호
우 편 주 소	서울시 도봉구 우이천로 353 성주빌딩 3층
대 표 전 화	02) 992 / 3253
전 송	02) 991 / 1285
홈 페 이 지	http://www.jncbms.co.kr
전 자 우 편	bakmunsa@hanmail.net

ⓒ 한림대학교 생사학연구소 2018 Printed in KOREA.

ISBN 979-11-87425-97-7 93330   정가 19,000원